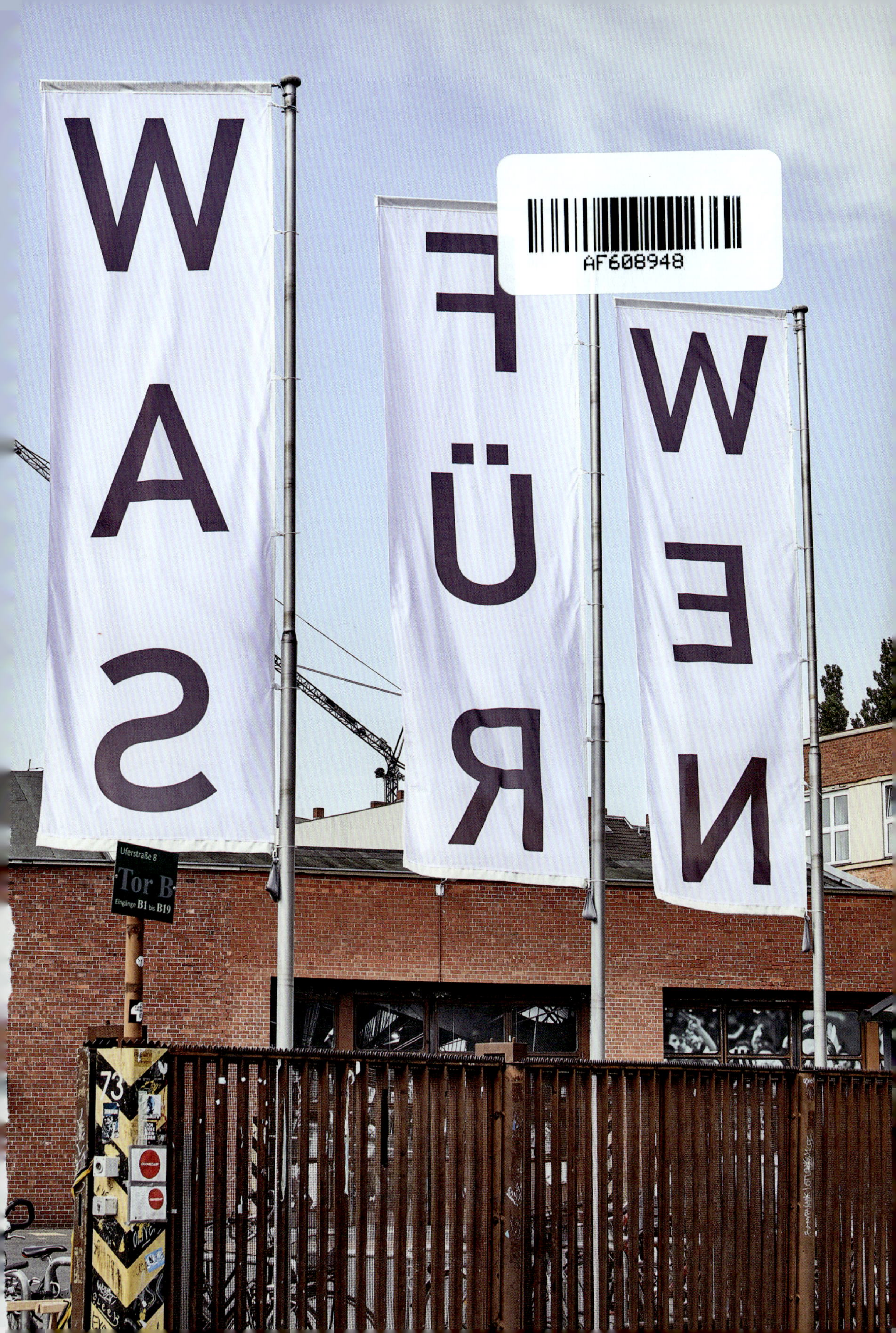
WAS
FÜR
WEN
Uferstraße 8
Tor B
Eingänge B1 bis B19
73

Uferhallen, Berlin-Wedding
25 August–1 September 2019

Stefan Alber
Lotta Antonsson
Liu Anping
Rosa Barba
Quirin Bäumler
Anke Becker
Ilaria Biotti
Antje Blumenstein
John Bock
Peter Böhnisch
Monica Bonvicini
Isaac Chong Wai
Peter Dobroschke
Thomas Draschan
Sven Drühl
Elisa Duca
Maria Eichhorn
Lena Marie Emrich
Valérie Favre
Elena Alonso Fernandez
Heiner Franzen
Matthias Galvez
Wolfgang Ganter
Yael Graetz
Lena von Goedeke
Kerstin Gottschalk
Asta Gröting
Harriet Groß
Katharina Grosse
Sebastian Gumpinger
Henrik Håkansson
Nicolai Huch
IOCOSE
Miriam Jonas
Peter Klare
Fabian Knecht
Peter Knoch
Jerry Kowalsky
Kunstblock and beyond
(Pantea Lachin, Ina Wudtke)
Philipp Lachenmann
Ricard Larsson
Werner Liebmann
Adriana Alicia Fanés Molins
David Moses
Jan Muche
Rainer Neumeier
So Young Park
Manfred Peckl
Andrea Pichl
Tristan Pranyko
Achim Riethmann
Tanja Rochelmeyer
Ulf Saupe
Hansjörg Schneider
Kerim Seiler
Anaïs Senli
Yaqin Si
Friedemann von Stockhausen
Klaus Weber
Lois Weinberger
Pete Wheeler
Karen Winzer
Norbert Witzgall
Deniz Zagli

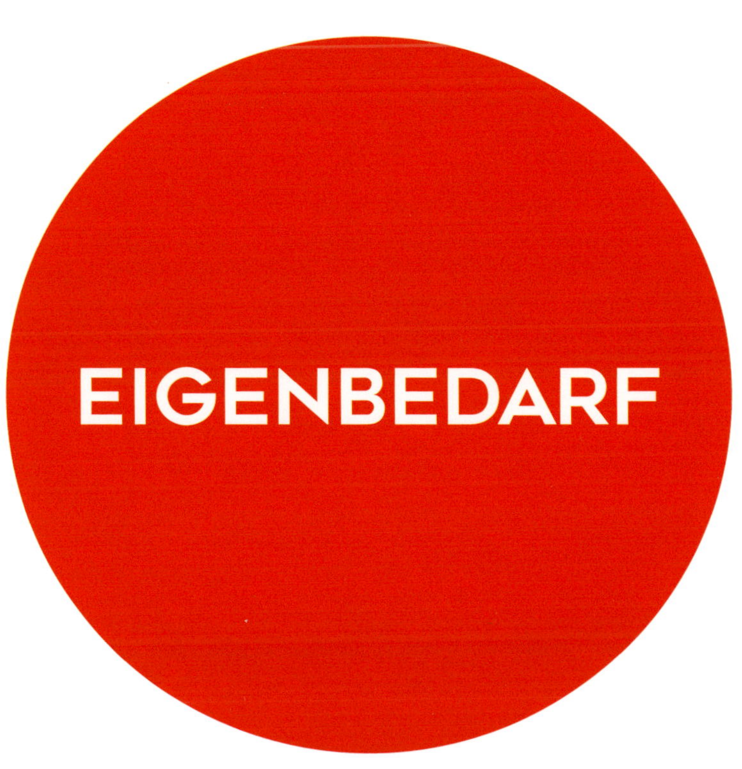

EIGENBEDARF

Eine ortsbezogene Ausstellung
in den Uferhallen
A Site-Specific Exhibition
in the Uferhallen

Isabelle Meiffert

Seite 1 / page 1
Stefan Alber/Peter Dobroschke, *SOS,* 2019
Seite 4 / page 4
Kerim Seiler, *Ego Sum,* 2012
Seite 6 / page 6
Maria Eichhorn,
İlan Panosu / Billboard / Plakatwand, 1995/2019

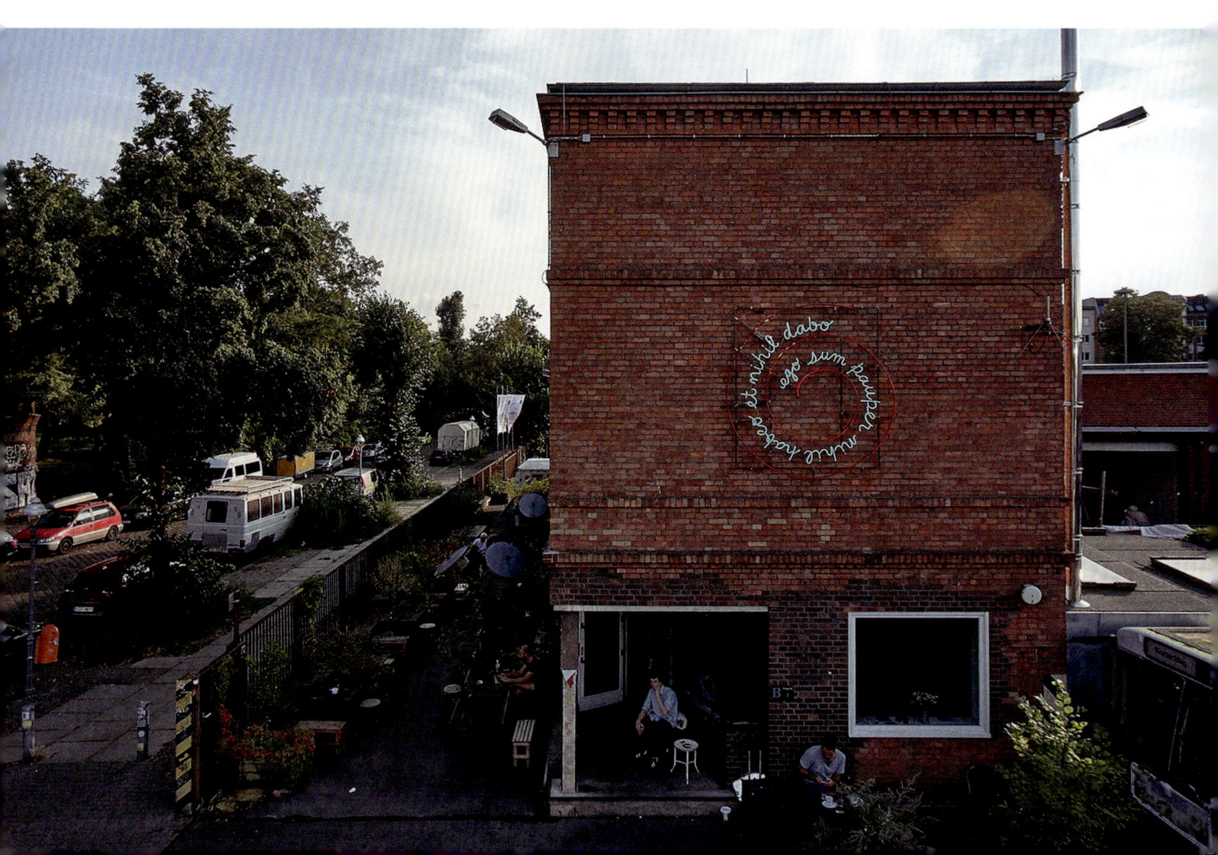

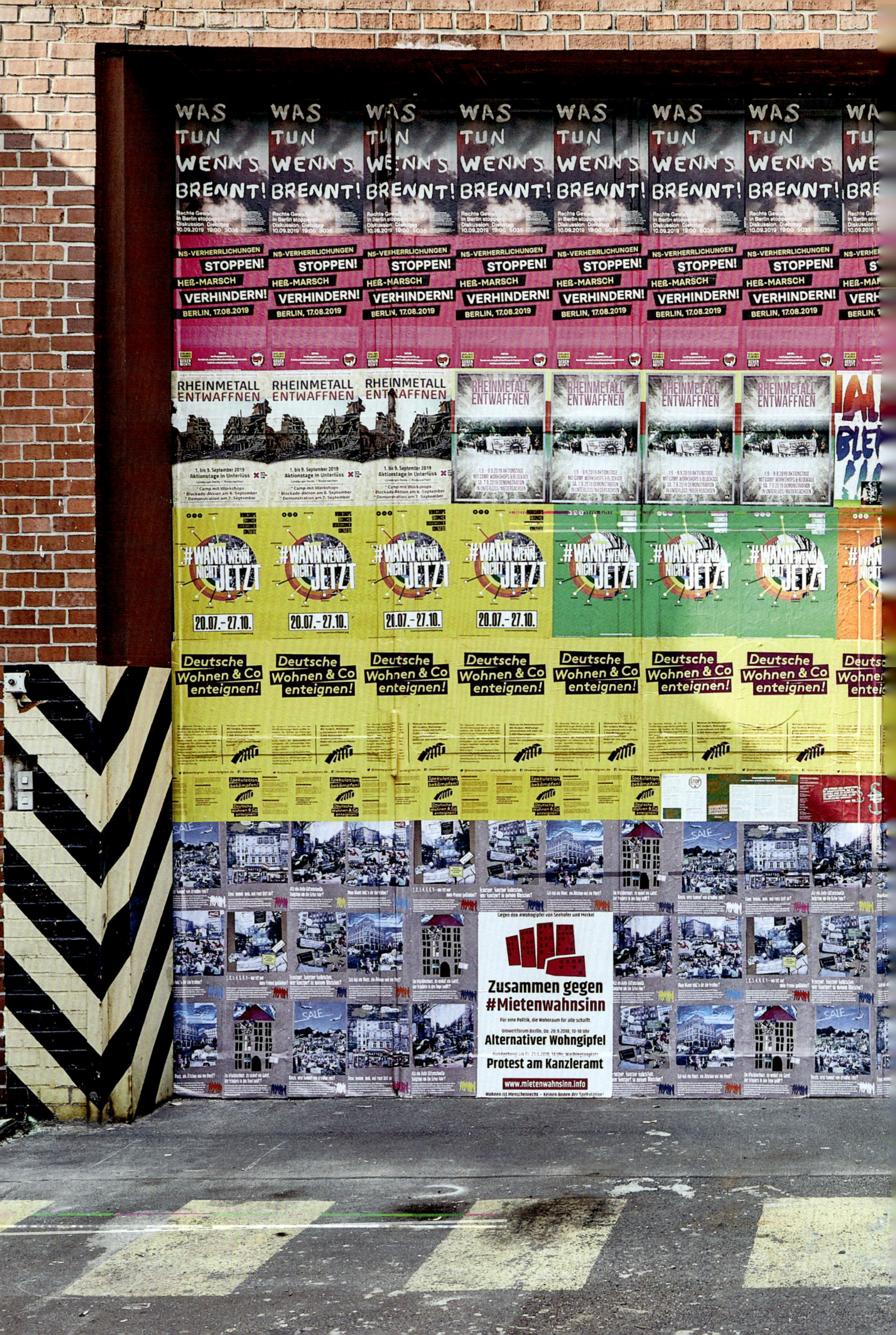
WAS TUN WENN'S BRENNT!
Rechte Gewalt in Berlin stoppen
Diskussion Dienstag
10.09.2019 19:00 SO36
NS-VERHERRLICHUNGEN STOPPEN!
HEß-MARSCH VERHINDERN!
BERLIN, 17.08.2019
RHEINMETALL ENTWAFFNEN
1. bis 9. September 2019
Aktionstage in Unterlüss
Camp mit Workshops
Blockade-Aktion am 6. September
Demonstration am 7. September
#WANN WENN NICHT JETZT
20.07.–27.10.
Deutsche Wohnen & Co enteignen!
Spekulation bekämpfen!
Gegen den #Wohngipfel von Seehofer und Merkel
Zusammen gegen #Mietenwahnsinn
Für eine Politik, die Wohnraum für alle schafft.
Alternativer Wohngipfel
Protest am Kanzleramt
www.mietenwahnsinn.info
Wohnen ist Menschenrecht – Keinen Boden der Spekulation!

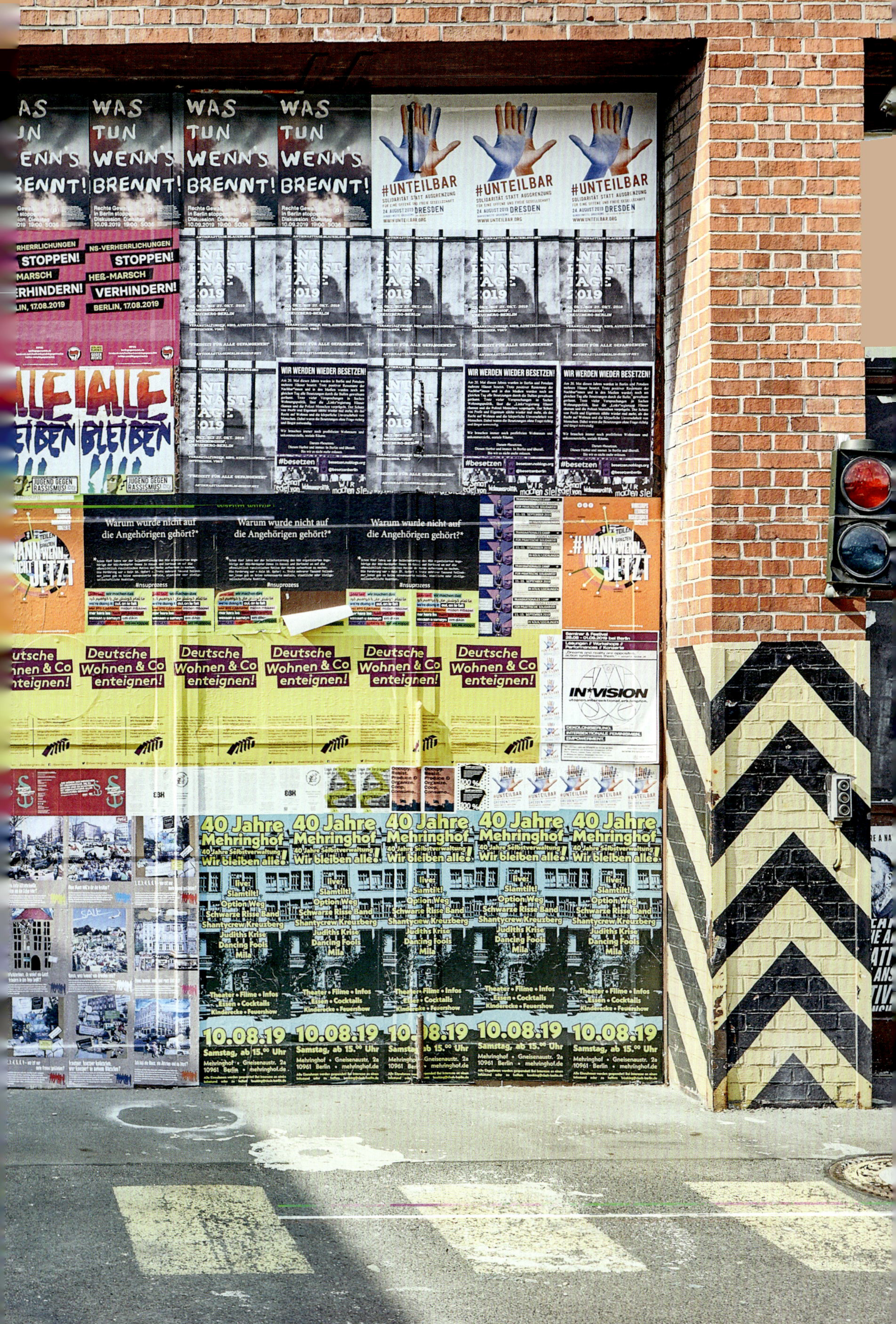
WAS TUN WENN'S BRENNT!
#UNTEILBAR
SOLIDARITÄT STATT AUSGRENZUNG
24. AUGUST 2019 DRESDEN
NS-VERHERRLICHUNGEN STOPPEN!
HEẞ-MARSCH VERHINDERN!
BERLIN, 17.08.2019
WIR WERDEN WIEDER BESETZEN!
#besetzen
ALLE BLEIBEN
JUGEND GEGEN RASSISMUS!
Warum wurde nicht auf die Angehörigen gehört?*
#WANNWENNNICHTJETZT
Deutsche Wohnen & Co enteignen!
IN*VISION
40 Jahre Mehringhof
40 Jahre Selbstverwaltung!
Wir bleiben alle!
live:
Slamtilt!
Option Weg
Schwarze Risse Band
Shantycrew Kreuzberg
Judiths Krise
Dancing Fools
Mila
Theater • Filme • Infos
Essen • Cocktails
Kinderecke • Feuershow
10.08.19
Samstag, ab 15.00 Uhr
Mehringhof • Gneisenaustr. 2a
10961 Berlin • mehringhof.de

Es ist die Vielfalt, die Berlin in kultureller Hinsicht so anziehend macht. Berlin ist in der bildenden Kunst nicht nur Wohnsitz und Produktionsstandort für viele international agierende Künstler*innen, sondern auch die renommierten Kunstinstitutionen, die Kunsthochschulen, die ungewöhnlich dichte und lebendige Galerien- und Projektraumlandschaft, die Kunstvereine, Museen und Landessammlungen mit ihren herausragenden Programmen, die öffentlich zugänglichen Sammlungen und temporären Ausstellungen, das Gallery Weekend, die Berlin Biennale, der Monat der Fotografie, die transmediale und die Berlin Art Week tragen zu der international wirksamen Anziehungskraft auf Fachleute des Kunstbetriebs, Kunstschaffende, Sammler*innen bei.

Doch der Sehnsuchtsort Berlin, von vielen noch immer so bezeichnet und noch immer angestrebt von vielen kreativen Menschen aus aller Welt, ist in den letzten Jahren zusehends rauer und schwieriger geworden. Nicht nur die hier herrschende Konkurrenz ums ökonomische Überleben, auch der oft frustrierende Umbau der Stadt begründet für die hier Lebenden zunehmende Zukunftsangst und Unzufriedenheit, verdrängt das lockere, weltoffene, tolerante und freizügige Lebensgefühl, das viele hierher zog, welches viele mit ihren schönsten Träumen verbanden.

Was wird aus dem Sehnsuchtsort für Künstler*innen aller Sparten und Genres, wenn die Wohnung und der Arbeitsraum nicht mehr bezahlbar sind? Wenn die Konkurrenz untereinander immer größer wird – zwischen den Bürger*innen, die Chancen für die künstlerische Freiheit und den künstlerischen Erfolg suchen, und den Bürger*innen, die eine bezahlbare Wohnung brauchen, den Bürger*innen, die einen Club betreiben, den Bürger*innen, die aus welchen Gründen auch immer in unserer Stadt eine (neue) Heimat suchen, und denen, die einen Club besuchen, einen künstlerischen Projektraum oder ein Studio eröffnen wollen? Wenn künstlerische Institutionen die Mietbelastungen nicht mehr tragen können? Wenn Mieten und Gewerbe-

Berlin – Vom Sehnsuchtsort zur Überlebenszone?

Klaus Lederer
Bürgermeister und Senator für Kultur und Europa in Berlin

mieten Verdrängung und Vernichtung provozieren? Oder wenn die Künstler*innen auf dem Uferhallen-Gelände ihre bisher sicheren Arbeitsstätten zu verlieren drohen?

Gute Fragen!

Die seit den frühen 90er Jahren in großer Zahl zur Verfügung stehenden Räume, die so viel Potenzial für die Kunstszene geboten haben, die den Aufschwung Berlins zu einer internationalen Kunststadt ermöglicht haben, sind knapp geworden. Diese Orte boten und bieten den Raum und bilden die Basis für künstlerische Produktion. In unserer wachsenden Stadt werden diese Freiräume immer enger und die finanziellen Belastungen höher. Durch die urbanen Inwertsetzungsprozesse, mit anderen Worten Gentrifizierung und Verwertungsdruck, die längst auch die Randbezirke erfasst haben, verschärft sich die Lage der Kreativen jeglicher Couleur, des Kleingewerbes und der Mieter*innen.

Kulturelle und künstlerische Freiräume müssen jetzt verteidigt, erhalten und neu geschaffen werden. Dies besonders vor dem Hintergrund ökonomischer Zwänge der Existenzsicherung, die gerade bei den künstlerisch Arbeitenden oft besonders prekär sind. Und damit ist klar, dass Kulturpolitik mit der Stadtentwicklungspolitik zusammengedacht werden muss, da wir sonst zu keinen guten Ergebnissen kommen können. Zur Kulturförderung gehört heute zwingend die Bereitstellung von Infrastruktur, soll Berlin nicht den inzwischen für ihre kreativen Bewohner*innen so unwirtlichen Städten wie New York oder London immer mehr ähneln.

Das Uferhallen-Gelände ist ein Ort, der, geschaffen von Künstler*innen, Freiraum und Qualität für künstlerisches Schaffen, Gewerbe und Präsentation in einem solidarischen Miteinander bot und bietet und nun zur ‚Überlebenszone' mutiert ist. Der Verkauf hat die Verhältnisse verändert und die Künstler*innen sind gezwungen, mit den ihnen zur Verfügung stehenden Mitteln eine ertragbare neue Situation auszuhandeln. Wie immer bildet die Ökonomie des Kapitalismus die Basis für das gesellschaftliche Sein.

Das Uferhallen-Gelände, das eine gesunde Berliner Mischung aus künstlerischen Arbeitsräumen und kreativem Gewerbe aufweist, kann als Kunst- und Atelierstandort nur dann gesichert werden, wenn auch die Mietverträge auf eine lange Perspektive hin gesichert werden. Der Mietzins muss bezahlbar bleiben! Deshalb unterstützt die Senatsverwaltung für Kultur und Europa den Prozess der grundsätzlichen Klärung im Einvernehmen mit allen Beteiligten, den Künstler*innen, den Eigentümer*innen, dem Bezirk.

Verliert die Stadt weiterhin Orte der künstlerischen Produktion und Präsentation, wird die Ausstrahlung der Kunststadt leiden, werden die Künstler*innen als erste der Gentrifizierung zum Opfer fallen. Der Versuch, Räume für alle Sparten der Kunst zu sichern, ist ein steiniger Weg, den ich als Berliner Kultursenator zu gehen gezwungen bin.

Ich wünsche allen Künstler*innen weiterhin viel Erfolg bei der künstlerischen Arbeit! Und ich wünsche uns allen, den Bürger*innen von Berlin, dass dieses Weddinger Vorzeigeprojekt einen für die Interessen der Stadtgesellschaft glücklichen Verlauf nehmen wird!

Anke Becker, *A24/23M2*, 2019

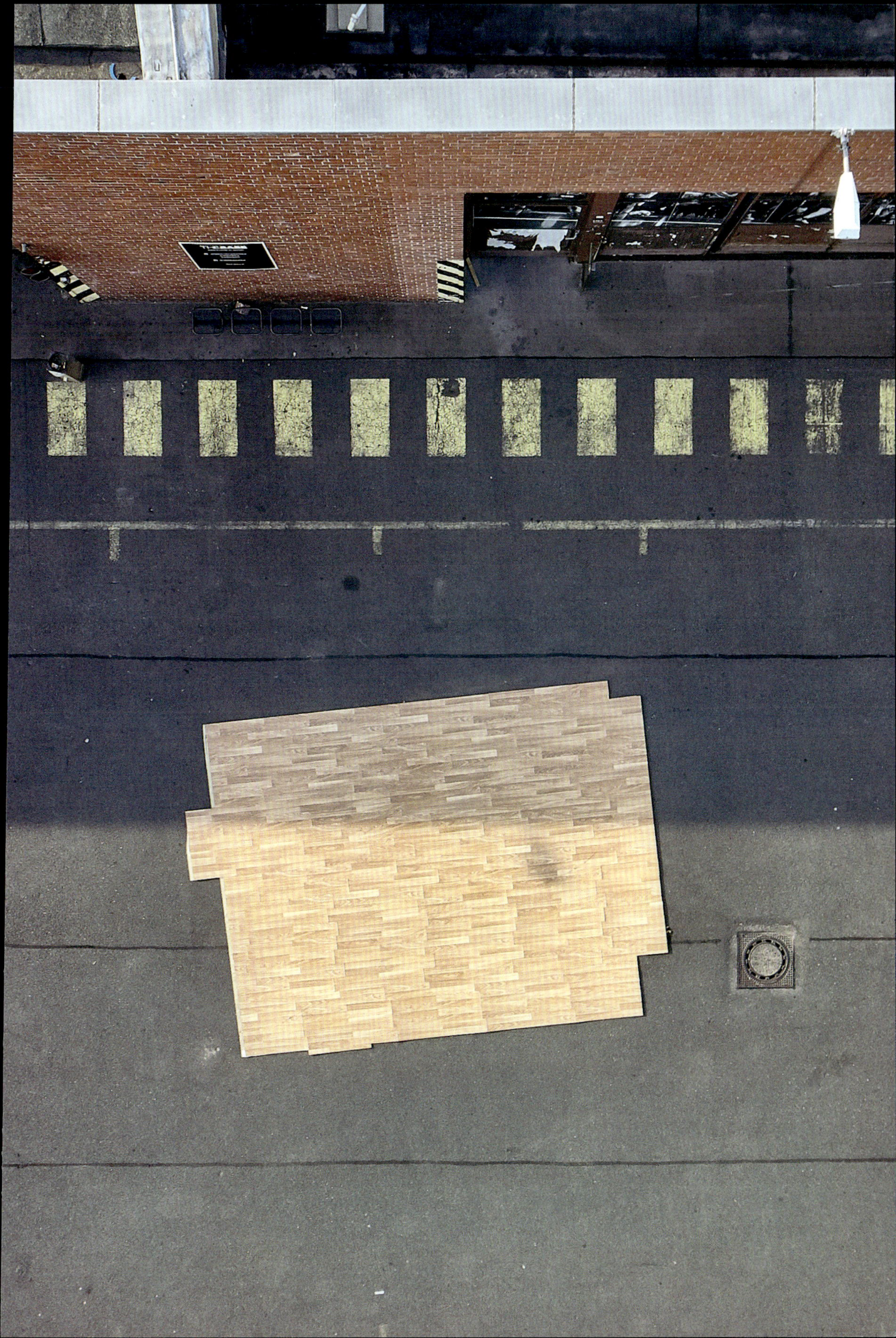

From a cultural perspective, it's Berlin's diversity that makes it so attractive. In the visual arts, Berlin is not only the home and production site for many artists working internationally; its numerous renowned art institutions and art universities, its unusually dense and vital landscape of galleries and project spaces, art associations, museum and state collections with their outstanding programs, publicly accessible collections, and temporary exhibitions, as well as the Gallery Weekend, the Berlin Biennale, the European Month of Photography, the transmediale, and the Berlin Art Week also contribute to the international force of attraction the city exerts on artists, collectors, and other professionals in the art establishment.

In recent years, however, the place of longing that Berlin represents—and as it's still referred to and sought out by so many creative people from all over the world—has become increasingly harsh and difficult. It's not the competition for economic survival alone that feeds the dissatisfaction and growing fear of the future among the city's residents; it's also the often-frustrating reconstruction of the city that is displacing the relaxed, cosmopolitan, tolerant, and permissive way of life so many people dreamed of and that drew them here in the first place.

What will become of this place of longing for artists of all genres when apartments and work spaces are no longer affordable? When the competition among them increases—between citizens looking for artistic freedom and success, and citizens in need of an affordable apartment, citizens who run clubs, citizens who, for whatever reason, are looking for a (new) home in our city, who want to visit a club or establish an art project space or studio? When art institutions can no longer pay the rent? When rents and commercial leases lead to displacement and destruction? Or when the artists at the Uferhallen site are threatened with the loss of their previously secure work spaces?

Berlin— From Place of Longing to Survival Zone?

Klaus Lederer
Mayor and Senator for Culture and Europe in Berlin

Good questions!

The spaces that have been abundantly available since the early '90s, and that have offered the art scene so much potential and enabled Berlin to become the international art city it is today, have become scarce. They have offered the room and provided the basis for artistic production. In our burgeoning city, this freedom is steadily decreasing as the financial burden grows higher and higher. The urban appraisal processes, in other words gentrification and the pressure of commercial exploitation—processes that have long since spread to the city's outskirts, as well—are exacerbating the situation for creative people of all stripes, small businesses, and tenants.

Today, free spaces for culture and for art have to be defended, preserved, created anew. This is particularly true in view of the economic constraints to securing a livelihood, which for artists are often particularly precarious. And so it is clear that cultural policy must always be considered in conjunction with urban development policy if we are to achieve satisfactory results. As it stands today, if we want to prevent Berlin from becoming ever more similar to cities like New York or London, which are now frankly inhospitable to their resident creatives, the provision of infrastructure has to be an integral part of cultural funding.

Founded by artists, the Uferhallen site has offered and continues to offer space and quality for artistic creation, exchange, and presentation in a spirit of solidarity that has now, unfortunately, mutated into a "survival zone." Conditions have changed since its sale, and the artists are now forced to negotiate a new, tolerable situation with whatever means they have at their disposal. As always, the economy of capitalism forms the basis for social existence.

The Uferhallen site, characterized by a healthy Berlin mix of artistic workspace and creative business, can only be secured as an art and studio location if the rental contracts are secured in the long term. The rent must remain affordable! This is why the Senate Department for Culture and Europe supports the process of basic clarification in agreement with all involved parties: the artists, the owners, and the district.

If Berlin continues to lose its sites of artistic production and presentation, its charisma as a city of art will suffer, while the artists will be the first to fall victim to gentrification. Trying to secure space for all branches of art is a rocky road that I, as Berlin's cultural senator, am committed to taking.

I wish all artists continued success in their artistic work! And for the sake of all we citizens of Berlin, I hope that this showcase project in Wedding pursues a course in the best interests of the city's people!

Isaac Chong Wai, *Rehearsal of the Futures: Is the World Your Friend?*, 2018/2019
nächste Seite / next page
Peter Klare, *Uferhallen Entwurfsskizze 7*, 2018

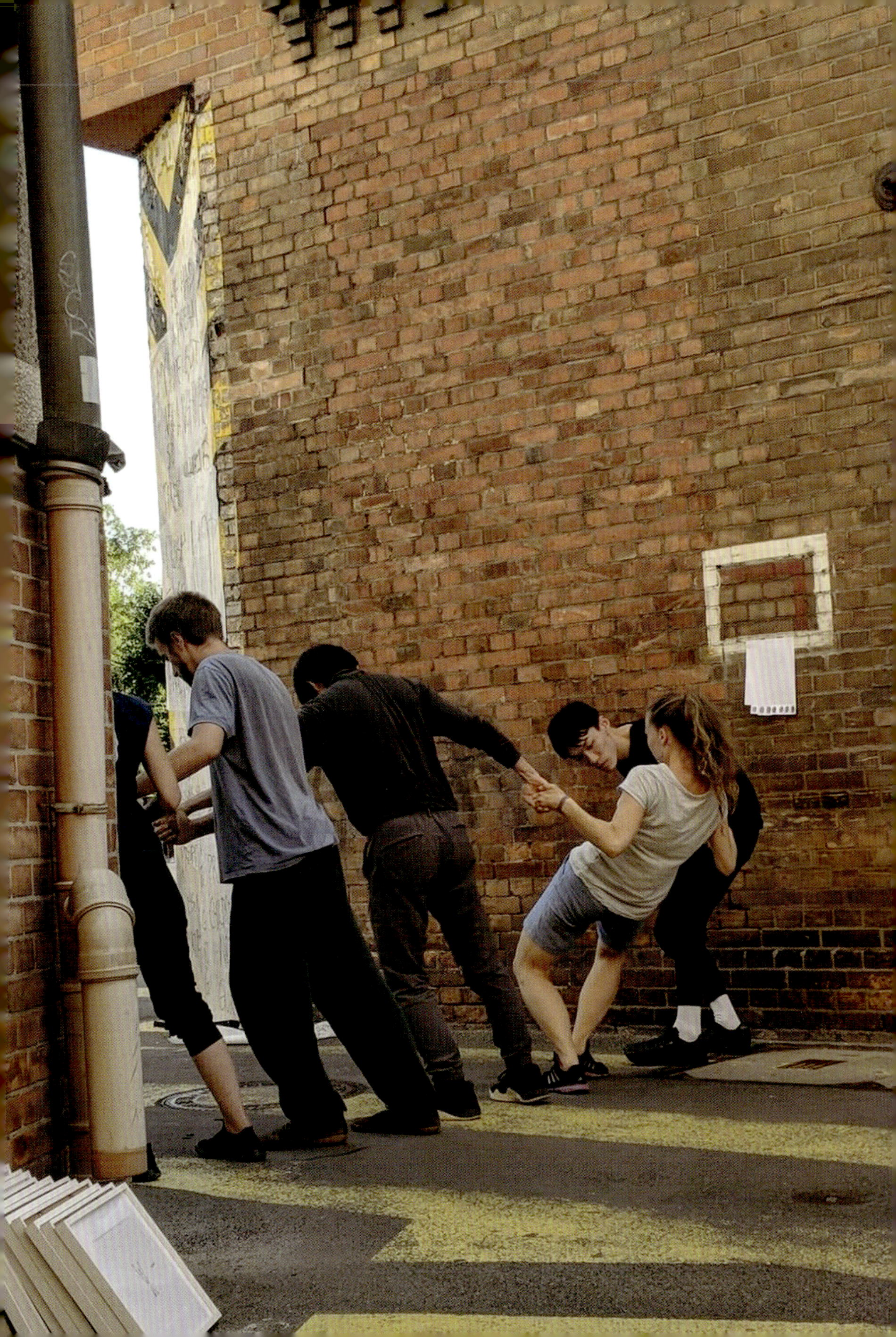

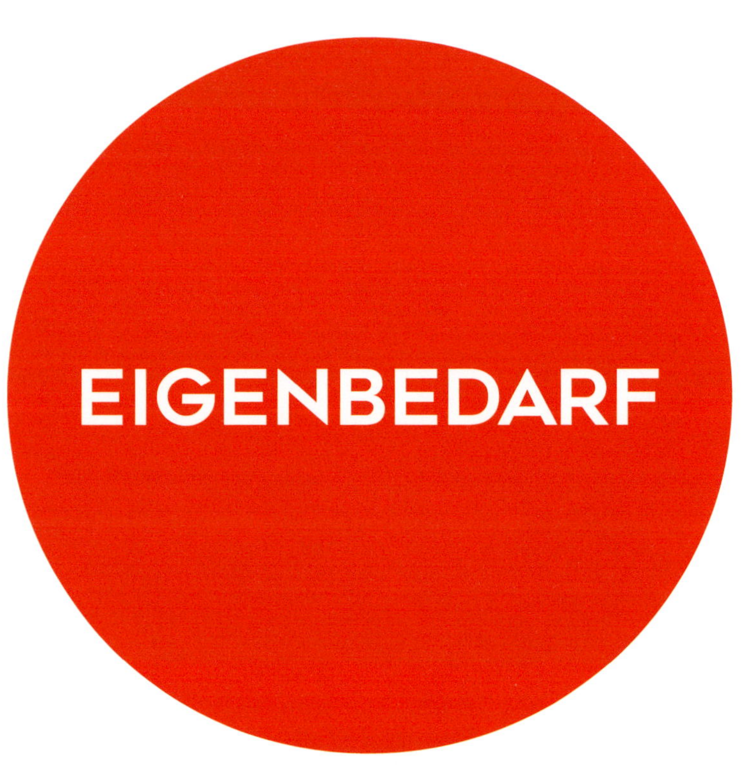
EIGENBEDARF

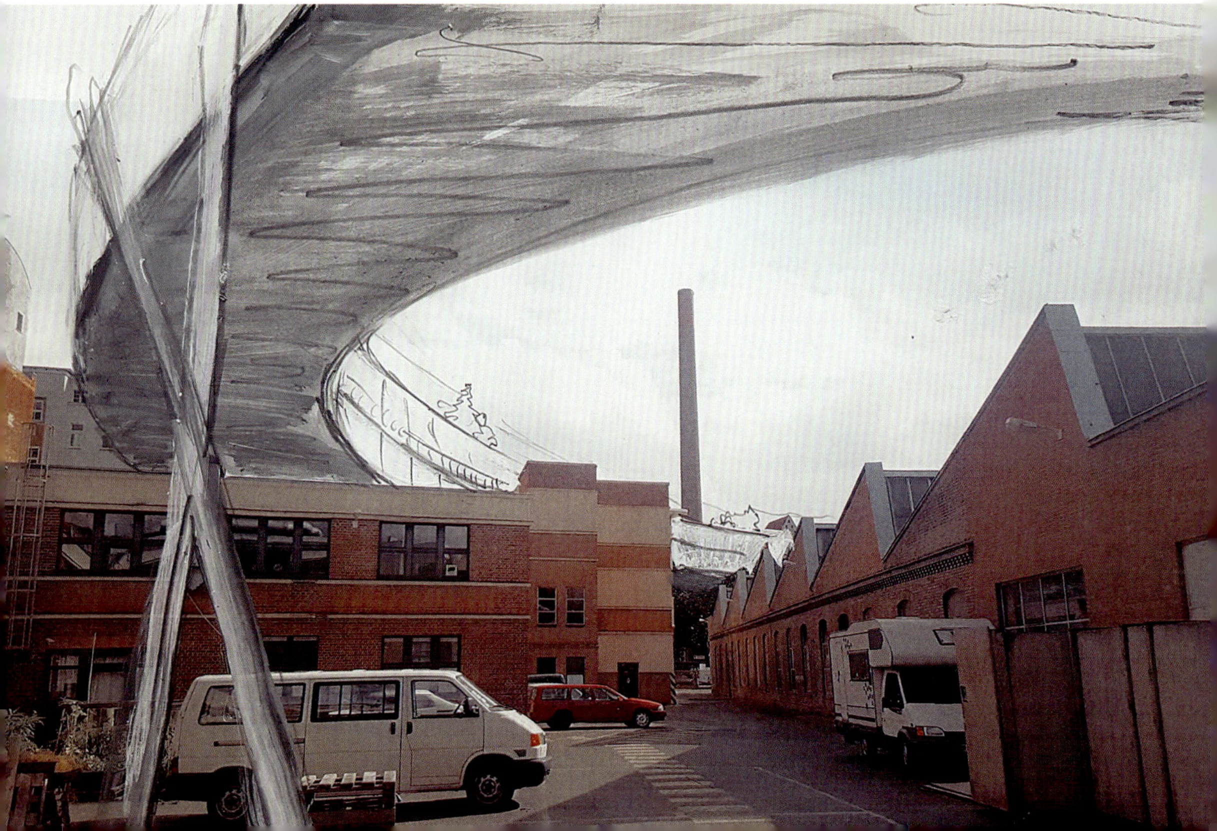

Die Uferhallen bilden ein einzigartiges künstlerisches Soziotop, das über mehr als eine Dekade gewachsen ist. Auf dem großzügigen und architektonisch besonderen Backsteinareal an der Panke arbeiten heute etwa 90 Künstler*innen, deren Kunstbegriffe, Kompetenzen, Arbeitsweisen und Lebensläufe äußerst divers sind. Auch Werkstätten und Kleingewerbe sind hier angesiedelt, beispielsweise eine Rahmenwerkstatt und das Unternehmen Sculpture Berlin, das darauf spezialisiert ist, große Skulpturen und Installationen für Künstler*innen zu fertigen. Die Uferhallen beherbergen darüber hinaus Konzert- und Proberäume, Tanz- und Tonstudios sowie Ausstellungsflächen und haben sich längst zu einem zentralen Standort der Berliner Kunst- und Kulturproduktion entwickelt. Am Eingang des etwa 18.900 m² großen Geländes hat sich das Café Pförtner als Treffpunkt vor Ort und innerhalb der Nachbarschaft etabliert.

In dem denkmalgeschützten Gebäudeensemble entstehen heute vielfältige künstlerische Arbeiten, die weltweit präsentiert werden. In dieser Brutzelle gedeiht und entfaltet sich künstlerisches Schaffen unter nahezu idealen Bedingungen. Die über viele Jahre gewachsenen Strukturen funktionieren nachhaltig und leisten aus dem Stadtteil Wedding heraus einen wichtigen Beitrag zu gesellschaftlichen Fragestellungen im Berliner Stadtleben, aber auch zu internationalen künstlerischen und städtischen Diskursen. Hier werden modellhaft wie strukturell Eigentumsverhältnisse, Machtstrukturen und Deutungshoheiten befragt sowie die Auswirkungen von Architektur auf gesellschaftliche Entfaltungsprozesse und menschliche Lebensgewohnheiten untersucht. Mit einem zeitgenössischen Verständnis von Gesellschaft und dem Zusammenleben innerhalb dieser wird sich ebenso auseinandergesetzt wie mit aktuellen Naturbildern als Spiegel menschlichen Handelns. Dabei wird nicht nur kritisch reflektiert, es werden auch Vorschläge gemacht und Visionen entwickelt. Wahrnehmungsgrenzen und gesellschaftliche Möglichkeiten werden zur Disposition gestellt und radikal neu verhandelt. Doch ob dieser Kulturstandort eine Zukunft hat, ist ungewiss.

Die Stadt verhandeln

Isabelle Meiffert

Die ab 1873 als Pferdebahnhof errichtete und zwischenzeitlich als Straßenbahnbetriebshof und Omnibusreparaturwerkstatt der Berliner Verkehrsbetriebe genutzte Industriestätte wurde 2007 stillgelegt. Das Areal wurde dann vom Berliner Senat verkauft und in die von Hans-Martin Schmidt und Ingrid Jonda mitgegründete Uferhallen AG überführt. Seither sind nach und nach vor allem Künstler*innen auf das Gelände gezogen. Sie haben die Räumlichkeiten ihren Nutzungsbedürfnissen entsprechend saniert und umgebaut, nachdem ihnen langfristige Mietverhältnisse zugesichert wurden. 2011 versuchten Schmidt und Jonda, den Kulturort durch Kunstaktien zu sichern und so auf Dauer vor Immobilienspekulation zu schützen. 132 Künstler*innen gestalteten insgesamt 3.300 Aktien für die in eine Publikumsgesellschaft umgewandelte Uferhallen AG. Durch Erwerb und Streuung der Anteile sollte ein Mitspracherecht bei der künftigen Nutzung des Standorts gesichert werden. Außerdem wurden die Uferhallen so als Kunstort markiert und manifestiert. Doch die Aktienmehrheit wurde 2017 im Rahmen eines Share Deals von einem Firmengeflecht unter finanzieller Hauptbeteiligung von Alexander Samwer aufgekauft. Die neuen Eigentümer planen eine Nachverdichtung, die eine Verdreifachung der bisherigen Gewerbeflächen vorsieht. Seither laufen Verhandlungen zwischen den Mieter*innen, der Stadt und den Eigentümern. Ob, wie lange und unter welchen Bedingungen die Künstler*innen in ihren Räumlichkeiten bleiben können, ist völlig offen. Unter diesen Vorzeichen haben die Künstler*innen Antje Blumenstein, Peter Dobroschke, Peter Klare und Hansjörg Schneider, die heute im Vorstand des neu gegründeten Uferhallen e. V. sind, Ende 2018 eine Ausstellung angedacht und mich eingeladen, sie zu kuratieren. So haben wir im Sommer 2019 künstlerischen Eigenbedarf angemeldet und auf die dramatische Situation der Uferhallen aufmerksam gemacht.

Mir erscheint es zunehmend wichtig, mindestens einige 'White Cubes' gegen urbane Räume auszutauschen und mit der Kunst an die Orte zu gehen, an denen Stadt und

Kerstin Gottschalk, *Mehl, Salz, Wasser zu einem Teig verarbeitet und auf einen Handlauf eines Treppengeländers angedrückt*, 2019

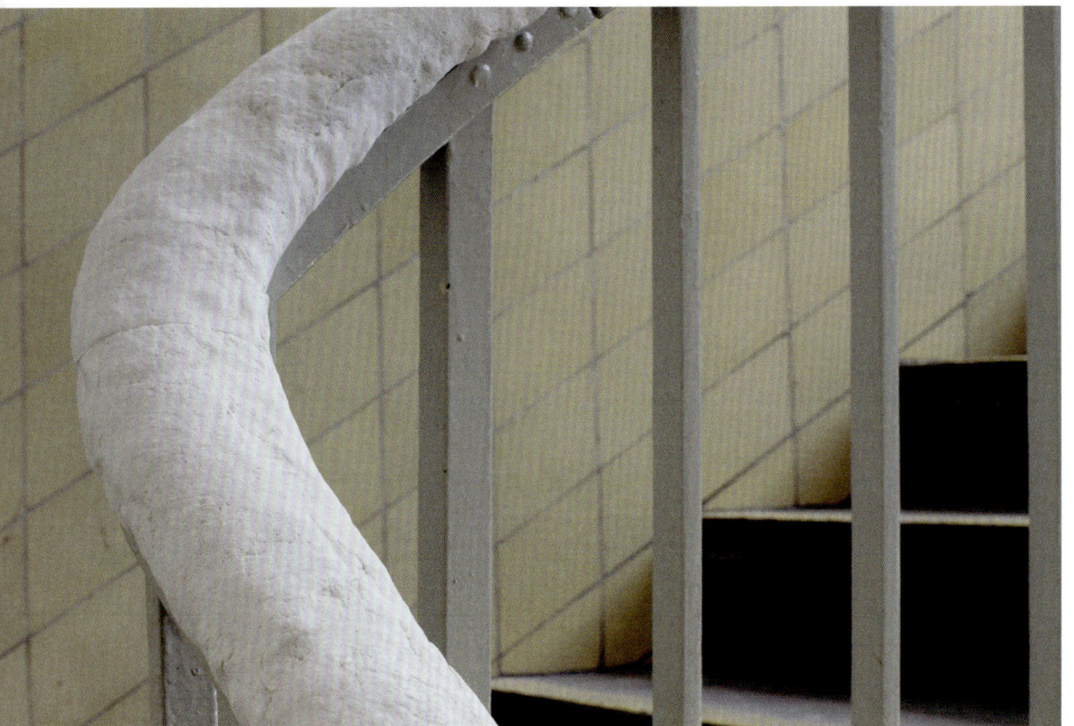

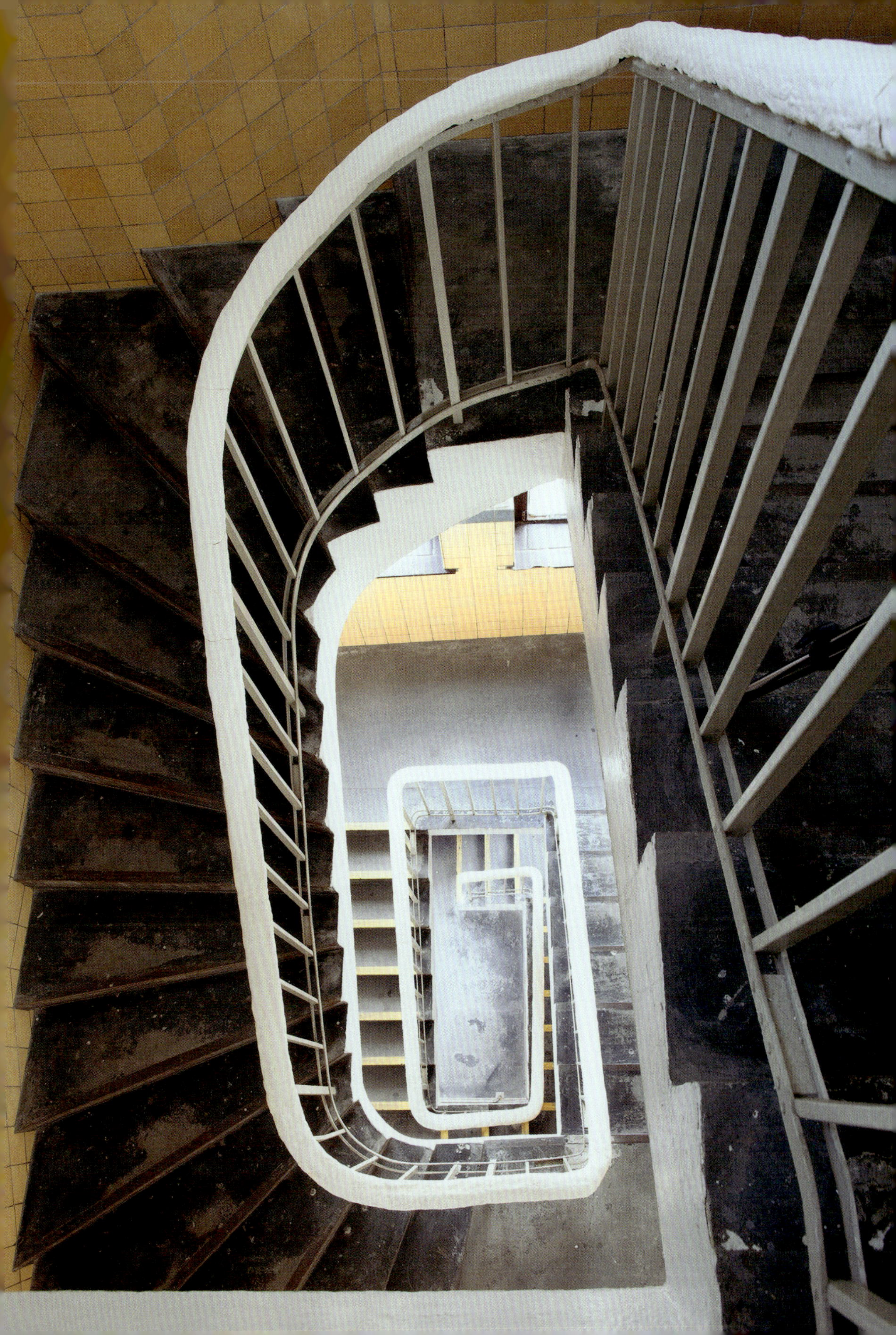

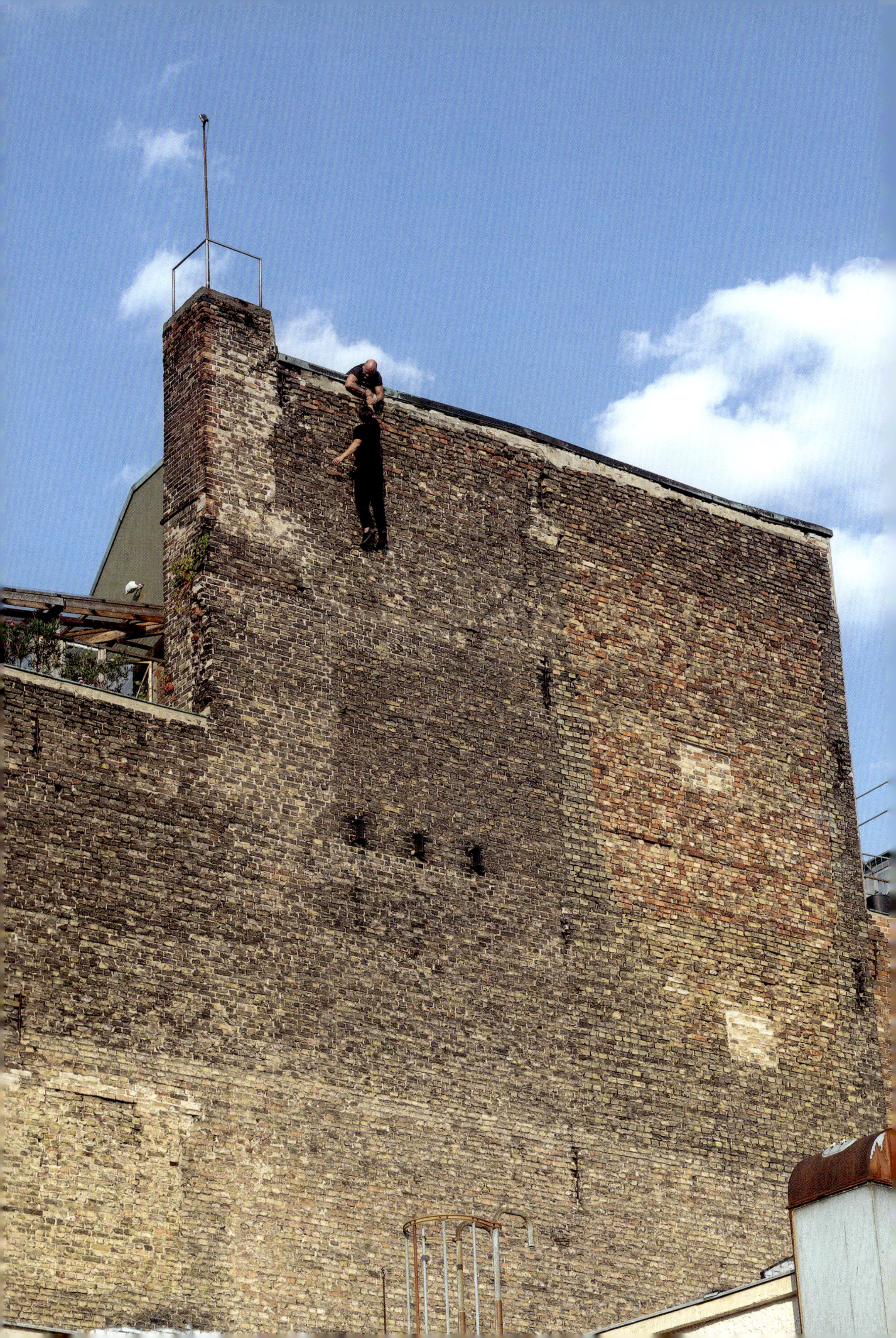

gesellschaftliches Miteinander verhandelt werden. Intensive Auseinandersetzungen mit einem Mikrokosmos lassen immer auch Rückschlüsse auf den Makrokosmos zu, schließen bestenfalls an virulente Diskurse an und weisen so über den Ort hinaus. Ich halte die Relevanz und das gesellschaftsverändernde Potenzial von Kunst für unterschätzt und stärkere Bezüge zur Bevölkerung mitunter für äußerst produktiv. Ortsbezogene Ausstellungen erreichen zudem ein vielfältiges Publikum. Die Schnittmengen zwischen den individuellen Interessen können dabei sehr unterschiedlich sein und reichen von der Beschäftigung mit dem Ort selbst, mit seiner Historie und Architektur, seinen Bewohner*innen und Nutzer*innen über thematisch-diskursive Bezüge bis hin zu nachbarschaftlicher Neugier.

Im Fall von *Eigenbedarf* ging es um nicht weniger als die Zukunft von Berlin. Der Ausgang der Verhandlungen zu den Uferhallen könnte auch für andere bedrohte Kulturstandorte wegweisend sein. Die Ausstellung zielte darauf ab, die interne Solidarität zu fördern und die Vernetzung mit Expert*innen und anderen Betroffenen sowie mit der Nachbarschaft zu intensivieren. In der Stadt, die noch immer gern als Kunstmetropole bezeichnet wird, verschlechtern sich die Rahmenbedingungen für Künstler*innen zusehends. Sie haben einst das „Arm, aber sexy"-Image der Stadt geprägt und sie sorgen noch immer für den Hype, den sie international erfährt.

Die aktuelle, durchaus komplexe Situation, in denen sich die Kulturschaffenden des Uferhallen-Areals befinden, sollte mit künstlerischen Mitteln reflektiert und in der Öffentlichkeit bekannt gemacht werden. Die Nutzung der hinteren Ausstellungshalle, die einen Durchgangsraum darstellt, ermöglichte es, die Ausstellung als Rundgang über das Gelände anzulegen. Die architektonischen Gegebenheiten, die bedrohten gewachsenen Strukturen und die Vielfalt der künstlerischen Positionen wurden zum Ausgangspunkt der Ausstellung.

Bezüge in den Stadtraum

Ich habe dreizehn externe, nicht im eigentlichen Sinne in den Uferhallen beheimatete Künstler*innen in die Ausstellung eingebunden – das war ein mit der Einladung verbundener Wunsch der Initiator*innen. Die meisten dieser Künstler*innen waren ebenfalls von der sich rasant verändernden Raumsituation in Berlin betroffen – die Mieten waren 2017 innerhalb eines Jahres so stark gestiegen wie in keiner anderen Stadt weltweit.[1] Viele Künstler*innen können sich ihre Infrastruktur kaum noch leisten. Die Raumproblematik betrifft dabei nicht nur Künstler*innen und Kulturschaffende, sondern auch Kleingewerbetreibende und Mieter*innen – also große Teile der Berliner Bevölkerung. Eine Kernfrage, auf die sich vieles zurückführen lässt, stand während der Ausstellung auf den drei weithin sichtbaren Fahnen direkt am Eingang zum Gelände: WAS FÜR WEN oder – von der anderen Seite aus gelesen – WEN FÜR WAS. Diese Arbeit von **Stefan Alber** und **Peter Dobroschke** mit dem Titel *SOS* lässt sich sowohl auf das Uferhallen-Gelände als auch auf die Stadt insgesamt beziehen. Wer hat Zugang zu welchen Räumen? Wer prägt welche Orte und darf über ihre Nutzung entscheiden? Wer wird bedacht und wer ausgeschlossen? Auch eine ebenfalls im Außenraum, auf einem der großen Eingangstore der Sheddachhalle angebrachte Wandarbeit von **Maria Eichhorn** setzt sich mit Fragen des Widerstands bezüglich der Berliner Stadtentwicklung auseinander. *İlan Panosu / Billboard / Plakatwand* bestand aus Plakaten und Flyern, deren Initiativen und Bündnisse im Stadtraum für sich warben. Sie praktizieren entweder eine Form

1 Isabell Jürgens: *Neue Studie. In Berlin steigen die Immobilienpreise weltweit am stärksten* in: Berliner Morgenpost, 11. April 2018, online unter: https://bit.ly/2VcK9SE (abgerufen am 14.2.2020)

Fabian Knecht, *Ornament*, 2019

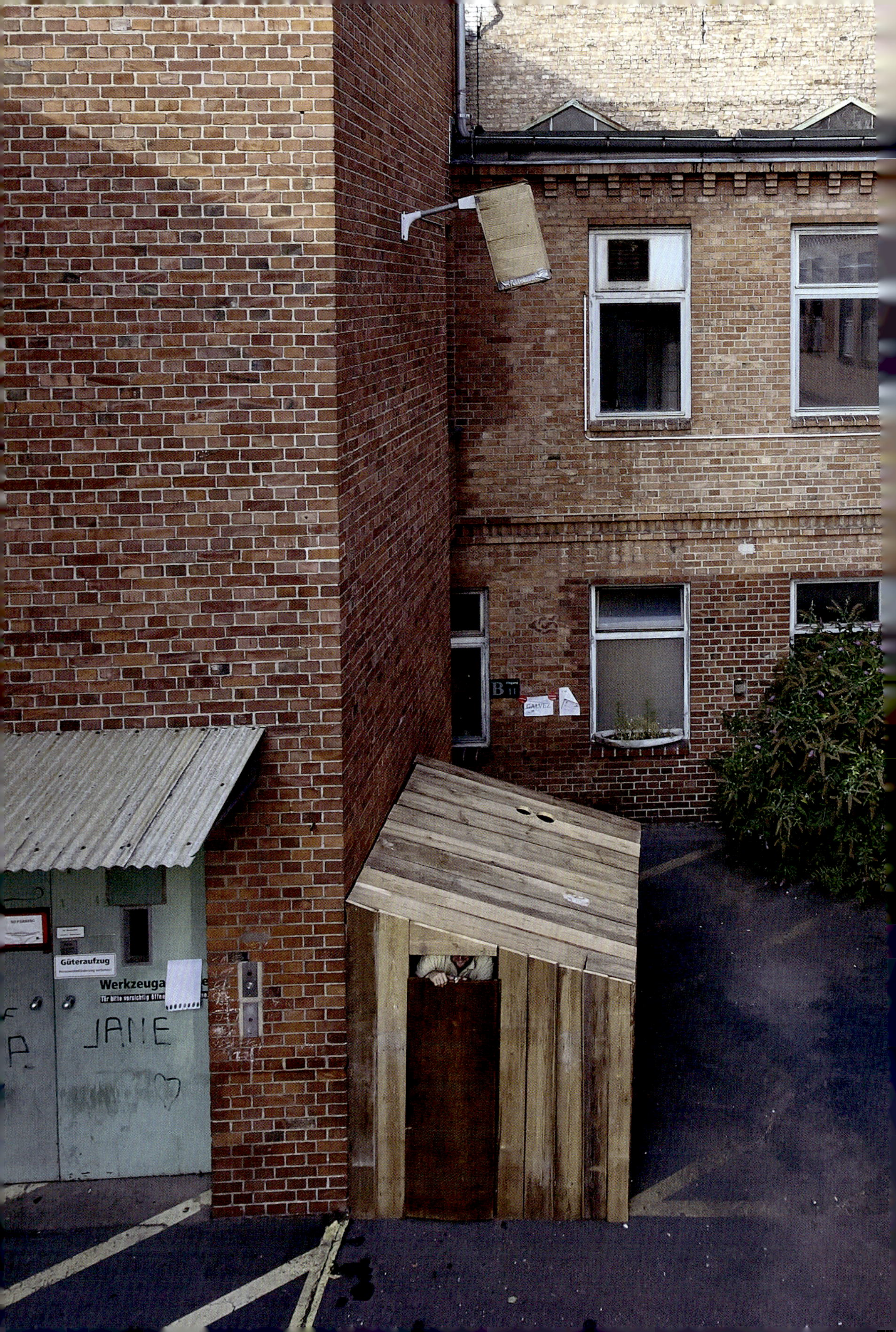
Güteraufzug
JANE

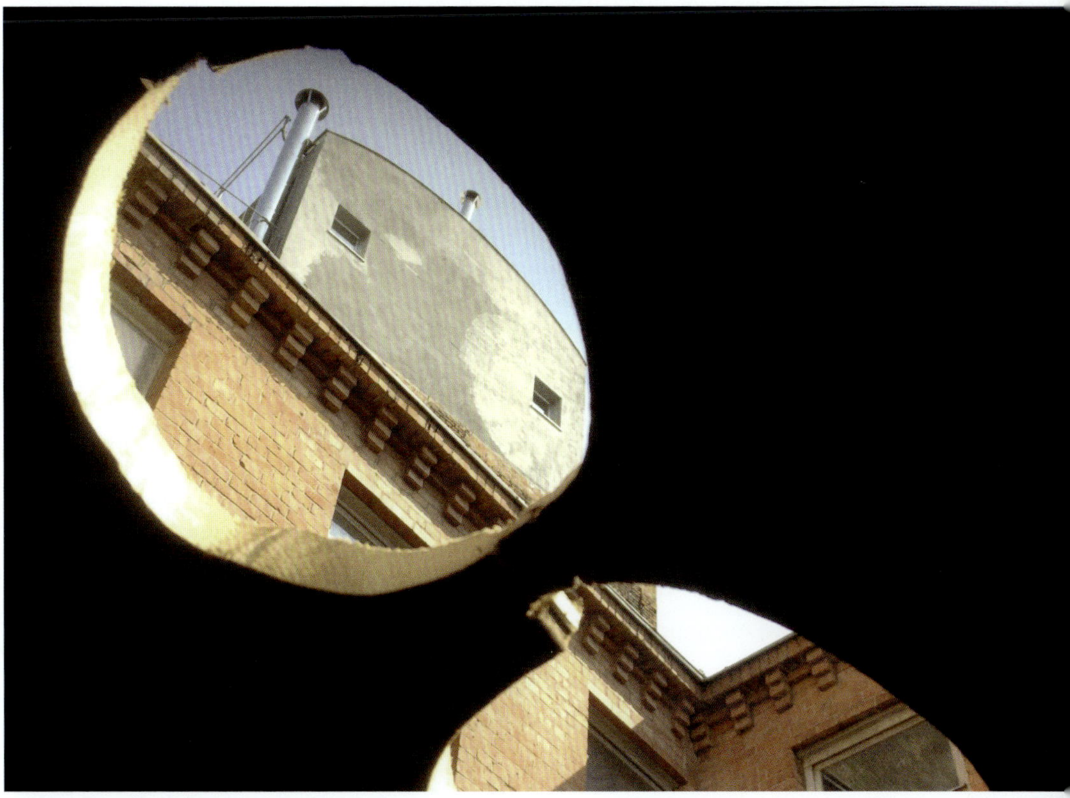

23 Peter Böhnisch, *o. T.*, 2019

des Widerstands, wie das Berliner Bündnis gegen Rechts, oder setzen sich konkret gegen Gentrifizierung ein, wie #besetzen, Deutsche Wohnen & Co enteignen!, Kotti & Co, Stadt von Unten, Wem gehört Kreuzberg? und Wir bleiben alle!. So werden unterschiedliche Akteur*innen und Netzwerke, auch über Berlin hinaus, einbezogen und die Situation der Uferhallen in aktuelle, auch internationale Diskurse eingebunden. Die audiovisuelle Installation *AKM (Turkish Night)* von **Philipp Lachenmann** befasst sich mit dem Opern- und Konzerthaus AKM am Istanbuler Taksim-Platz – einem Symbol der modernen, laizistischen Türkei, das während der Gezi-Park-Proteste 2013 zum Ort des Widerstands wurde. Kurz vor dessen durch den Ministerpräsident Recep Tayyip Erdoğan angeordneten Abriss 2018 entstand die Videoarbeit, die dem Kulturhaus ein Denkmal setzt: In den leeren Räumen des nun fassadenlosen Objektes entwickelt sich ein fantastisch-psychedelisches Farbenspiel und erweckt das Gebäude ein letztes Mal zu einem kurzen, rauschenden Leben. Auch die Papierarbeit *NEED* von **Miriam Jonas** widmet sich dem Verlust von Räumen: Die meisten der 500 DIN A4-Blätter mit je acht gestempelten Daumenabdrücken zum Abreißen wurden an einer Außenwand der Sheddachhalle akribisch in aneinander anschließenden Reihen zu einer großen Fläche angeordnet, die kleinen Abriss-Originaldrucke verbreiteten sich von dort aus auf dem Gelände und im angrenzenden Stadtraum. Die Blätter erinnern an Zettel mit der Aufschrift „Wohnung gesucht", die den Stadtraum auch in digitalen Zeiten bevölkern. Bei der Suche geht es um Wohn- und Arbeitsraum gleichermaßen, um den Erhalt von Lebens- und Arbeitsgrundlagen und die Möglichkeit individueller Entfaltung. Die performative Installation *Detour* von **Lena Marie Emrich** bezieht sich auf ein anderes Symptom der städtischen Verdichtung, das sich besonders an touristischen

Orten beobachten lässt: ein Übermaß an den Weg blockierenden Leihfahrrädern und -rollern oder auf ihnen unkontrolliert umherfahrenden Stadtbesucher*innen. Sieben Performer*innen schwärmten während der Ausstellungseröffnung aus und fuhren sämtliche Leihfahrräder der Umgebung auf das Uferhallen-Gelände, wo sie zu einer temporären, monumentalen Skulptur aufgestapelt wurden. Die Arbeit, die in der Standortanzeige der Räder in der Nutzer*innen-App des Anbieters ihre digitale Entsprechung fand, sorgte für ein neues Publikum und mitunter für Irritationen. Im Zuge der Raumnot stellt sich auch die Frage, wer noch in der Lage ist, innerstädtische Räume in attraktiven Lagen zu beziehen. Welche Auswahlkriterien werden zugrunde gelegt? Die Installation *Local Warming* von **Anaïs Senli**, ein begehbares Gewächshaus mit einem Zweikanal-Video, hat die Berliner Studie zur Umweltgerechtigkeit sowie den Berliner Umweltatlas zur theoretischen Grundlage. Interviews mit Kleingärtner*innen in Reinickendorf, deren Lebenserwartung aufgrund von Mehrfachbelastungen in Form von Luftverschmutzung, Lärm, Umgebungserwärmung sowie eingeschränkter sozialer und grüner Infrastruktur nachgewiesenermaßen wesentlich niedriger ist als im Berliner Durchschnitt, werden mit idyllischen Gartenbildern sowie mit lärmenden Flugzeuggeräuschen zusammengeschnitten. Dabei werden Zusammenhänge zwischen Sozialstrukturen, Einkommensverhältnissen und dem Zugang zu Wohn- und Lebensräumen beleuchtet. WAS FÜR WEN?

Architektur als Ausgangspunkt für die künstlerische Auseinandersetzung

Viele Künstler*innen haben die Architektur des Areals und dessen bevorstehende Transformationsprozesse zum Ausgangspunkt ihrer künstlerischen Arbeiten gemacht. Sie beziehen sich auf die bestehenden Gebäude, setzen sich mit der durch die Investoren geplanten Nachverdichtung auseinander und entwickeln eigene Visionen. Einige haben die Komfortzone der von ihnen üblicherweise bevorzugten Medien dafür verlassen und aufgrund der Dringlichkeit der Situation sowie der Möglichkeit des Experiments mit für sie neuen Materialien in nun architektonischen Dimensionen gearbeitet.

Achim Riethmann, der vor allem mit Aquarellfarbe auf Papier zeichnet, hat eine Wand in der Größe 300 × 420 × 70 cm gebaut, die sich den Betrachter*innen beim Umlaufen der Sheddachhalle auf der Nordostseite des Grundstücks zunächst in den Weg zu stellen schien. Die mit rechteckigen, schwarz gefärbten und vielfach gebrochenen Glasplatten verkleidete Skulptur erinnerte in ihrem Glanz und ihrer formalen Strenge an den gegenwärtigen Trend zu glatten, unpersönlichen und teilweise doch hochästhetischen Architekturen. Durch die Zersplitterung des Glases erschienen sich spiegelnde Betrachter*innen und die umliegenden Gebäude verzerrt. Der Reiz der Arbeit liegt dabei in ihrer Ambivalenz, ihrem Schwanken zwischen Eleganz und Zerstörung. Die Außenarbeit *Schöne neue Welt* von **Antje Blumenstein** stellte einen ironischen Kommentar zu den möglichen Veränderungsprozessen auf dem Gelände dar. Ein mit weißen Styropornamenten verzierter Balkon wurde an der Fassade der *Botschaft*, einem Projektraum vor Blumensteins Atelier, angebaut. Er war begehbar, aber zu schmal und zu hoch eingefasst, um ihn tatsächlich nutzen zu können und blieb so reine Dekoration. **Peter Böhnisch** ist Maler und hat für *Eigenbedarf* ein Atelier im Freien errichtet. Mit alten Dielenbrettern aus Wohnungen im Wedding hat er einen kleinen Raum geschaffen, der abends durch zwei runde Dachausschnitte von der darüber befindlichen Straßenlaterne beleuchtet wurde. In seiner Einfachheit und besonderen Atmosphäre erinnerte er an eine Mönchsklause. Darüber hinaus lässt er Gedanken

Achim Riethmann, *o. T.*, 2019
nächste Seite / next page
links / left: Pete Wheeler, *Paradise Lost*, 2017; vorne / in front: Monica Bonvicini, *o. T.*, 2019; ganz rechts / far right: Antje Blumenstein, *Schöne neue Welt*, 2019

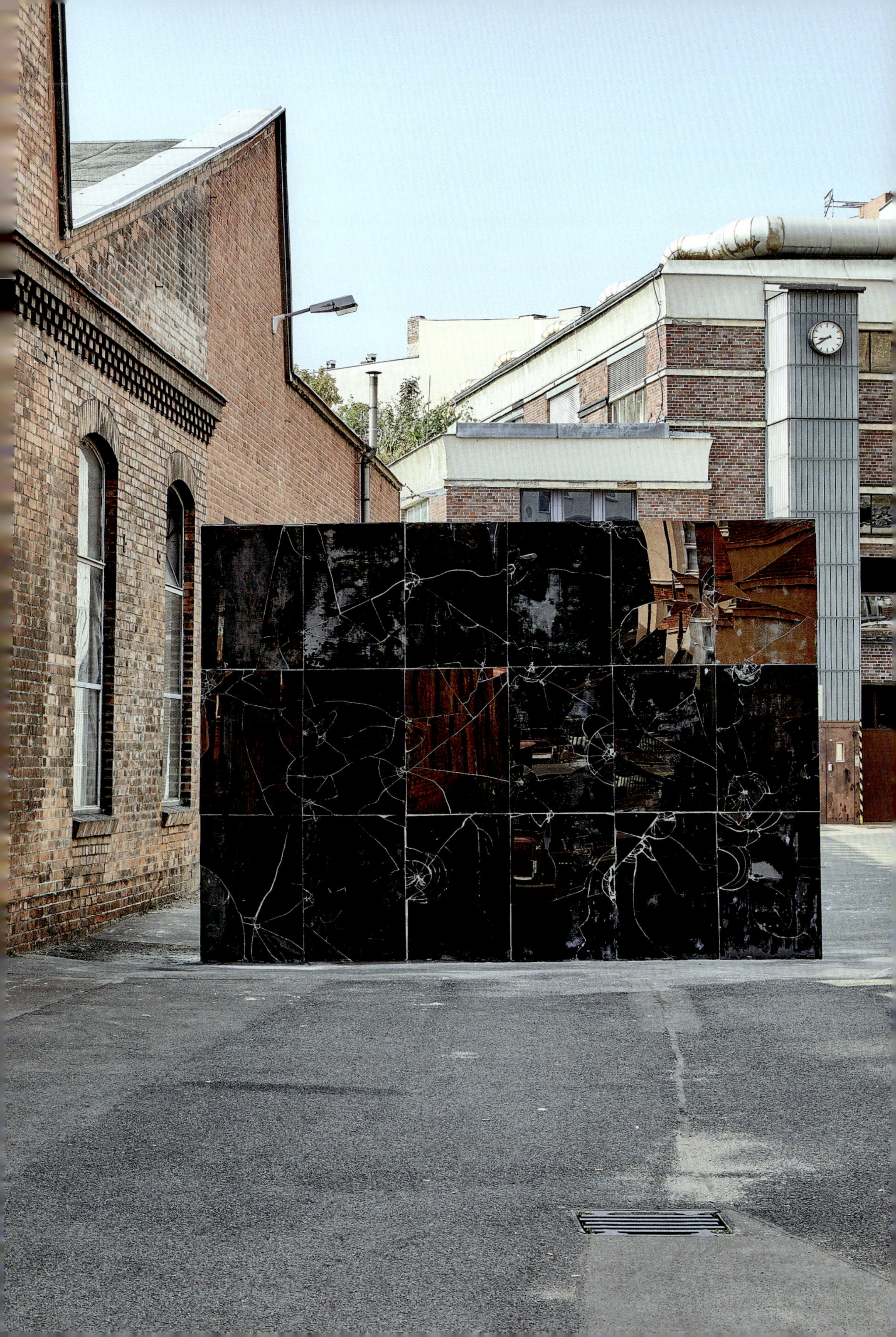

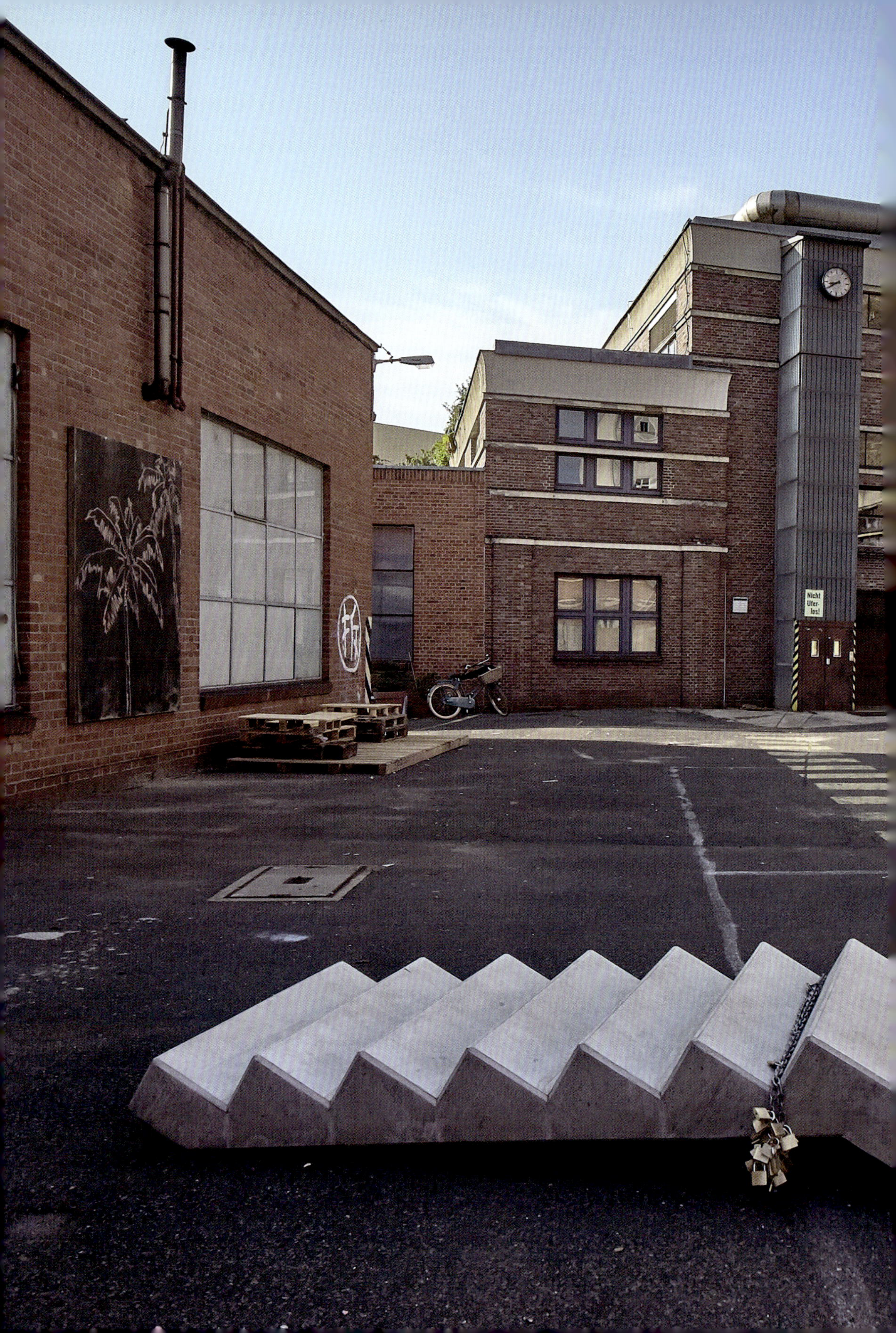
Nicht
Ufer-
los!

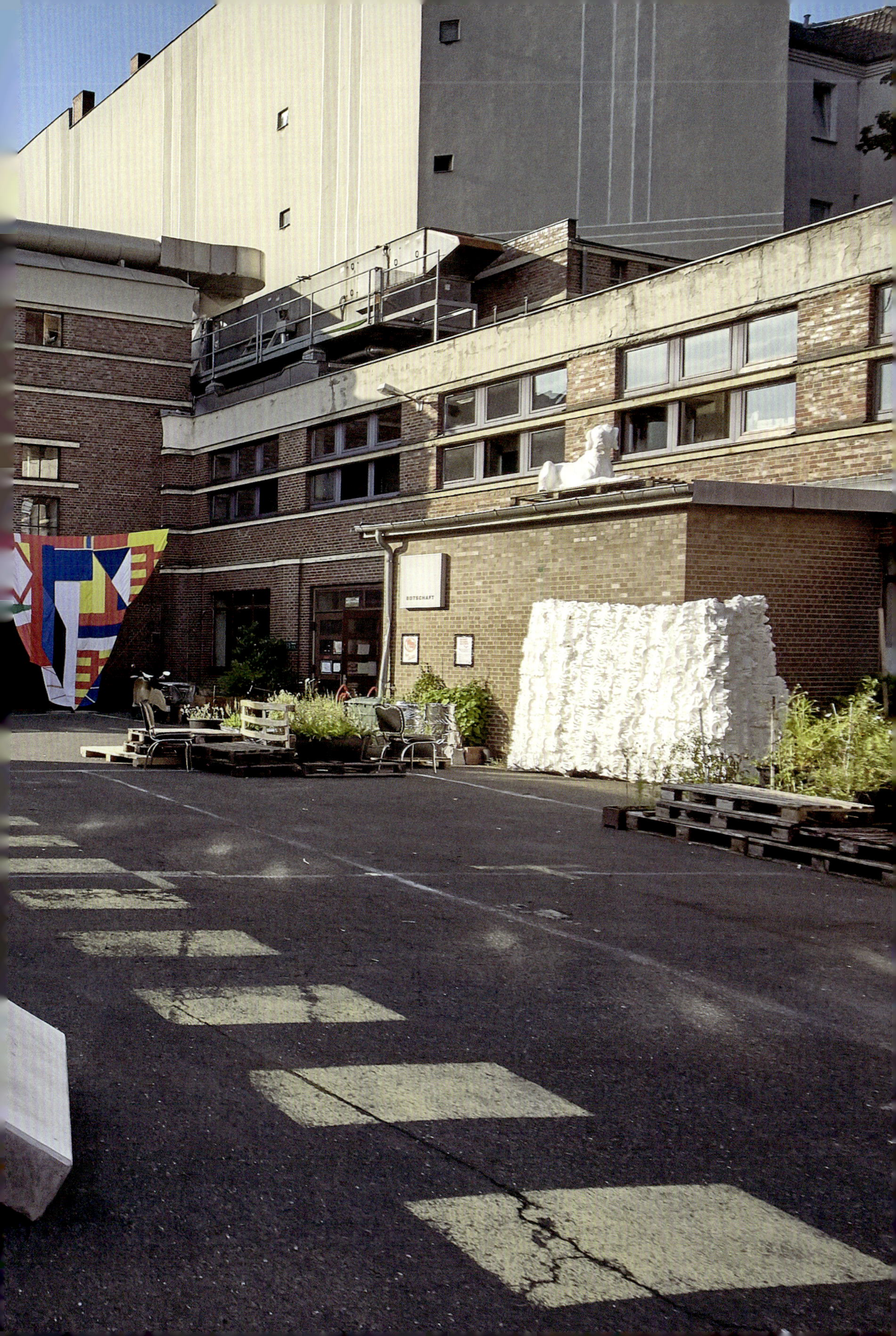
BOTSCHAFT

an einen bestimmten Künstler*innentypus zu, der abgeschieden, ohne gesellschaftliche Anbindung, schöpferisch tätig ist. Dieses Bild steht im Kontrast zu dem regen nachbarschaftlichen Austausch und den vielen Kooperationen auf dem Areal. Auch **Kerim Seiler**s Arbeit *Ego Sum* kommentiert ein verbreitetes Künstler*innenbild mit einem Rückgriff auf die Kunstgeschichte: Seine Neonarbeit war an der Fassade des Café Pförtner angebracht und bezieht sich auf Bruce Naumans ikonische Installation *The true artist helps the world by revealing mystic truths* (1967). Bei Seiler wurde der leuchtende Satz zu „ego sum pauper nihil habeo et nihil dabo" (dt. etwa: „ich bin arm, ich habe nichts und gebe nichts"), der im Sinne des Zen-Buddhismus zu verstehen ist. **Anke Becker**, die vornehmlich mit Papier arbeitet, thematisierte das Künstler*innendasein anhand ihrer Ateliersituation. Sie verlegte den Grundriss ihres 23 m² großen Arbeitsraums auf den Geländevorplatz. *A24/23M2* lässt nicht nur an einen Atelierverlust denken, sondern auch an eine Tanzfläche. Das Bild vom Tanzen nutzt **Peter Klare** metaphorisch, wenn er über gesellschaftliches Miteinander spricht. Er arbeitet üblicherweise in den Medien Malerei und Fotografie und versucht dort, Widersprüchliches zusammenzuführen. Bereits vor *Eigenbedarf* hat er Aufnahmen vom Uferhallen-Areal mit eigenen Visionen für das Gelände übermalt. Diese Arbeiten versuchen die Ziele der Investoren und der vor Ort arbeitenden Künstler*innen zusammenzubringen. Sie sind als Antwort auf die Bebauungsplanung des von den Investoren beauftragten Architekturbüros Ortner + Ortner zu verstehen. Deren vorläufige Pläne sehen den Abriss einzelner Gebäude(teile) vor, eine starke, kubenartige Verdichtung des Geländes mit der Errichtung eines achtgeschossigen Wohnturms sowie die Schließung des südwestlichen Geländeeingangs durch Neubauten. In der Version Klares bleibt die gesamte denkmalgeschützte Bebauung bestehen und auf einer zweiten Ebene wird ein ringförmiger Aufbau aufgesetzt, der auf Stelzen steht und über den Backsteinbauten zu schweben scheint. Wohnen und Arbeiten werden räumlich getrennt und trotzdem bleiben Begegnungen möglich. Für *Eigenbedarf* hat Klare die übermalten

 Peter Klare, *ARCOBALENO,* 2019

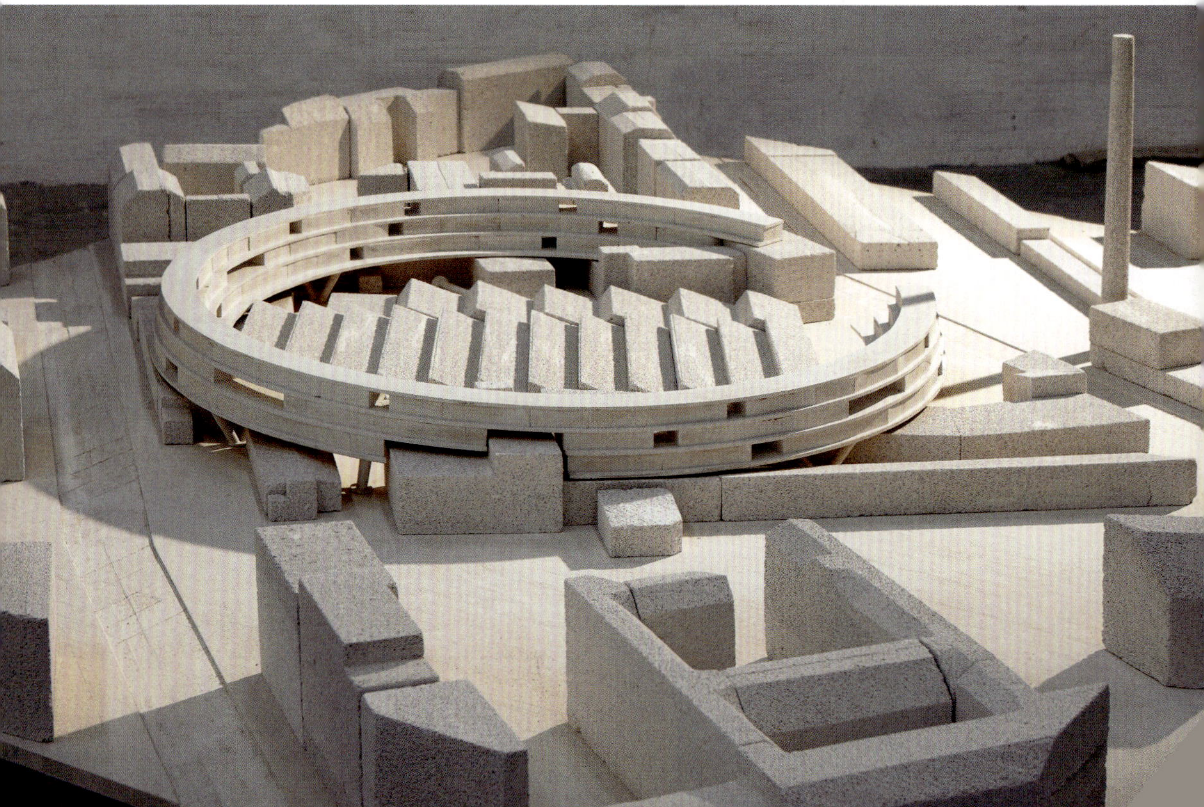

Fotografien in ein 280 × 210 × 25 cm großes Modell mit dem Titel *Arcobaleno* (ital. für „Regenbogen") überführt. Es ist auch eine Hommage an den Architekten Francisco Villegas Berro, dessen *Edificio Arcobaleno* (ital. für „Regenbogengebäude") in Punta del Este, Uruguay, Klare inspiriert hat. Der Beitrag von **Pantea Lachin** und **Ina Wudtke** für **Kunstblock and beyond** ist ebenso lösungsorientiert. Die Künstlerinnen haben zwei Ausgaben der von ihnen konzipierten *Weddinger Illustrierte Zeitung* erstellt, die auch als Wandzeitung in der Ausstellung hingen. Sie enthalten Texte unterschiedlicher, mitunter fiktiver Autor*innen. Darunter findet sich ein Erfahrungsbericht aus der Zukunft, der aufzeigt, wie die Raumprobleme in Berlin erfolgreich gelöst wurden und wie faire Wohnungspolitik funktioniert. Die Performance *OK* von **Karen Winzer** bezieht sich wiederum ganz konkret auf die von den Investoren geplante Bebauung. „OK" ist in Architekturzeichnungen die gängige Abkürzung für Oberkante. In Winzers Arbeit flog eine Drohne auf den geplanten Bebauungshöhen und zeichnete so den imaginierten Raum der geplanten Nachverdichtung. Abgesehen von den Oberkanten ging es um die Frage, welche Sichtachsen bestehen bleiben und welche verbaut werden, wo Gebäudeteile künftig Schatten erzeugen und wo noch Himmel zu sehen sein wird. Architektur bestimmt unsere Lebensgewohnheiten und unsere Entfaltungsmöglichkeiten. In der futuristisch-dystopisch anmutenden skulpturalen Arbeit *delirious Dinge II* von **Andrea Pichl** finden sich Pflanzen in zu einer Rakete arrangierten Pflanzenkübeln und Blumenkästen. Mit schwarzer Farbe besprüht, scheint die Vernichtung des Gewachsenen kurz bevorzustehen.

Einige Arbeiten setzten sich mit den Eigenheiten der vorhandenen Architektur auseinander: Die unbetitelte Skulptur von **Monica Bonvicini** besteht aus einer Fertigteiltreppe aus Beton und einer sie umschließenden Gliederkette mit mehreren Vorhängeschlössern. Die liegend auf dem Boden platzierte Treppe erinnert formal an die prägnanten Sheddächer der zentralen Halle. So wird mit Materialien, die für Bonvicinis

29 Tristan Pranyko, *Future Perfect,* 1990

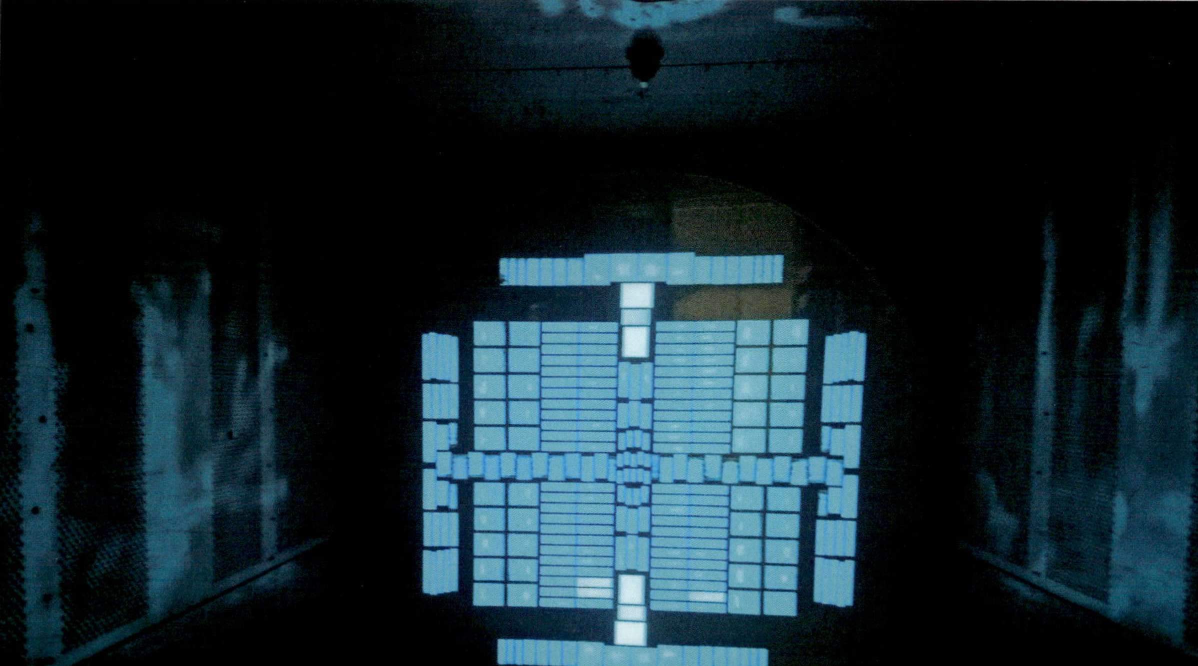

künstlerische Praxis charakteristisch sind, metaphorisch Eigenbedarf angemeldet. Die audiovisuelle Arbeit von **Heiner Franzen** zeigt einen *Mann auf dem Dach,* der in der Ausstellungshalle unter die Decke des Sheddachs projiziert wurde und den Eindruck einer permanenten Beobachtung und Bedrohung erzeugte. Den Ausgangspunkt für die großformatige Papierarbeit *Der rote Turm* von **Hansjörg Schneider** bildet die ehemalige Umformerstation auf dem Uferhallen-Gelände. Eine in Papier geschnittene Detailansicht der Backsteinarchitektur taucht in drei jeweils gespiegelten Versionen auf rot getuschtem Untergrund auf. Die trotz äußerst akkurater Arbeitsweise entstehenden Unregelmäßigkeiten und Beschädigungen gehen bewusst als Teil des Prozesses in die Arbeit ein. So wird das Spannungsfeld zwischen einem Bild und seiner Deformation zum eigentlichen Thema. Auch **Kerstin Gottschalk** eignet sich die Architektur der Uferhallen behutsam an: Sie hat ein zu ihrem Atelier führendes Treppenhaus in die Ausstellung integriert, indem sie dort die über drei Etagen verlaufende Installation *Mehl, Salz, Wasser zu einem Teig verarbeitet und auf einen Handlauf eines Treppengeländers angedrückt* realisiert hat. Ihre Handabdrücke sind in dem getrockneten Salzteig noch zu erkennen. Die Kontrastierung mit den glatten Oberflächen der umgebenden Fliesen hebt die Materialität der Arbeit sowie die eingeschriebenen Spuren des Handwerks hervor und betont die individuelle Nutzung der Architektur. Mit der immersiven, retro-futuristisch anmutenden Lichtinstallation *Future Perfect* hat **Tristan Pranyko** einen Lastenaufzug in einen kleinen Ausstellungsraum transformiert. **Asta Gröting** hat für *Eigenbedarf* ihre Arbeit *Not Feeling Too Cheerful* in einem vorhandenen Brennofen präsentiert und so den Ausstellungsort als Produktionsstätte hervorgehoben. Die performative Installation *Happiness 205* von **Elisa Duca** setzt sich metaphorisch mit dem Einnehmen und Besetzen von Raum auseinander. Sie besteht aus 205 aufeinandergeschichteten transparenten Dosen mit pastellfarbener Zuckerwatte, die während der Ausstellungslaufzeit nach und nach von der Künstlerin umgeschichtet und geöffnet wurden. Durch das Eindringen von Sauerstoff beginnt die Zuckerwatte zu schrumpfen, bis sie sich zu einem winzigen Haufen zusammenzieht, der innerhalb der Dose weiterhin auf seinen ursprünglichen Raum verweist. So birgt das Material vielfältige Metaphern: vom Schrumpfen, von Verdrängung, vom Konsum, von Wertlosigkeit, vom Versprechen auf Süße und Rausch sowie von Vergänglichkeit.

Auseinandersetzungen mit Veränderungsprozessen und dem Verlust von Räumen

Einige Künstler*innen haben sich zwischen Zuversicht und Pessimismus mit der aktuellen Situation des Geländes und mit möglichen zukünftigen Transformationsprozessen vor Ort beschäftigt. **Yaqin Si**s Arbeit *Eliminated from*, bestehend aus einer korrodierten Metallplatte, an deren Rückseite sich 25 aufgezogene Wecker mit einem subtilen Ticken befinden, lässt für die Besucher*innen das Ablaufen von Zeit spürbar werden. Nach der Bedeutung von Zeit und deren individuellem Verständnis fragt auch eine Seekuh in der medienreflexiven Videoarbeit *Tempo – On Time Warps* von **Ilaria Biotti**. Ausgangspunkt für die philosophische Fragestellung ist die Renovierung des Seekuhbassins im Tierpark Berlin, die einen Umzug der Bewohner*innen zur Folge hat.

Die Arbeit *Nennwert* von **Lena von Goedeke** ist weniger philosophisch, sondern für sie ungewöhnlich direkt. In Vorbereitung auf die Ausstellung hat sie junge Investor*innen befragt, was sie an einem Grundstück wie dem der Uferhallen interessieren würde – Architektur, Künstler*innen als Nutzer*innen, die besondere Atmosphäre? Es wurde ohne Umschweife mit „die Wertsteigerung" geantwortet. Daraufhin ließ Goedeke am südlichen Geländeeingang temporär drei Fahnenmasten aufstellen und Fahnen mit jenen Euro-Geldscheinen mit den drei höchsten nominellen Werten bedrucken – ein Fünfhunderter, ein Zweihunderter und ein Hunderter. Thematisiert

Adriana Alicia Fanés Molins, *o. T.*, 2019

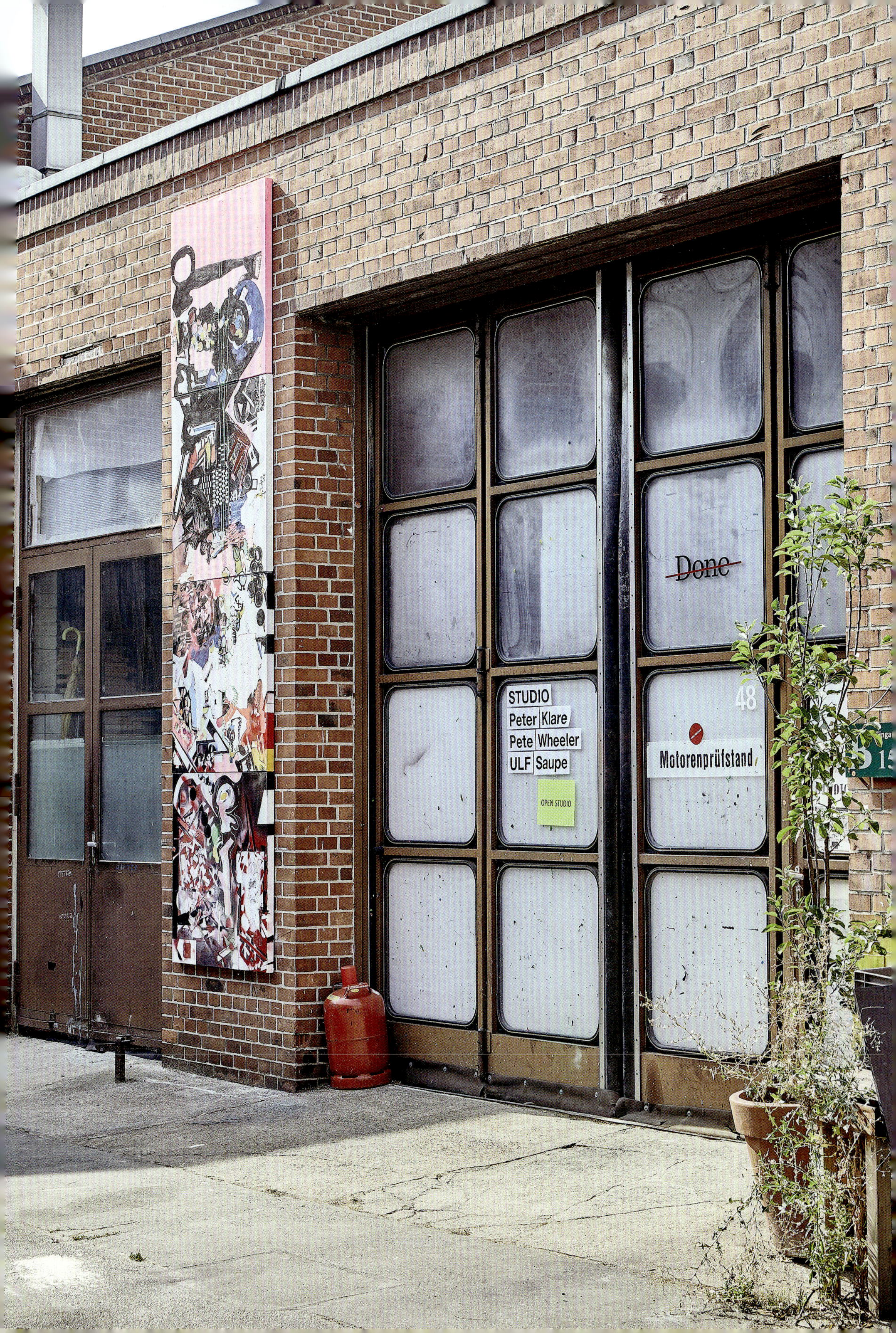
Done
STUDIO
Peter Klare
Pete Wheeler
ULF Saupe
OPEN STUDIO
48
Motorenprüfstand

wurden so der Verkauf der Uferhallen sowie die unterschiedlichen Währungen, mit denen dabei gerechnet wird – künstlerische und finanzielle. Auch die Installation von **Peter Knoch** ist überaus direkt: Er lässt die Besucher*innen am Ende der Ausstellungshalle auf eine Gruppe demonstrierender, bewaffneter Figuren zulaufen. Dieses *Revolutionsgewisper* erzeugt einen dystopischen Eindruck. Protestbilder und -bewegungen werden auch in der großen Papierarbeit ***Liu Anping*** des gleichnamigen Künstlers und in der Performance *Rehearsal of the Futures: Is the World Your Friend?* von **Isaac Chong Wai** aufgegriffen. Letztere fand zur Eröffnung statt: Fünf Performer*innen ahmten in mehreren Akten äußerst präzise und wie in Zeitlupe Bewegungsabläufe von Demonstrationen nach – Steine werfen, Mauern bilden, Kampfszenen – und betonten damit, dass die Künstler*innen den durch sie geprägten Ort nicht ohne Gegenwehr aufgeben werden. Für deren aktuelle, bedrohliche Situation hat **Fabian Knecht** mit der Performance *Ornament* ein weiteres Bild erzeugt: Während der Eröffnung hing eine Person von der 23 m hohen, benachbarten Hauswand und wurde scheinbar nur von den Händen eines auf dem Dach liegenden Mannes festgehalten. Die Unmittelbarkeit der Performance rief unterschiedliche, mitunter sehr emotionale Reaktionen hervor. Die Besucher*innen konnten sich ihr nicht entziehen und so wurde der Ernst der Lage in eine eigene, individuelle Erfahrung übersetzt. Besonders die Abhängigkeit von einer anderen Person, einem zudem unbekannten Gegenüber, erschwert die Umstände. Das Verhältnis der Uferhallen-Mieter*innen zu ihren Vermietern scheint zwischen Nähe und Distanz, zwischen Entspannung und Anspannung, zwischen Vertrautheit, Ungewissheit und Ausgeliefertsein zu changieren. **Friedemann von Stockhausen** hat ebenfalls ein Bild dafür an der Fassade 'seines' Atelierhauses anbringen lassen: Die gefundene, stark vergrößerte und dadurch unscharfe Fotografie zeigt zwei Menschen, verbunden durch eine ambivalente Geste, die Assoziationen im Bezug auf Heilung ebenso wie zur Unterdrückung hervorruft. **Pete Wheeler**s Kommentar zur Ausstellung ist eindeutiger: Er mahnt mit seiner Malerei mit dem programmatischen Titel *Paradise Lost* den Untergang der Uferhallen als Kulturstandort an. Auf der großen Leinwand sind die Konturen zweier blassrosa Palmen auf dunklem Grund zu sehen. Der zweite Blick lässt zähnefletschende Raubkatzenköpfe im Hintergrund erkennen, die sich direkt auf die Betrachter*innen richten. **Manfred Peckl**s *Ganging Gardens* vermitteln eine hoffnungsvollere Stimmung: Er lässt die Kunst in Form von farbigen Lacken in die Ausstellungshalle eindringen, die von den hohen Wänden herunterzulaufen scheinen. Damit bezieht er sich auch auf die Rückeroberung von Räumen durch eine unverwüstliche Natur. Auch das Gedicht *Ein Ort ...* von **Lois Weinberger,** das in großen Versalien auf der etwa 17 m hohen Fassade des ehemaligen Pferdestalls zu lesen ist, bezieht sich auf eine Natur, die unmöglich vernichtet werden kann. Die Zeilen lassen sich jedoch genauso gut auf die Uferhallen und die Kunst übertragen, „die immer wieder [...] in die gewagte Zukunft erblüht." Der Text bleibt auch nach der Ausstellung vor Ort, als eine Art positiv gewendetes Mahnmal. Auch in dem 2D-Animationsfilm von **Deniz Zagli**, der auf dem Außengelände durch ein Fenster und über Kopfhörer erfahrbar war, wird ein zuversichtlicher Grundton angeschlagen. Der mit Liebe zum Detail händisch animierte Kurzfilm beschäftigt sich auf humorvolle Weise mit nachbarschaftlichen Irritationen, die durch einen titelgebenden *Klingelstreich* ausgelöst werden. *Dem Wind durchlässig* von **Harriet Groß** entzieht sich wiederum einer konkreten Positionierung und verhandelt übergeordnete Fragestellungen, die sich bei *Eigenbedarf* immer wieder ergeben. Die abstrakte Raumzeichnung besteht aus vertikalen Linien: In der Mitte der Ausstellungshalle hängen Metallstangen und Gummibänder von einem Stahlträger. Auf der angrenzenden Wand finden sie ihre Fortsetzung in Form von Tape und als Schatten. Durch die unterschiedlichen Materialien, ihre verschiedenen Dichten und Transparenzen werden Grenzen befragt. Bilden die Stäbe eine Grenze oder deren Zwischenräume Möglichkeiten? Wem oder was hält die Wand als Barriere stand? Wie verhält es sich mit der Schattenzeichnung darauf? Was ist verhandelbar?

Beeindruckende künstlerische Diversität

Ein Fokus von *Eigenbedarf* lag auf der Vielfalt der auf dem Gelände arbeitenden Künstler*innen, die mich sehr beeindruckt hat. International renommierte Künstler*innen wie **Monica Bonvicini**, **Valérie Favre**, **John Bock** und **Maria Eichhorn** arbeiten neben Kolleg*innen, die sich dem Austausch mit der Öffentlichkeit weitestgehend verweigern und unabhängig davon über Jahrzehnte ein beeindruckendes Werk geschaffen haben. Professor*innen teilen die Ateliers mit ihren Studierenden und die 350 kg schweren Bronzeskulpturen von **Ricard Larsson** entstehen neben filigranen Papierfalzungen und -faltungen von **Antje Blumenstein**. Kollektive wie **IOCOSE** arbeiten medienübergreifend und erstellen beispielsweise Animationsvideos zu unterschiedlichen Zukunftsthemen oder greifen mit Performances irritierend und mitunter provokativ in das öffentliche Leben ein, während **Quirin Bäumler** mit viel Gespür für Materialität und Poesie als ‚klassischer' Bildhauer und Zeichner arbeitet. **Ulf Saupe** belichtet unter anderem Cyanotypien von Wasseroberflächen in seinem Atelier und hat das traditionelle Belichtungsverfahren dafür weiterentwickelt. Seine *Waterscapes* wirken dabei fast malerisch. **Klaus Weber** interessiert dieses Element mehr in Bewegung, bei seiner Erforschung des ‚Lebendigen'. Diese unterschiedlichen Medien, Themen und Kunstbegriffe habe ich in der Ausstellungshalle bewusst nebeneinandergestellt. So wurden Kontraste erzeugt und Widersprüche zugelassen, und die Diversität der künstlerischen Produktion auf dem Gelände war auf kleinem Raum zu erleben.

Die tief gehängte, große Fotografie *JUL. 12, 2011 (16.26.38)* von **Henrik Håkansson** zeigt Teile eines Vogelschwarms vor einem bewölkten Himmel und bildete den poetischen Einstieg in die Ausstellungshalle. Das daneben platzierte, kleinere fotografische Porträt *Amethyst Girl (1)* von **Lotta Antonsson** konnte sich an dieser Stelle durch seine Prägnanz und besondere Materialästhetik ebenfalls gut behaupten. Die dargestellte junge Frau blickt nach oben, über den Schwarm hinweg, wohin auch die Augen der Besucher*innen gelenkt wurden. So konnten die Arbeiten in ihrem Zusammenspiel auch assoziativ mit den angestrebten Perspektiven der Künstler*innen vor Ort verbunden werden: mit Freiraum und maximalen Entfaltungsmöglichkeiten.

Die meisten Künstler*innen haben über die Jahre ihre ganz eigene, unverkennbare Formensprache mit jeweils charakteristischem Materialumgang entwickelt: Von **So Young Park** war die aus Duschschläuchen und Badezimmer-Armaturen erstellte Installation *Tomorrow yesterday* zu sehen; **Thomas Draschan** zeigte seinen digitalen Collagen *Phantome,* für die er auf Found-Footage-Material aus der Zeitschrift *Das Magazin* zurückgreift. Dabei wird durch das Ausschneiden von Modellen aus mehreren hintereinanderliegenden Seiten der Fokus auf Silhouetten und Kulissen verschoben. Das Objekt *O. T. (0419)* von **Tanja Rochelmeyer** besteht aus unterschiedlich farbigen, transparenten Acrylgläsern, die in ihrer Komposition sehr kraftvoll wirken und trotz ihrer Bildhaftigkeit eine abstrakte Raumerfahrung ermöglichen. Ihr Atelierkollege **Sven Drühl** hat seine Farbpalette hingegen stark reduziert und setzt sich malerisch und bildhauerisch intensiv mit zeitgenössischen Darstellungsformen von Landschaft auseinander. **Rosa Barba**, deren Licht- und Sound-Arbeiten immer auch Objektcharakter haben, hat für die Ausstellung die Soundarbeit *ready ready* realisiert, die durch einen von der Decke hängenden Megafon-Lautsprecher aus der Mitte des Raumes schallte. Von **John Bock** war ein skurriles, allerlei sensorische Assoziationen hervorrufendes, jedoch rein visuell erfahrbares Objekt mit dem Titel *Beyond-PARA-Plattenspieler* ausgestellt. Die kleinen auf einem Tisch angeordneten Fimo-Figuren von **Jerry Kowalsky** tragen den

nächste Seite / next page
Henrik Håkansson, *JUL. 12, 2011 (16.26.38)*, 2012
Lotta Antonsson, *Amethyst Girl (1)*, 2016

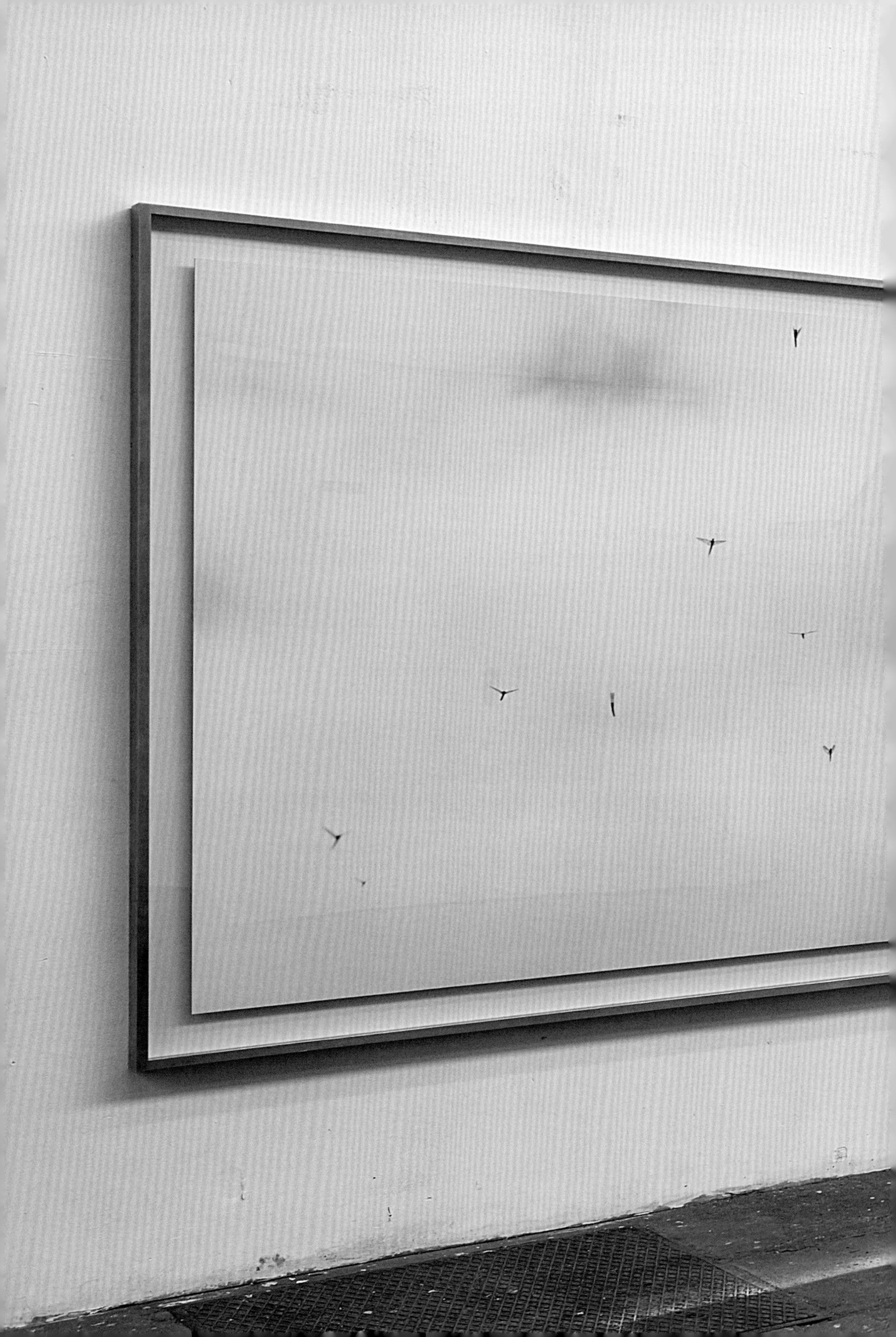

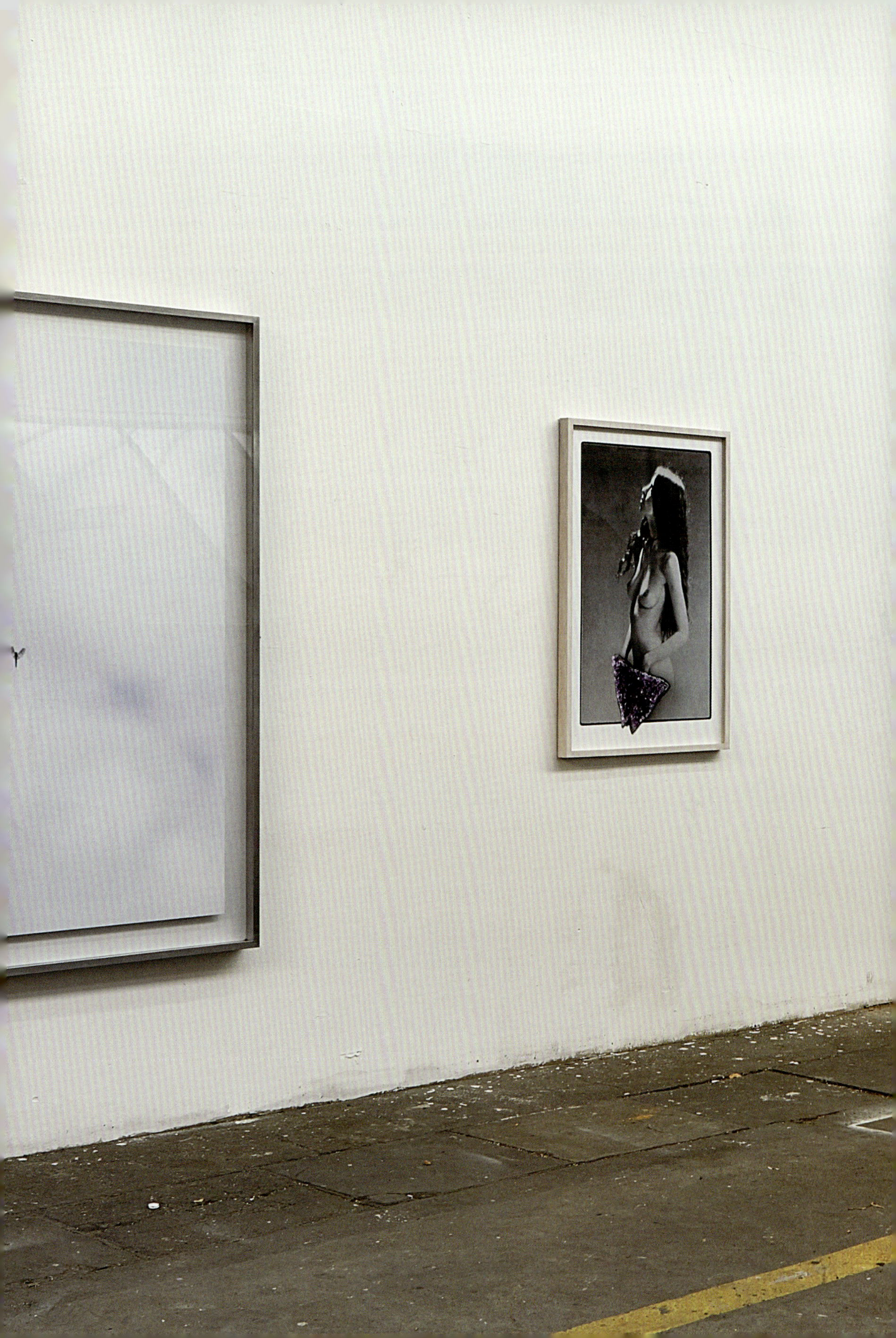

programmatischen Titel *We are not idiots*. Diesen gegenüber hing eine großformatige Installation von **Yael Graetz**, die aus teils fluoreszierenden Stoffen gefertigt wurde.

Besonders viele Malereiateliers mit ganz unterschiedlichen Ansätzen

Auf dem Gelände arbeiten besonders viele Maler*innen, deren künstlerische Ausdrucksformen breit gefächert sind. **Valérie Favre**s Werke weisen vielfältige gesellschaftliche und kulturhistorische sowie werkinterne Bezüge auf, sind medienreflexiv, konzeptuell und poetisch zugleich. In Auseinandersetzung mit der menschlichen und der eigenen Vergänglichkeit hat sie beispielsweise an ihrem 60. Geburtstag begonnen, sich jedes Jahr notariell beurkunden zu lassen, dass sie künftig auf die Verwendung einer Farbe verzichtet, wodurch sich ihre Farbpalette mit zunehmendem Alter immer weiter reduziert. Auch **Elena Alonso Fernandez** verfolgt einen konzeptuellen Ansatz und beschäftigt sich mit dem Entstehen von Bildern des kollektiven Gedächtnisses sowie damit verbundenen Machtstrukturen. Sie erprobt alternative Bildentstehungsprozesse unter Einbezug Vieler. **Norbert Witzgall** befragt gesellschaftliche Muster und Masken anhand von Porträts. Bei *Eigenbedarf* war das zweiteiliges Selbstporträt *Autoportrait précaire* zu sehen. Es besteht aus einem Eselskopf im Profil und einer an einem Band hängenden Möhre – jeweils fotorealistisch gemalt auf monochrom gelbem Hintergrund. Die für das eigensinnige Tier scheinbar unerreichbare Karotte kann – pessimistisch betrachtet – auch ein Sinnbild für die Situation der Uferhallen-Künstler*innen ergeben. **Matthias Galvez** malt Porträts und Genrebilder mit einer Technik, die an die der alten Meister angelehnt ist. Die Protagonist*innen und die Szenen sind jedoch zeitgenössisch und die Malereien faszinieren durch eben jenes Spannungsfeld zwischen Machart und Sujet. Figuren tauchen bei **David Moses** nur sehr abstrahiert auf – manchmal sind nur ihre charakteristischsten Merkmale zu erkennen: ausgestreckte Hände, weit aufgerissene Augen, eine Schnauze. Er überträgt ikonische Cartoons von Walt Disney oder Realfilme in Zeichnungen und Malerei und untersucht so komplexe Bewegungen, etwa in der auf Werner Herzogs Werk bezugnehmenden *Raumstudie nach Herz aus Glas*. Die Protagonist*innen der Mixed-Media-Malerei *Laudanum Beware* von **Nicolai Huch** sind mal gesichtslos, mal zensiert, mal lebendig, mal leblos; sie scheinen aus Märchen, Science-Fiction-Filmen und Untergangsvisionen geboren. Figurative Elemente stehen neben abstrakten, malerische neben zeichnerischen und geometrische neben organischen. Diese komplexen Anordnungen und Zustände vermag Huchs wiedererkennbarer Stil zu vereinen. Die Arbeit *o. T.* von **Adriana Alicia Fanés Molins** ist wiederum gänzlich ungegenständlich – ein Sampling aus unterschiedlichen Farben und Formen, das Bezüge zum Graffiti aufweist. Auch für **Werner Liebmann** ist die Leinwand ein Experimentierfeld, auf dem er seit mehreren Jahrzehnten Malerei erforscht. Die Formen seiner abstrakten Werke werden dabei häufig erst im Prozess aus dem pastosen Farbauftrag geboren. Auch **Jan Muche**s vielfach an der Architektur orientierte Arbeiten sind abstrakt. Er bezieht den Zufall in den malerischen Prozess ein, beispielsweise indem er Farbe über seine auf dem Boden liegenden Bilder schüttet und die sich so ergebenden Formen in seine Bilder integriert. Im Sinne des *Deskilling* – dem bewussten Negieren oder Auslagern von angeeigneten Kenntnissen und Fähigkeiten – haben einige Künstler*innen ihre eigenen, unverkennbaren Techniken entwickelt. So schafft **Rainer Neumeier** durch das Auftragen und Freilegen unzähliger Farbschichten faszinierende ungegenständliche Strukturen, die einiges über ihren Entstehungsprozess erzählen und ihr Geheimnis doch bewahren. **Wolfgang Ganter**s Arbeiten sind trotz malerischer Qualitäten keine Malereien im engeren Sinne. Er lässt Bakterienkulturen fotografische Filme transformieren, indem sie sich von der Gelatine-

vorne / in front: Anäis Senli, *Local warming*, 2018
links / left: David Moses, *o. T. (Raumstudie nach Herz aus Glas, Werner Herzog, 1976)*, 2015
oben / above: Hansjörg Schneider, *Der Rote Turm*, 2019

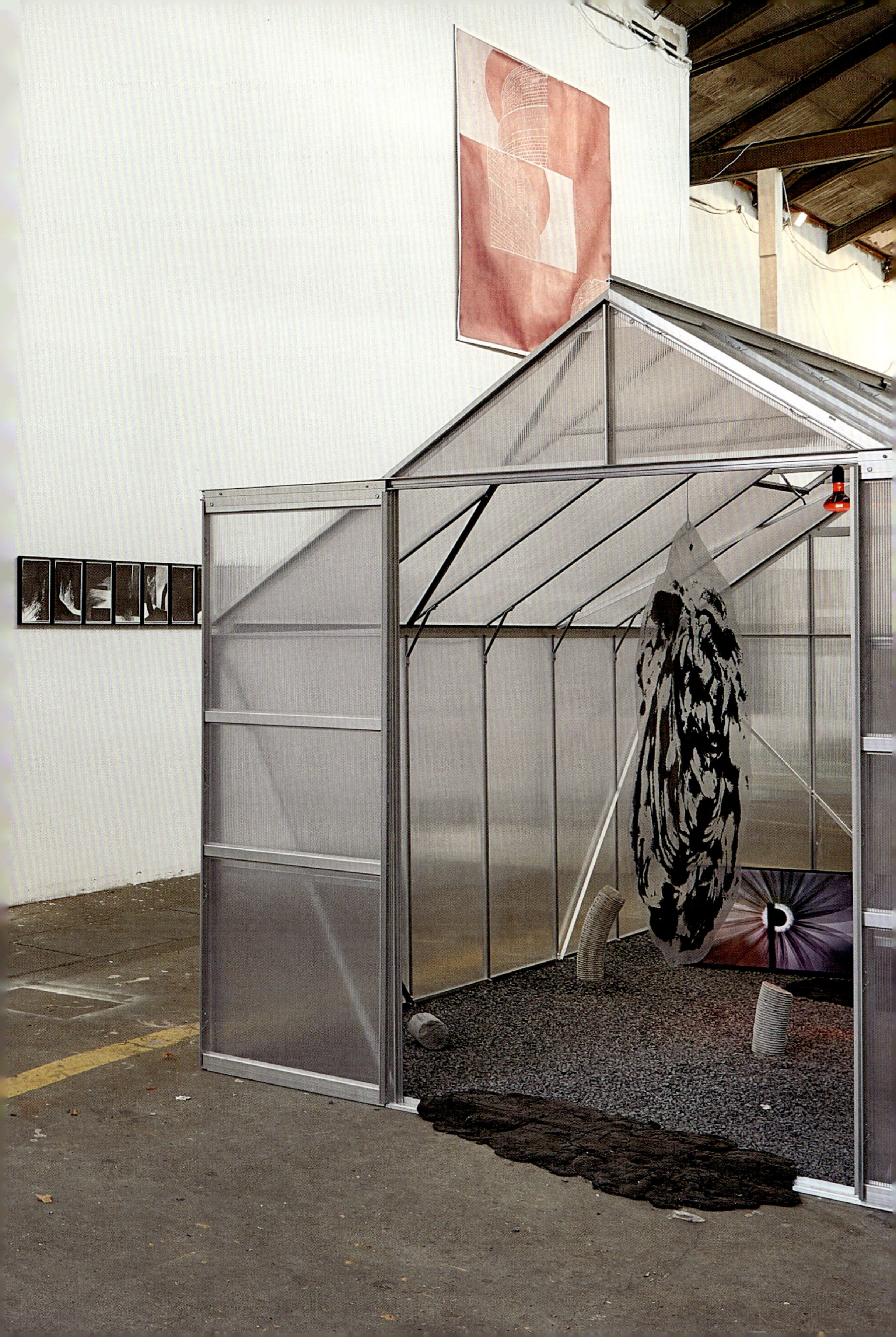

schicht ernähren und so die Farben neu arrangieren oder ruft chemische Reaktionen unter Mikroskopen hervor. Durch diese komplexen Abläufe, bei denen er seine Bildfindungsprozesse bis zu einem gewissen Grad auslagert und eine 'Co-Autorschaft' zulässt, entstehen eindrückliche Arbeiten. Auch **Sebastian Gumpinger** hat sich von der klassischen Malerei entfernt und bearbeitet heute in seiner Serie der *steel paintings* Stahl- und Kupferplatten mit einem Winkelschleifer. Damit erforscht er die Verbindungen von Zeichnung, Malerei und Raum und bezieht performative Elemente wie die Bewegungen der Betrachter*innen mit ein. Die Malerin **Katharina Grosse** hat ihre Pinsel 1998 erstmals gegen eine mit Kompressor betriebene Spritzpistole getauscht. Sie besprüht damit nicht nur Leinwände und Objekte, sondern auch größere Flächen bis hin zu ganzen Gebäuden und Landschaften, wodurch unsere Wahrnehmungsgewohnheiten und -grenzen radikal neu verhandelt werden.

Die Stadt mit künstlerischen Mitteln verhandeln

Eigenbedarf hat sichtbar gemacht, was auf dem über Jahre gewachsenen Areal der Uferhallen entstanden ist und weiterhin entsteht. Was hier auf fruchtbarem Boden, den die Künstler*innen vor Ort selbst urbar gemacht haben, unter nahezu idealen Bedingungen wächst, ist Teil eines nachhaltigen Konzepts und für die sich derzeit noch als solche behauptende Kunsthauptstadt Berlin von enormer Bedeutung. Die Architektur des Backstein-Ensembles spielt dabei eine nicht unerhebliche Rolle: Sie ermöglicht die Entfaltung vielfältiger künstlerischer Arbeit. Schon eine Umsiedlung der Künstler*innen innerhalb des Geländes in derzeit angedachte kleine, weiße Parzellen in der zentralen Halle könnte daher den Beginn vom Ende des Uferhallen-

links an der Wand / left on the wall: Elena Alonso Fernandez, *Leben und Tod*, 2019

vorne / in front: Anäis Senli, *Local warming*, 2018

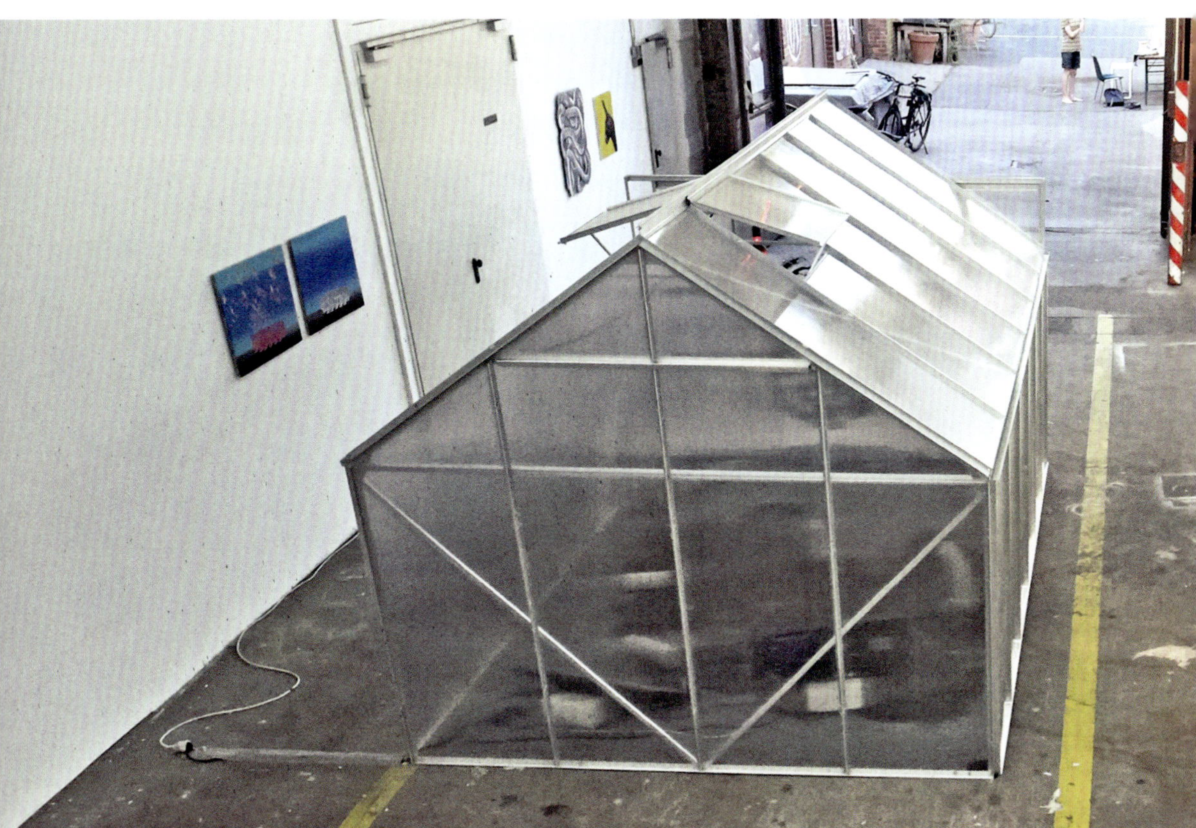

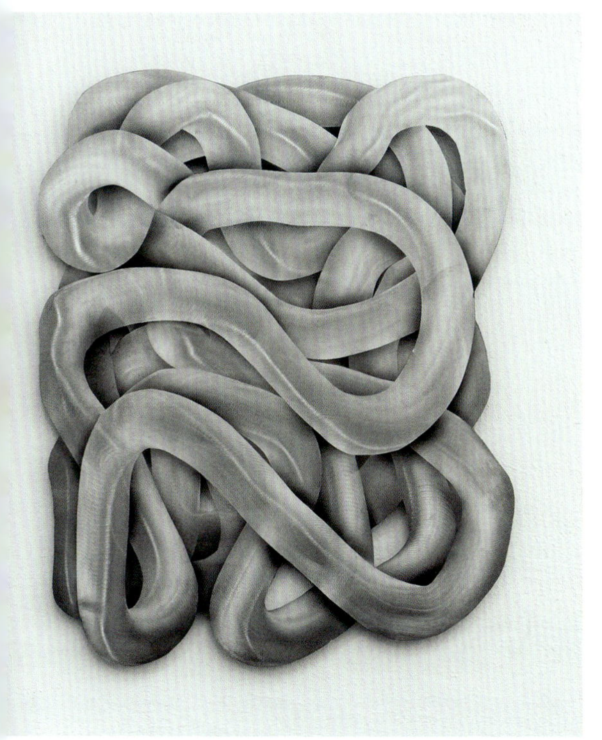

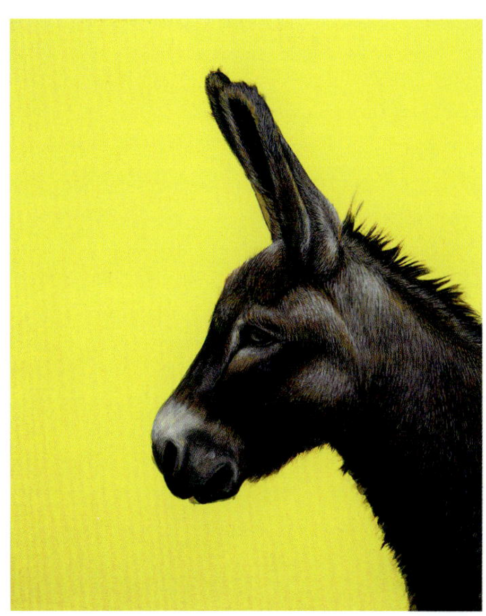

39 Sebastian Gumpinger, *Linie 222*, 2019; Norbert Witzgall, *Autoportrait précaire*, 2018

Soziotops markieren. Das dystopische Szenario vom Auszug der Kultur und dem Einzug einer womöglich besonders finanzkräftigen Mieter*innenschaft hätte gravierende Konsequenzen – auch für die Nachbarschaft, die sich derer vielleicht noch nicht bewusst ist: In der Umgebung, dem von Gentrifizierungsprozessen bislang eher in geringerem Maße betroffenen Wedding, würden die Mietpreise steigen, dadurch Mieter*innen verdrängt und in der Folge die bisher diverse Sozialstruktur verändert.

Der Kampf um den Erhalt dieses Kulturstandorts hat erst begonnen. Die Frage WAS FÜR WEN betrifft nicht nur die Akteur*innen, die die Zukunft der Uferhallen bereits thematisieren. Es ist eine gesamtgesellschaftliche Fragestellung, die von möglichst divergierenden Bevölkerungsgruppen diskutiert statt von einzelnen Privatleuten bestimmt werden sollte. In solchen Aushandlungsprozessen kann die Kunst eine entscheidende Rolle spielen. *Eigenbedarf* hat gezeigt, dass dies auf vielfältige Weise möglich ist. Es erscheint heute enorm wichtig, die Stadt nicht komplett dem kapitalistischen System und der Dynamik des Geldes zu überlassen. Mit künstlerischen Mitteln, mit Vielen, mithilfe von Schwarmintelligenz, Mut und langem Atem lassen sich Strukturen verändern. WAS FÜR WEN betrifft heute uns alle.

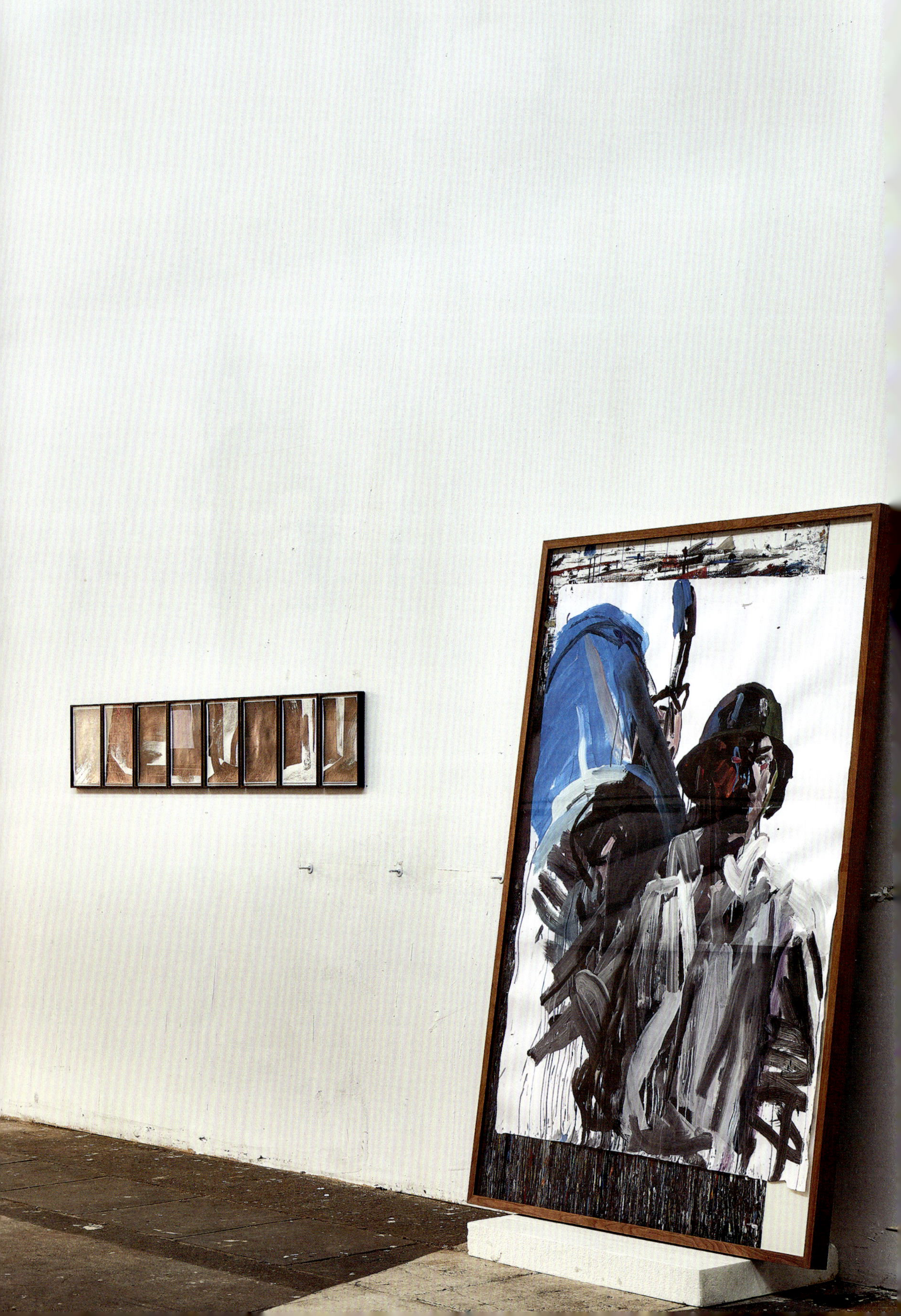

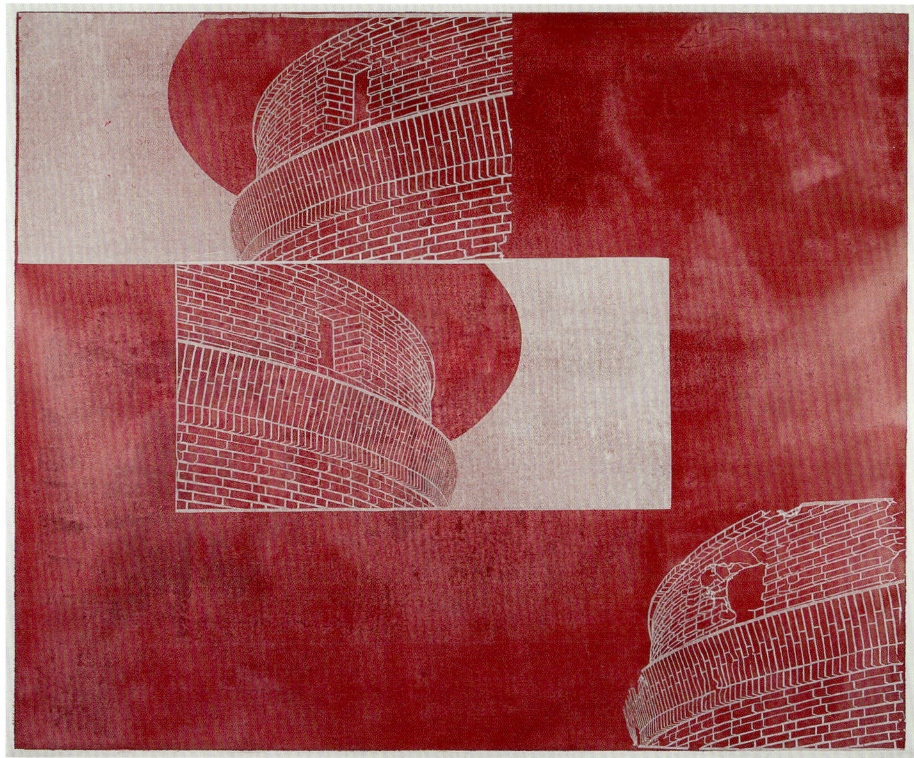

41 Hansjörg Schneider, *Der Rote Turm*, 2019

David Moses, *o. T. (Raumstudie nach Herz aus Glas, Werner Herzog, 1976)*, 2015
Liu Anping, *Liu Anping*, 2015

Ilaria Biotti, *Tempo – On Time Warps*, 2019

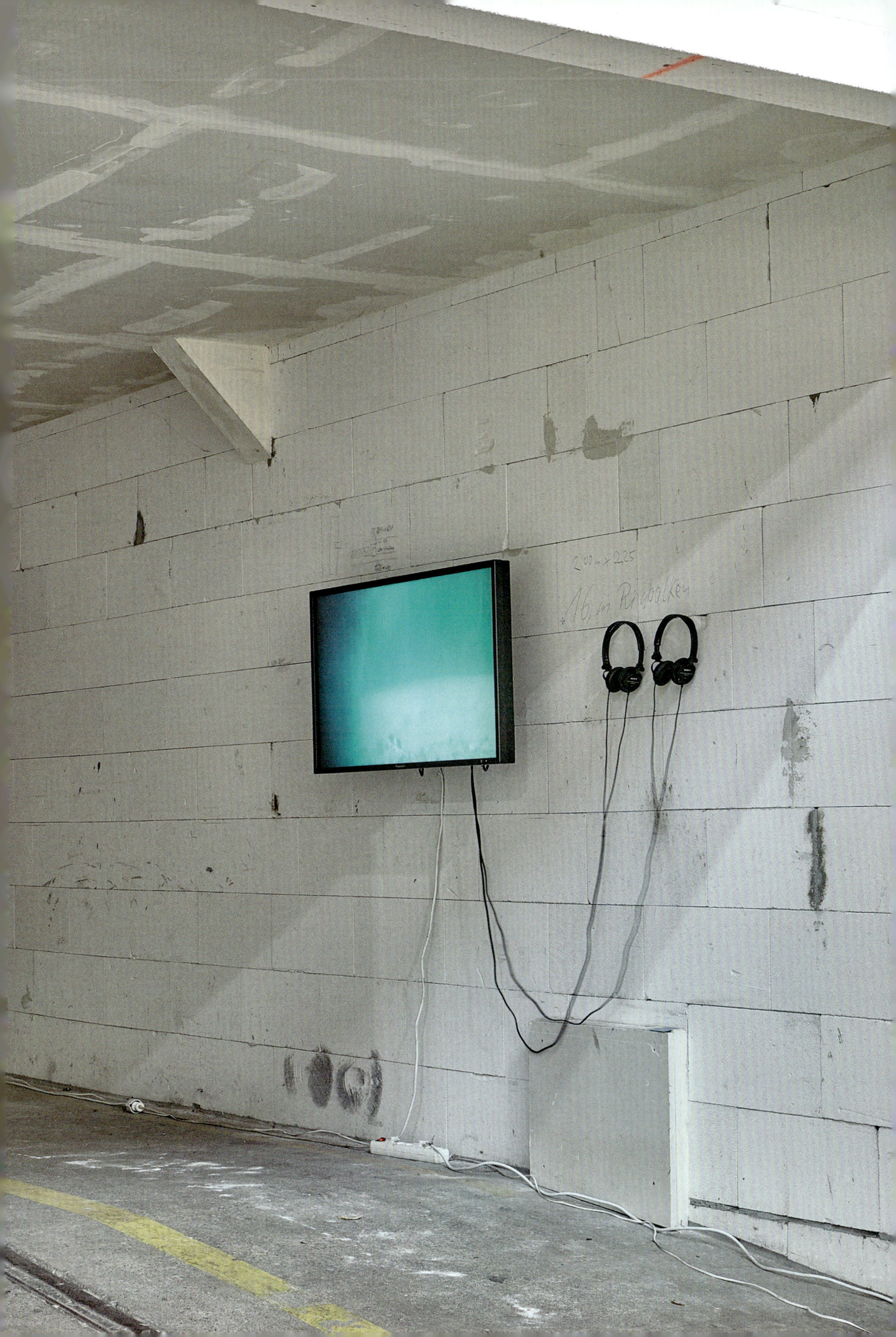

Klaus Weber, *born-died*, 2019

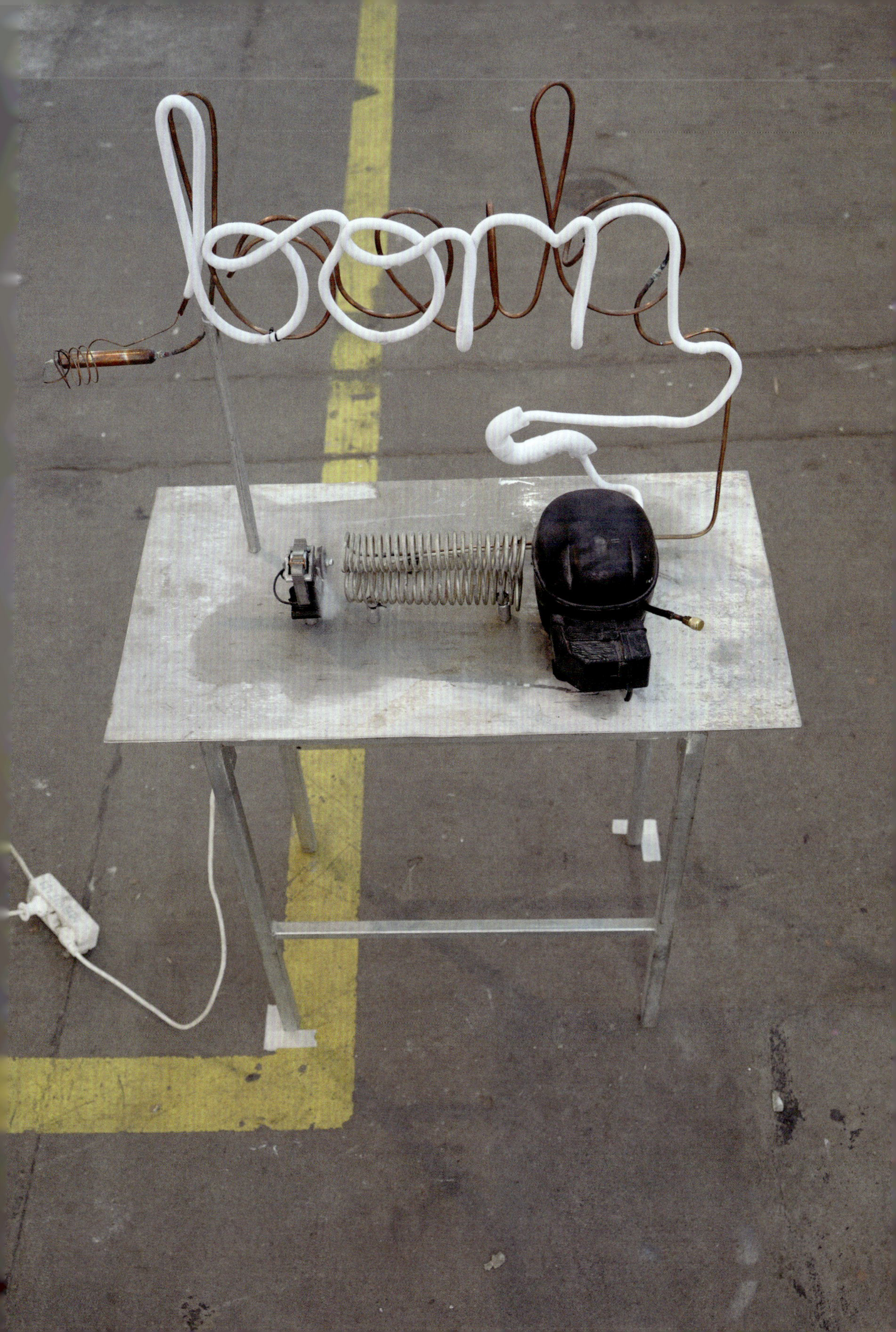
born

 links / left: Klaus Weber, *born-died*, 2019; Tanja Rochelmeyer, *o. T. (0419),* 2019

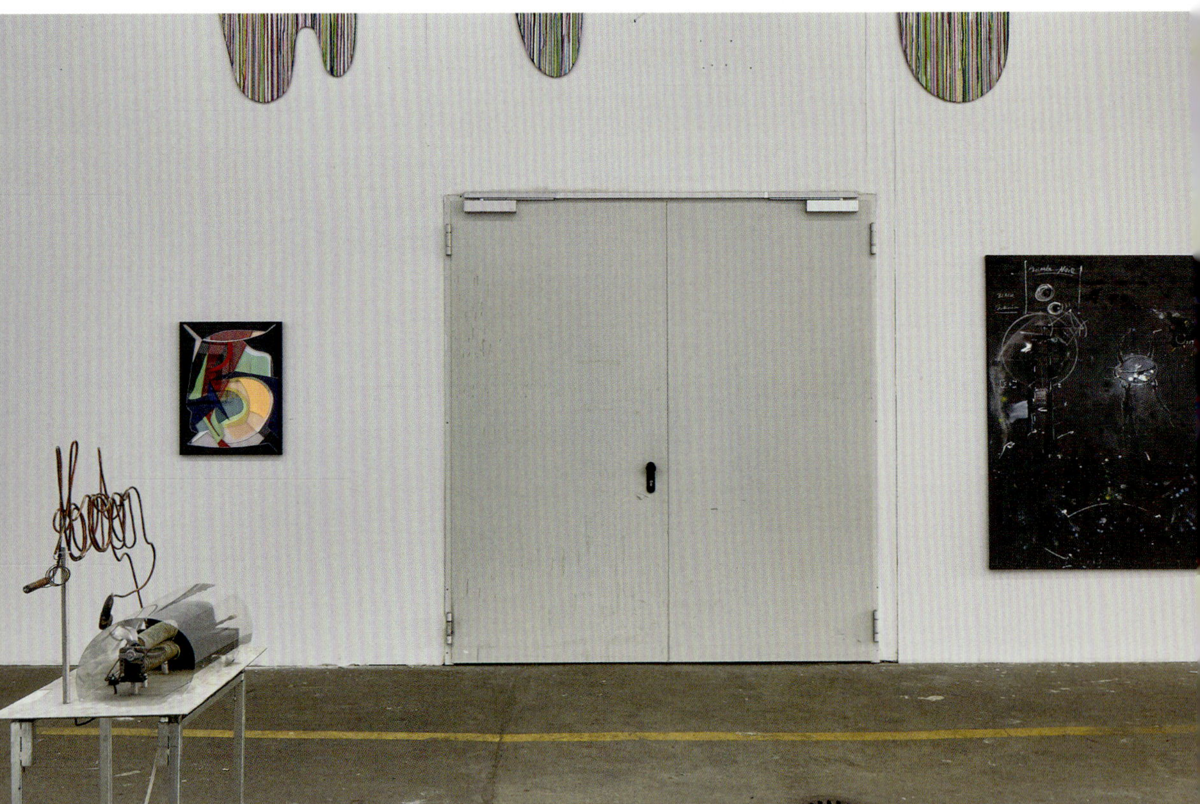

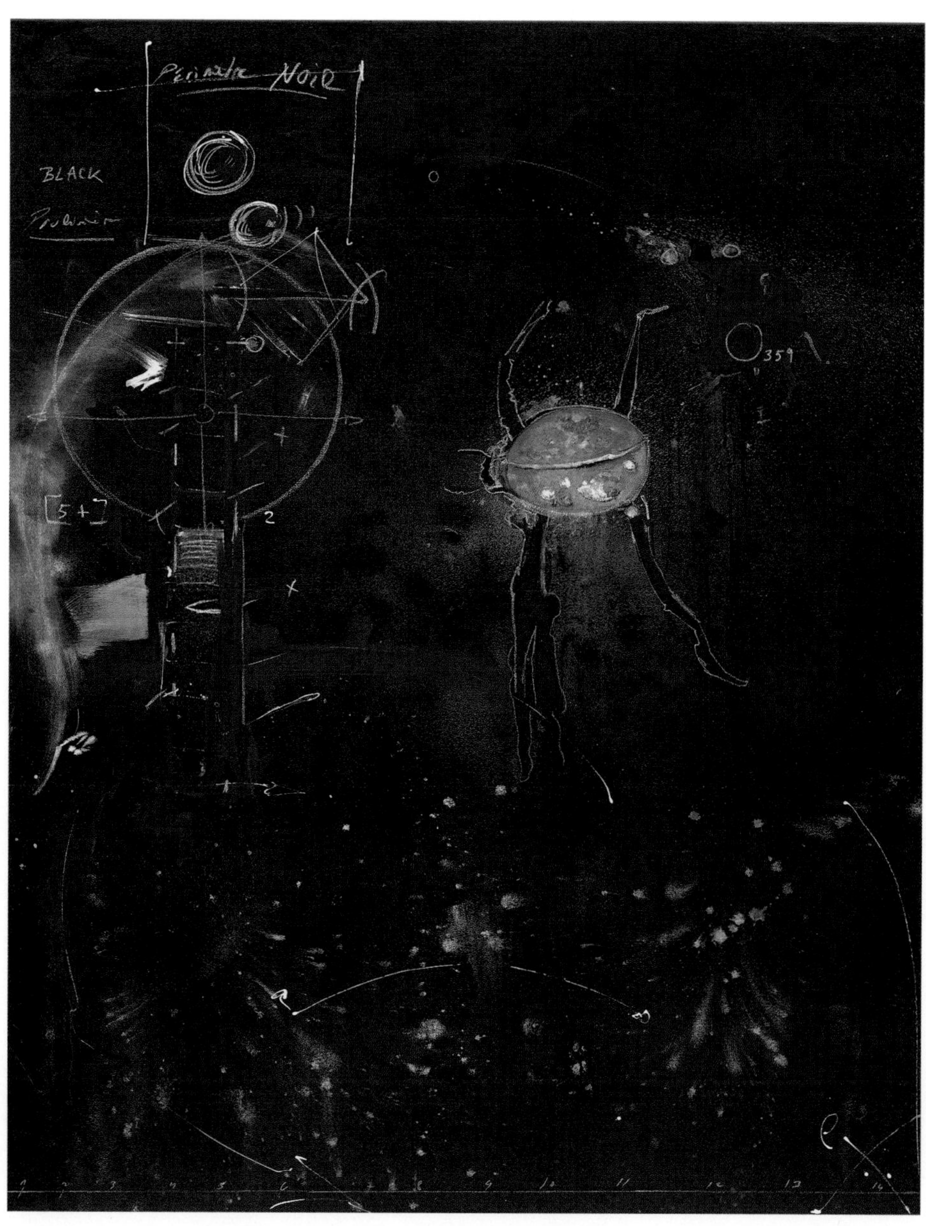

Valérie Favre, *Kosmos*, 2019
nächste Seite / next page
Manfred Peckl, *Ganging Gardens*, 2019

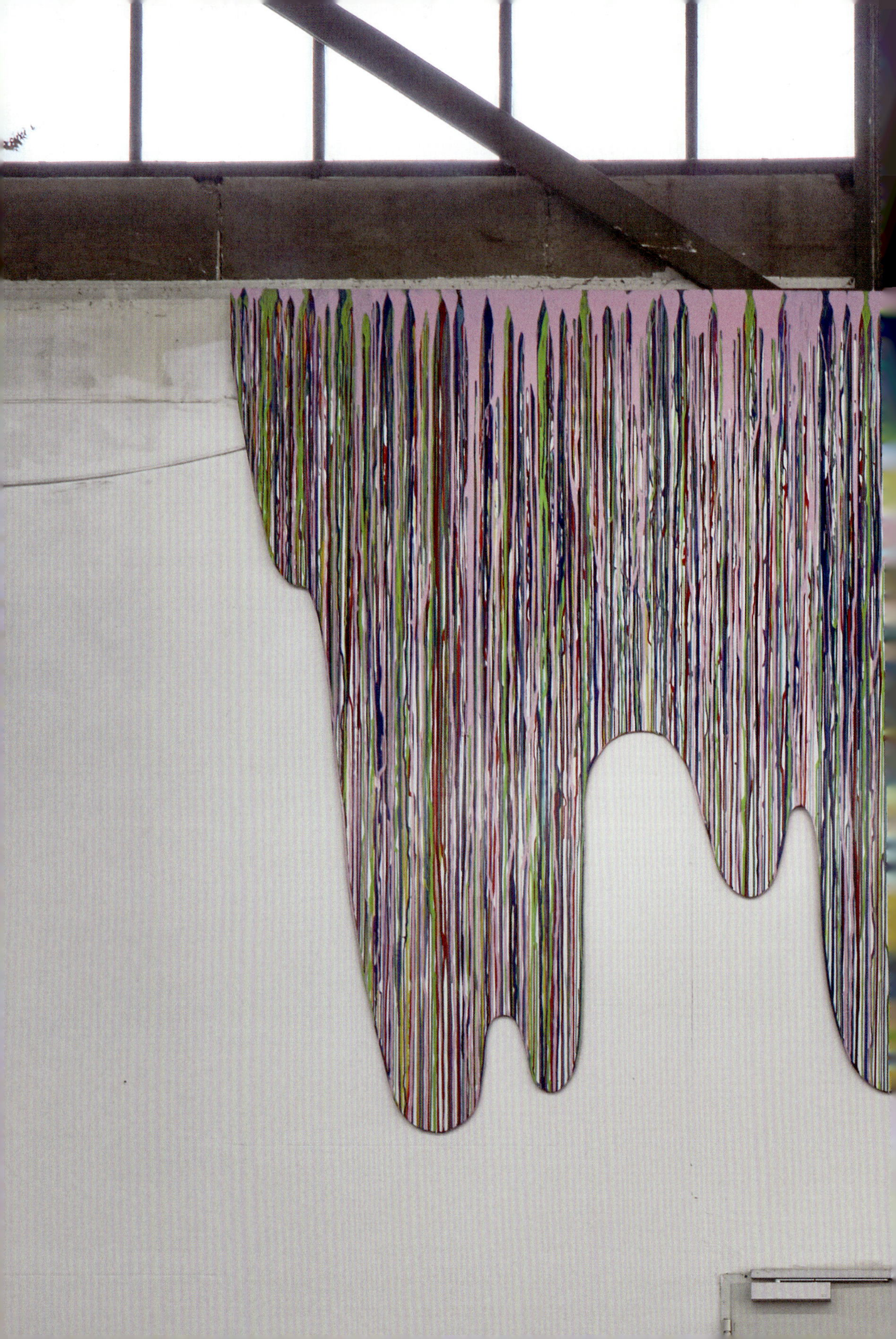

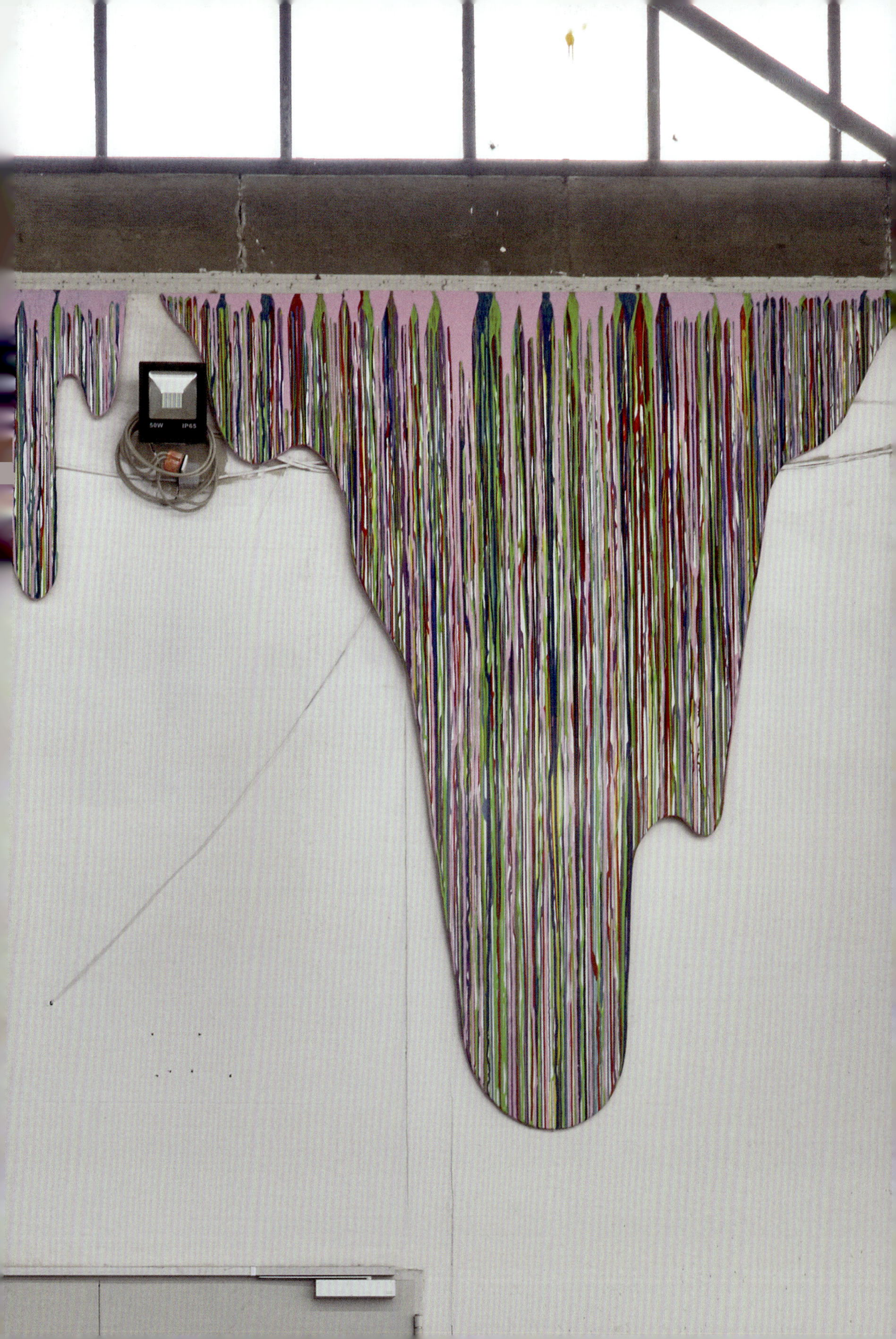
50W
IP65

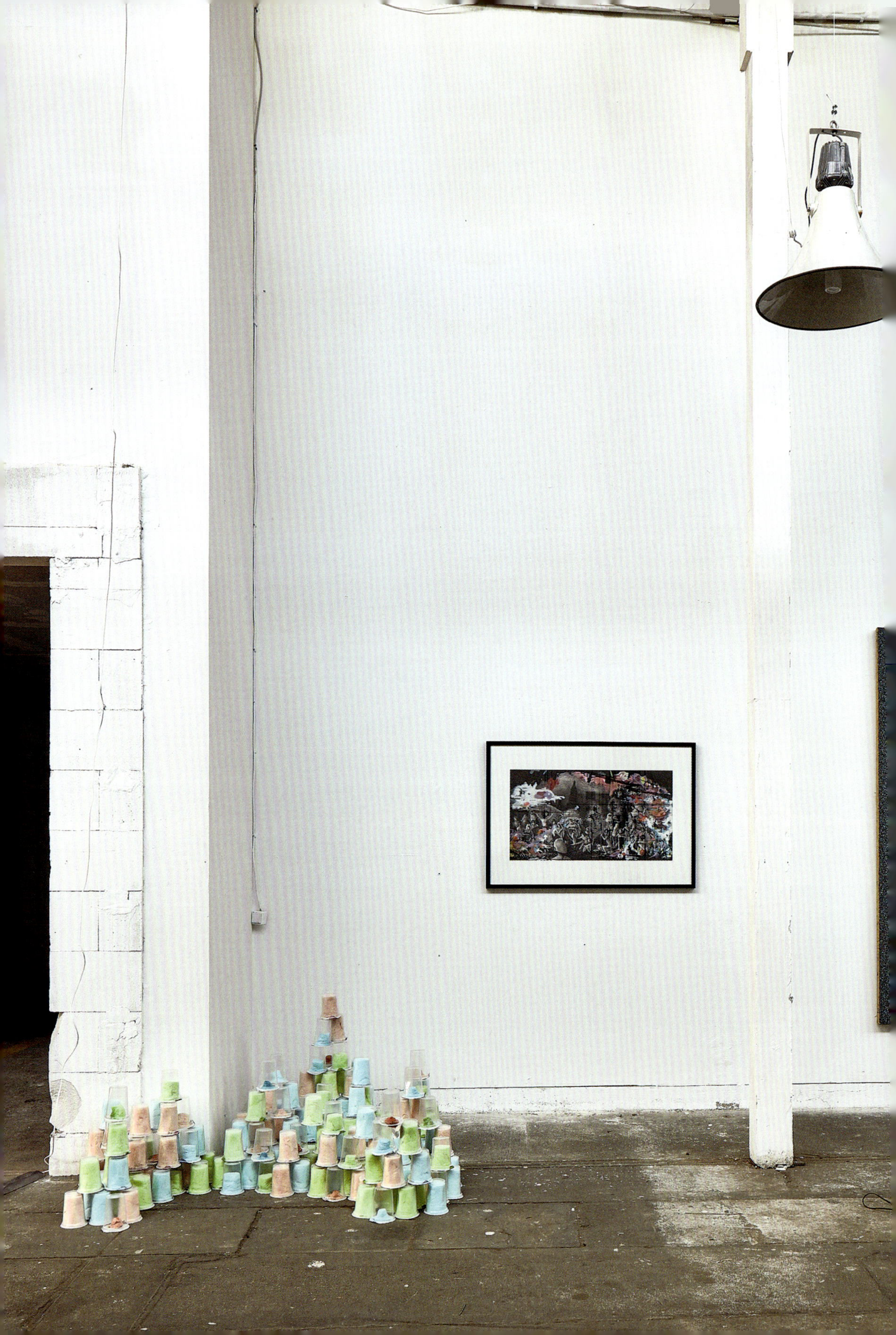

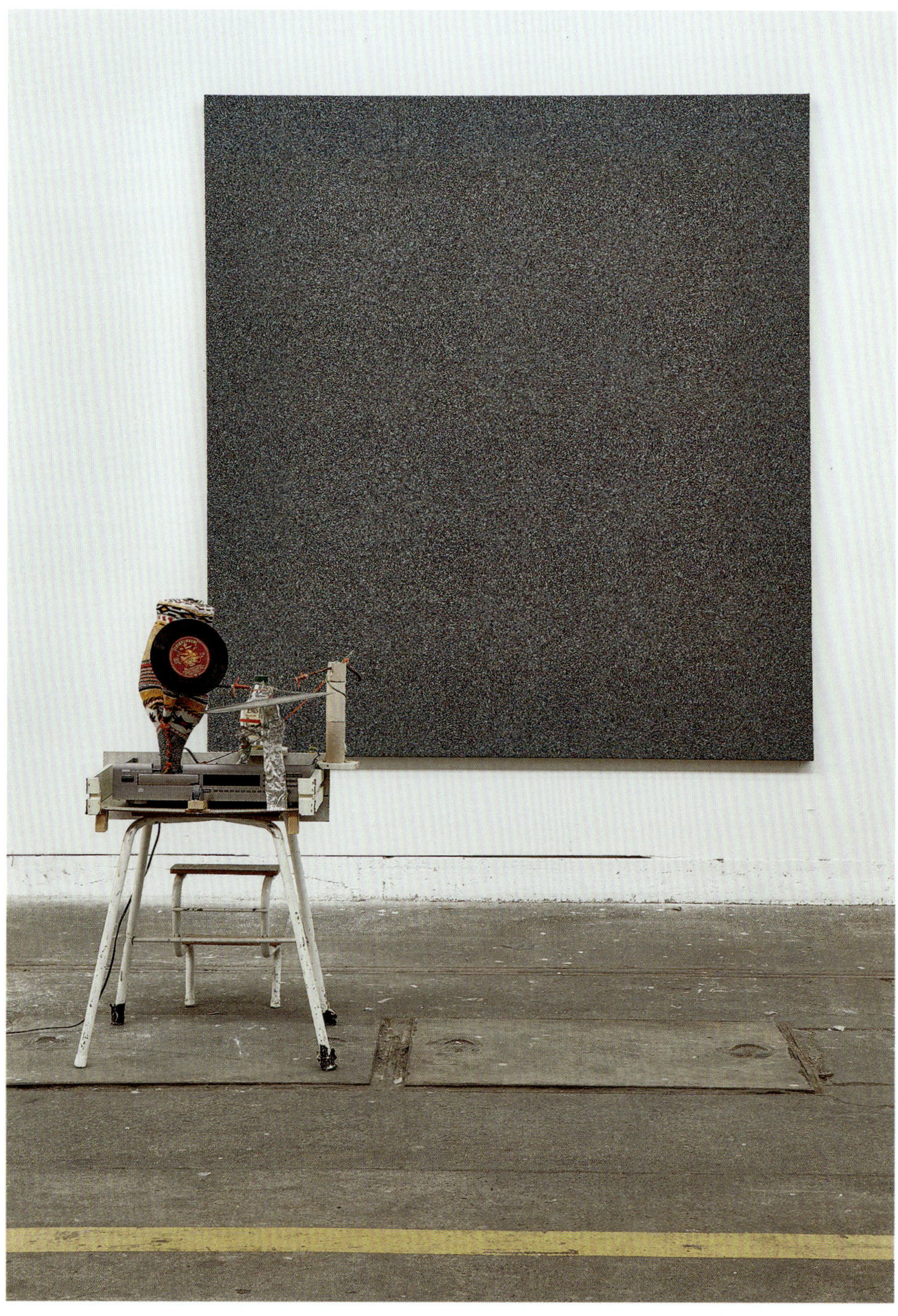

Rainer Neumeier, *38YZX*, 2016
davor / in front: John Bock, *Beyond-PARA-Plattenspieler*, 2019

Elisa Duca, *Happiness 205,* 2019
Nicolai Huch, *Laudanum beware 1,* 2013
oben / above: Rosa Barba, *ready ready,* 2019

Wolfgang Ganter, *Untitled (Rudolfstraße),* 2010–12
Harriet Groß, *Dem Wind Durchlässig,* 2018
nächste Seite / next page
Matthias Galvez, *Las Azafadas,* 2019
Quirin Bäumler, *o. T.,* 2018
Wolfgang Ganter, *Untitled (Rudolfstraße),* 2010–12
davor / in front: Ricard Larsson, *The Train,* 2012

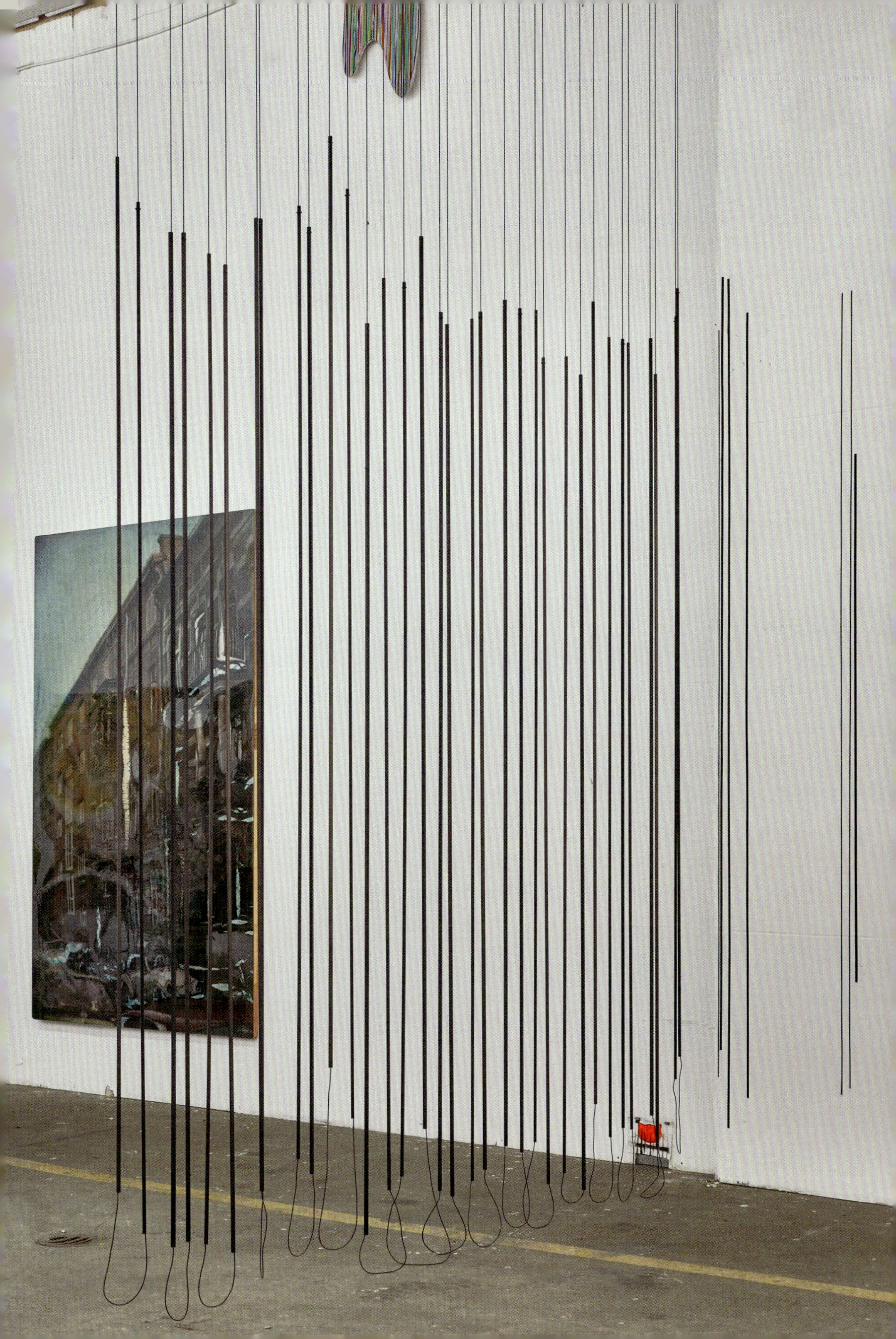

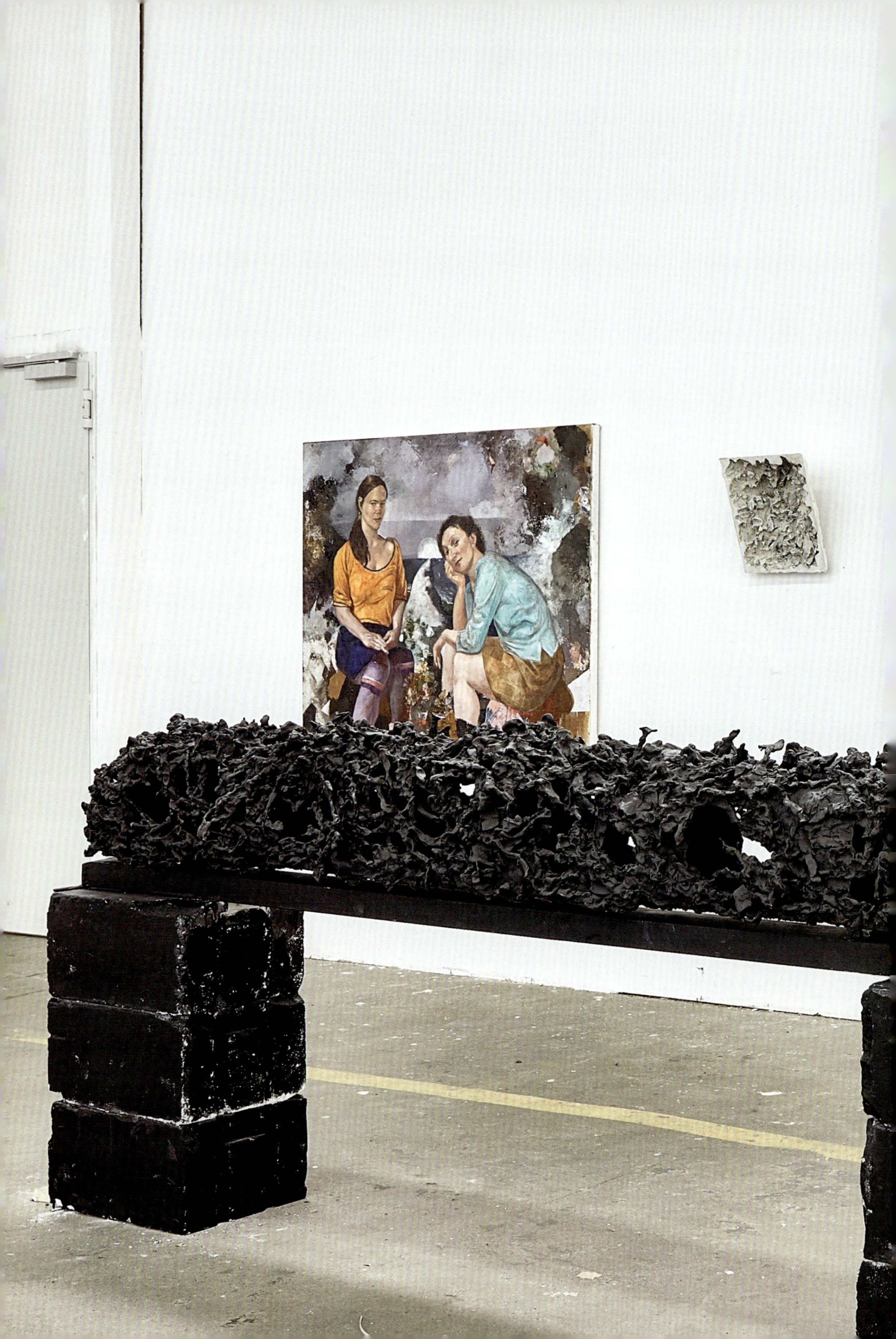

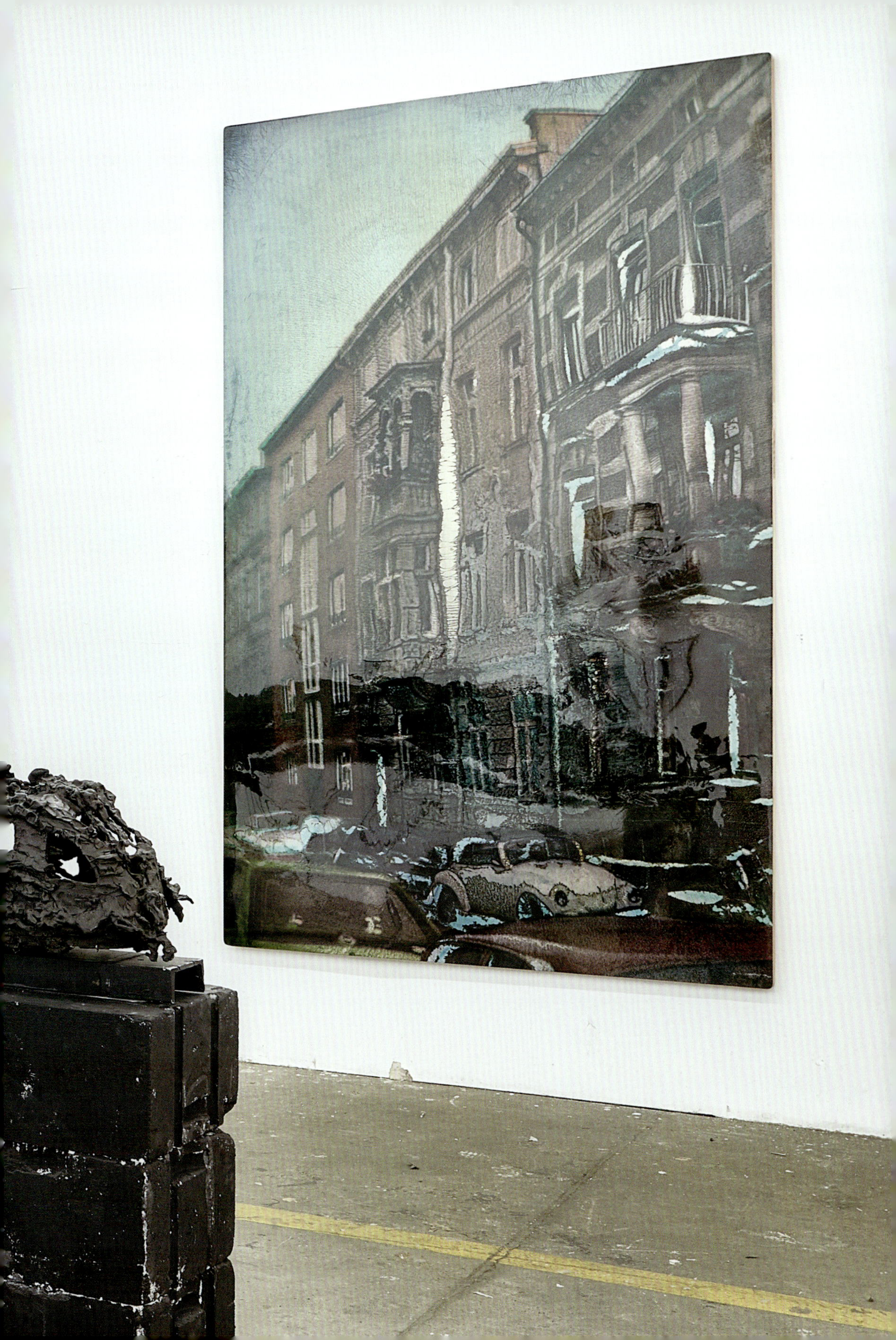

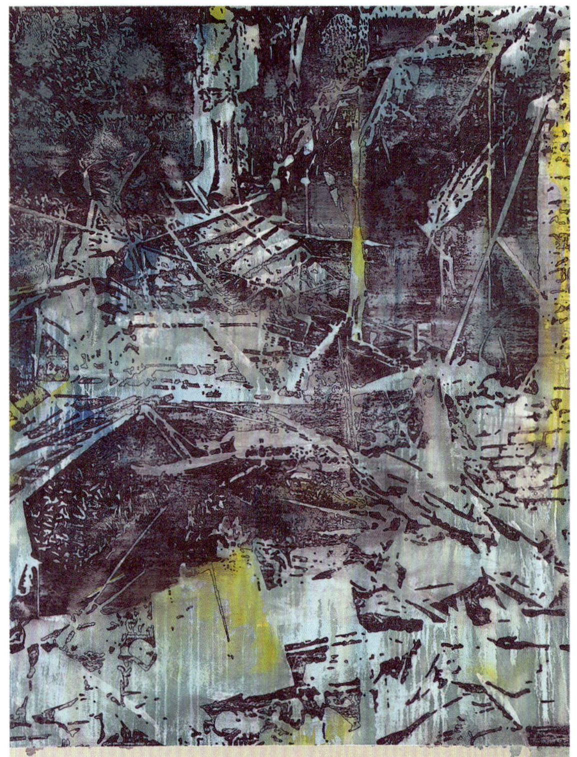

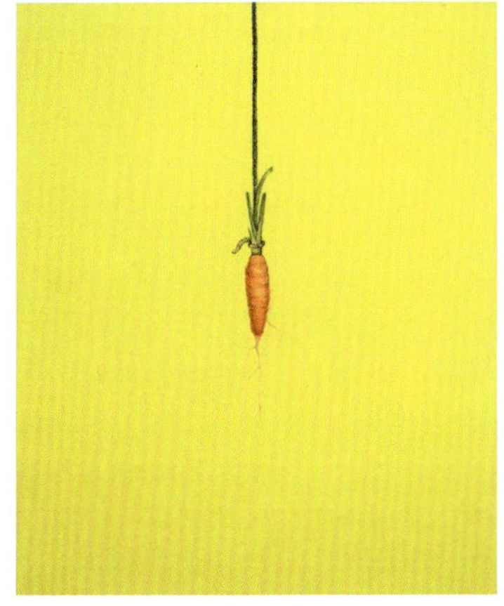

Jan Muche, *Landschaft,* 2018
Norbert Witzgall, *Autoportrait précaire,* 2018

Yaqin Si, *Eliminated from*, 2019
Jan Muche, *Landschaft*, 2018
Norbert Witzgall, *Autoportrait précaire*, 2018
Yael Graetz, *Untitled*, 2016
Matthias Galvez, *Las Azafadas*, 2019
Quirin Bäumler, *o. T.*, 2018
davor / in front: Ricard Larsson, *The Train*, 2012

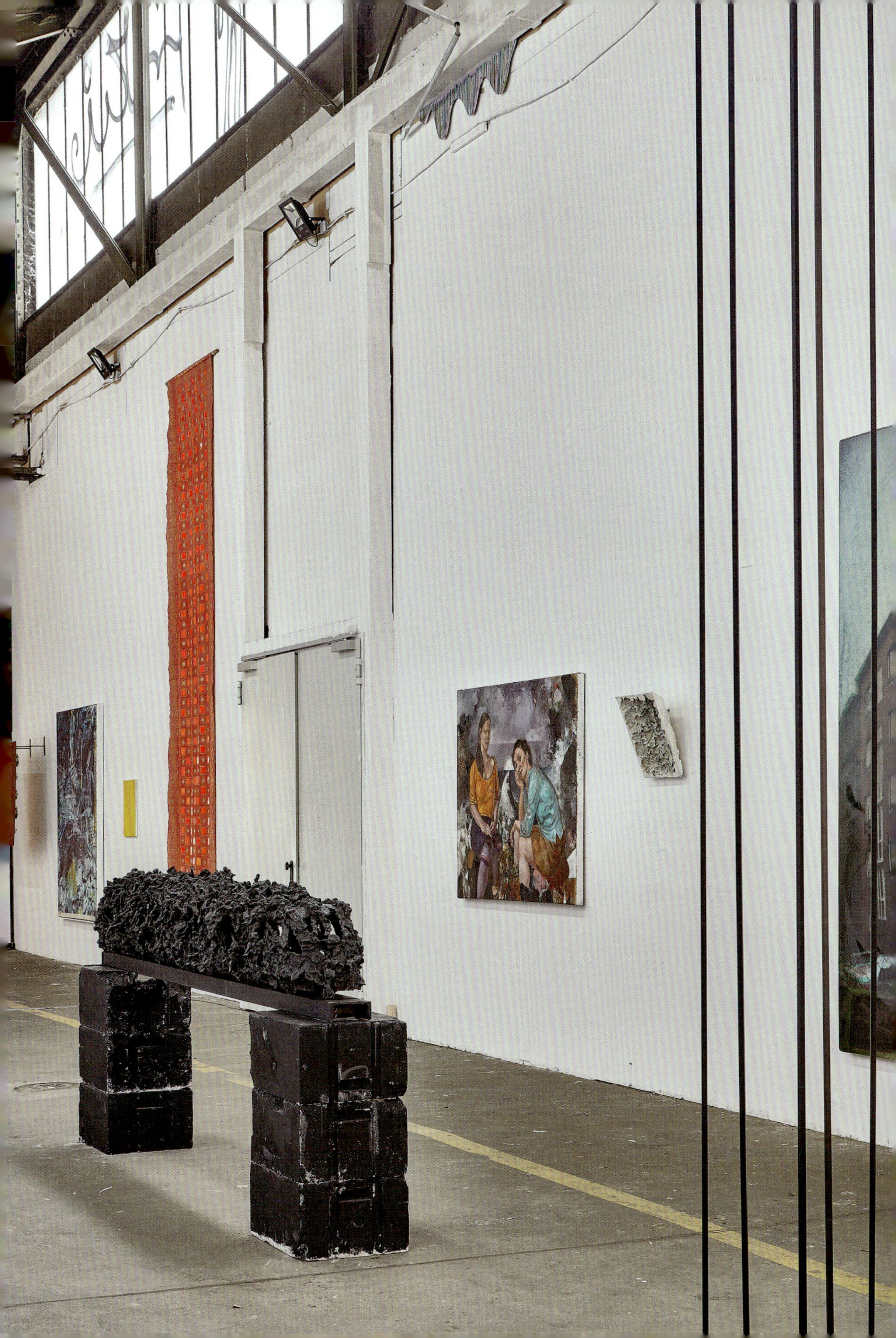

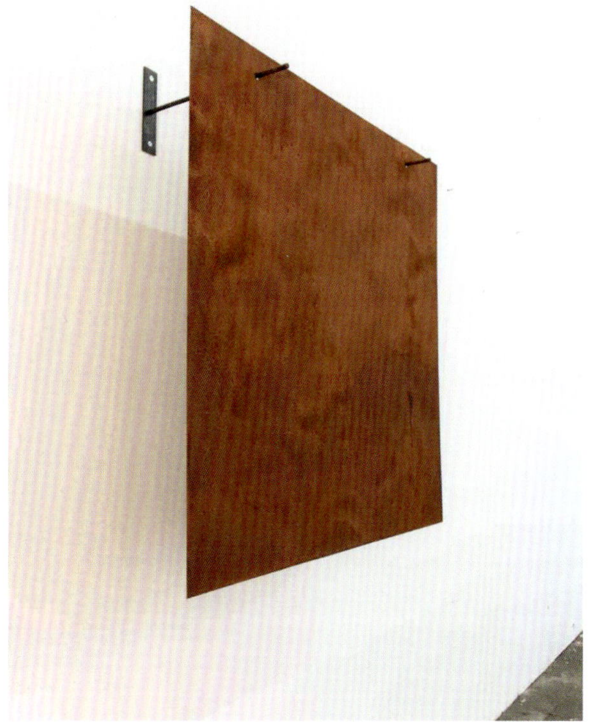

58 Yaqin Si, *Eliminated from*, 2019

So Young Park, *Tomorrow yesterday*, 2018
Ulf Saupe, *Res Navalis*, 2018
nächste Seite / next page
Antje Blumenstein, *lines P22,* 2017
Thomas Draschan, *Phantome,* 2018
So Young Park, *Tomorrow yesterday,* 2018
Ulf Saupe, *Res Navalis,* 2018
Werner Liebmann, *Wie Motten zum Licht,* 2017
davor / in front: Ricard Larsson, *The Train,* 2012
Seite 62 / page 62
Jerry Kowalsky, *We are not idiots*, 2019
dahinter / behind: Werner Liebmann, *Wie Motten zum Licht*, 2017

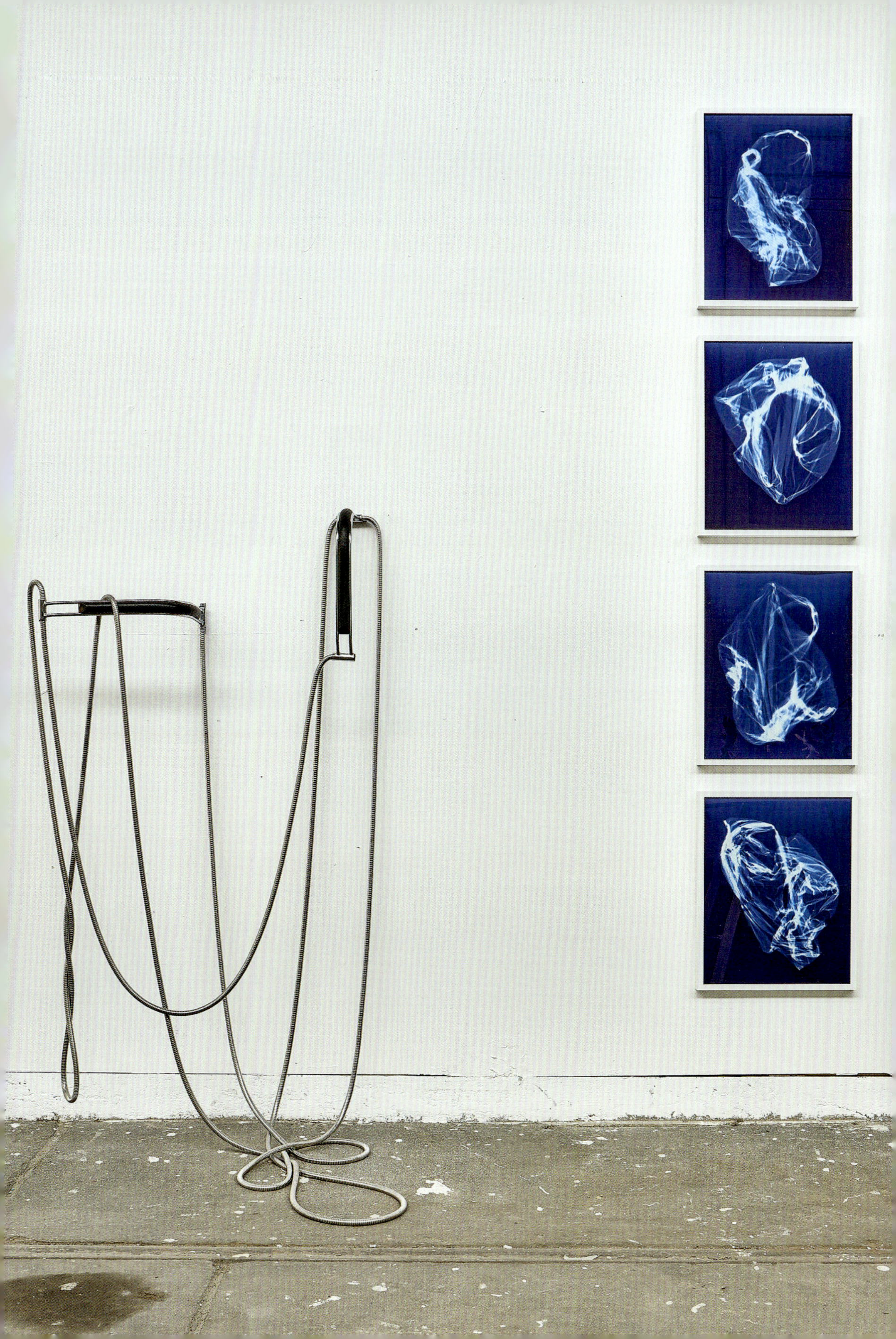

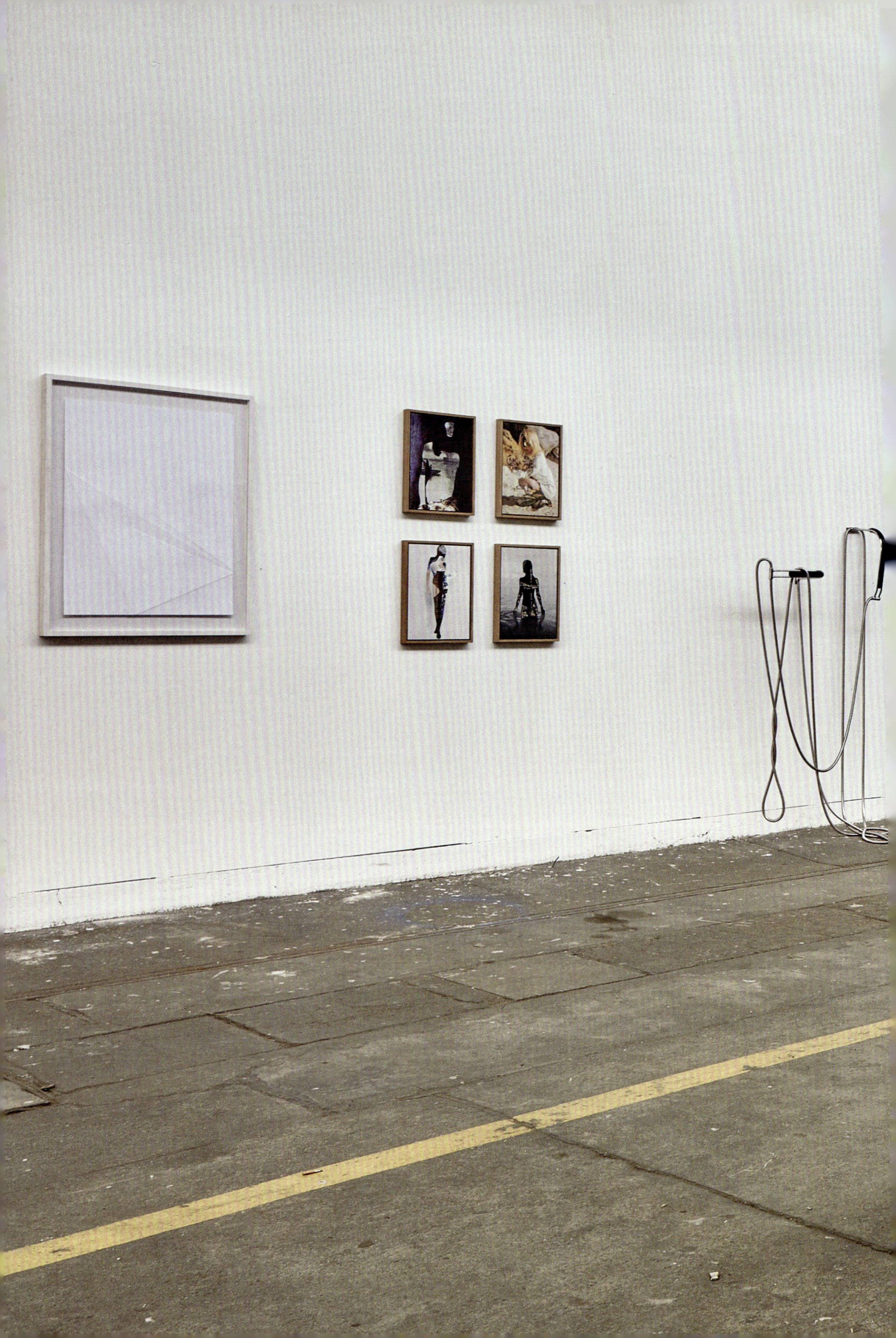

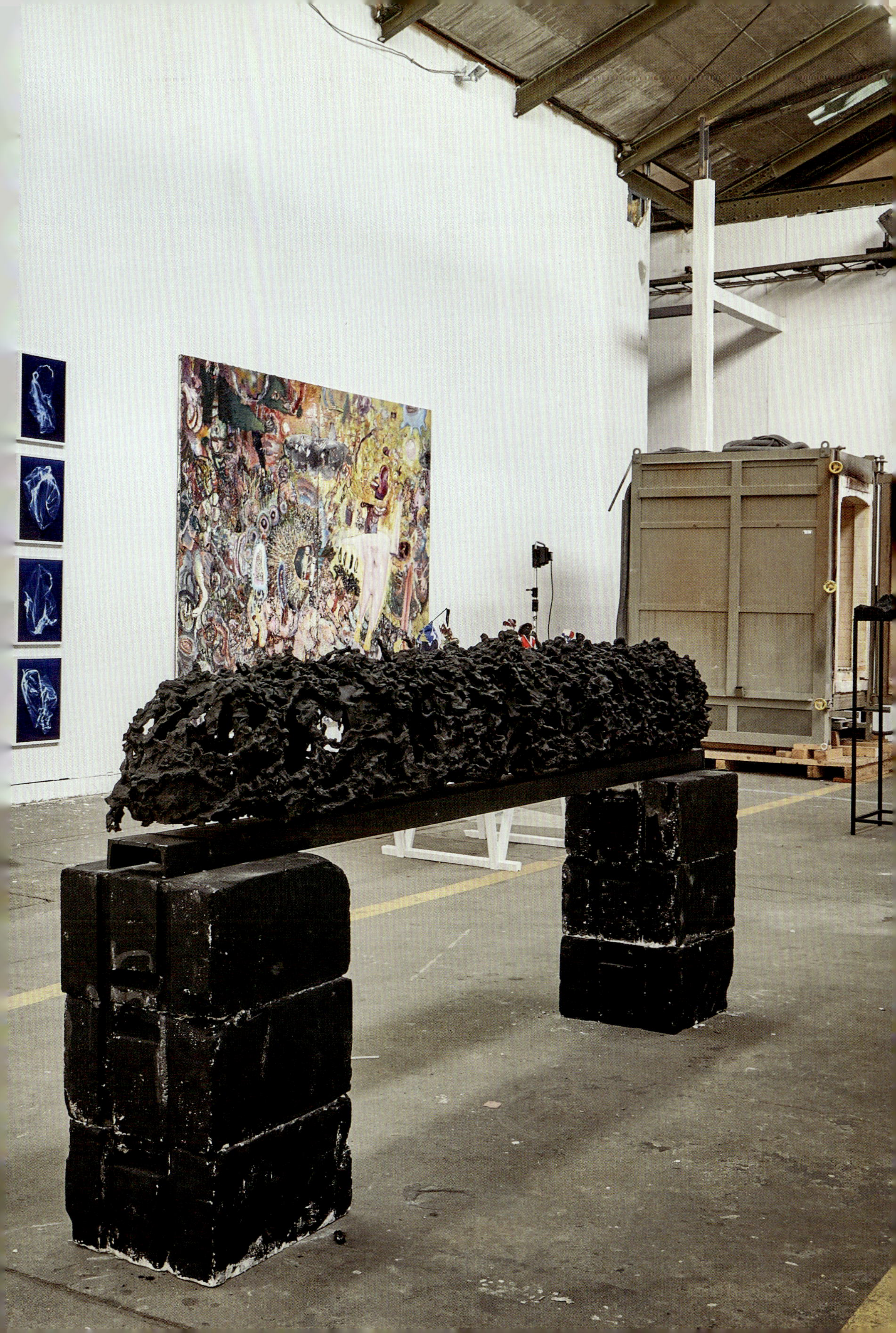

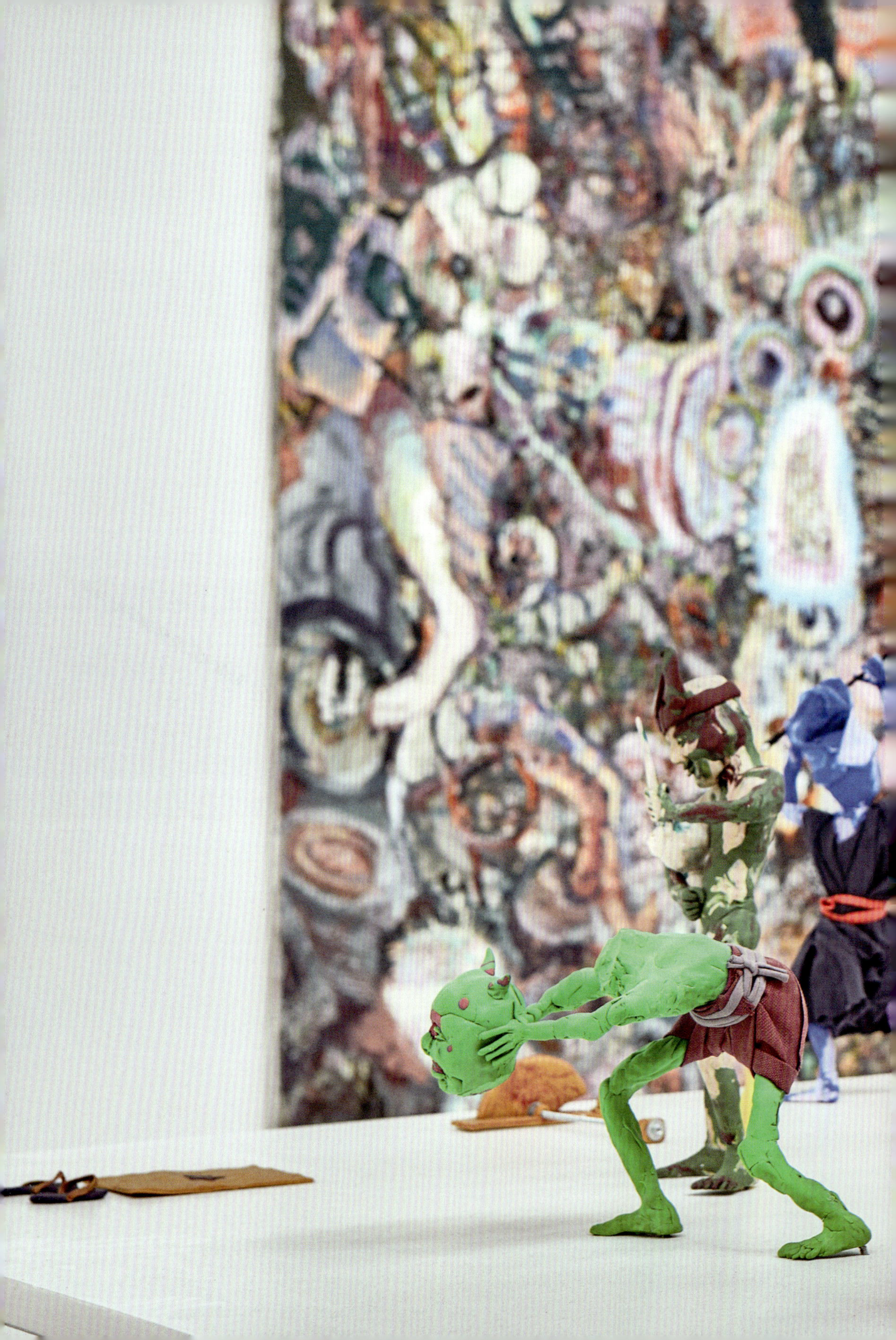

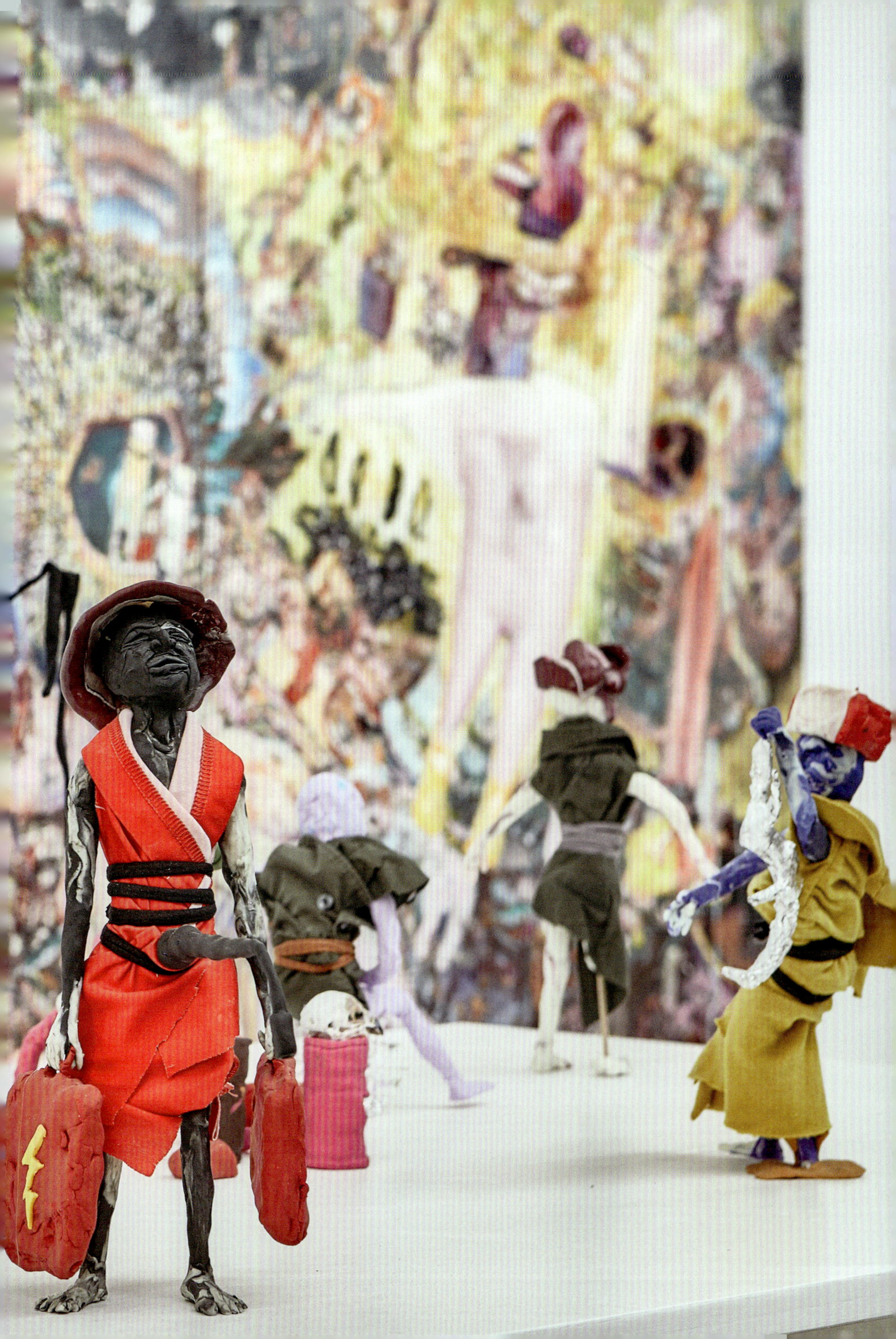

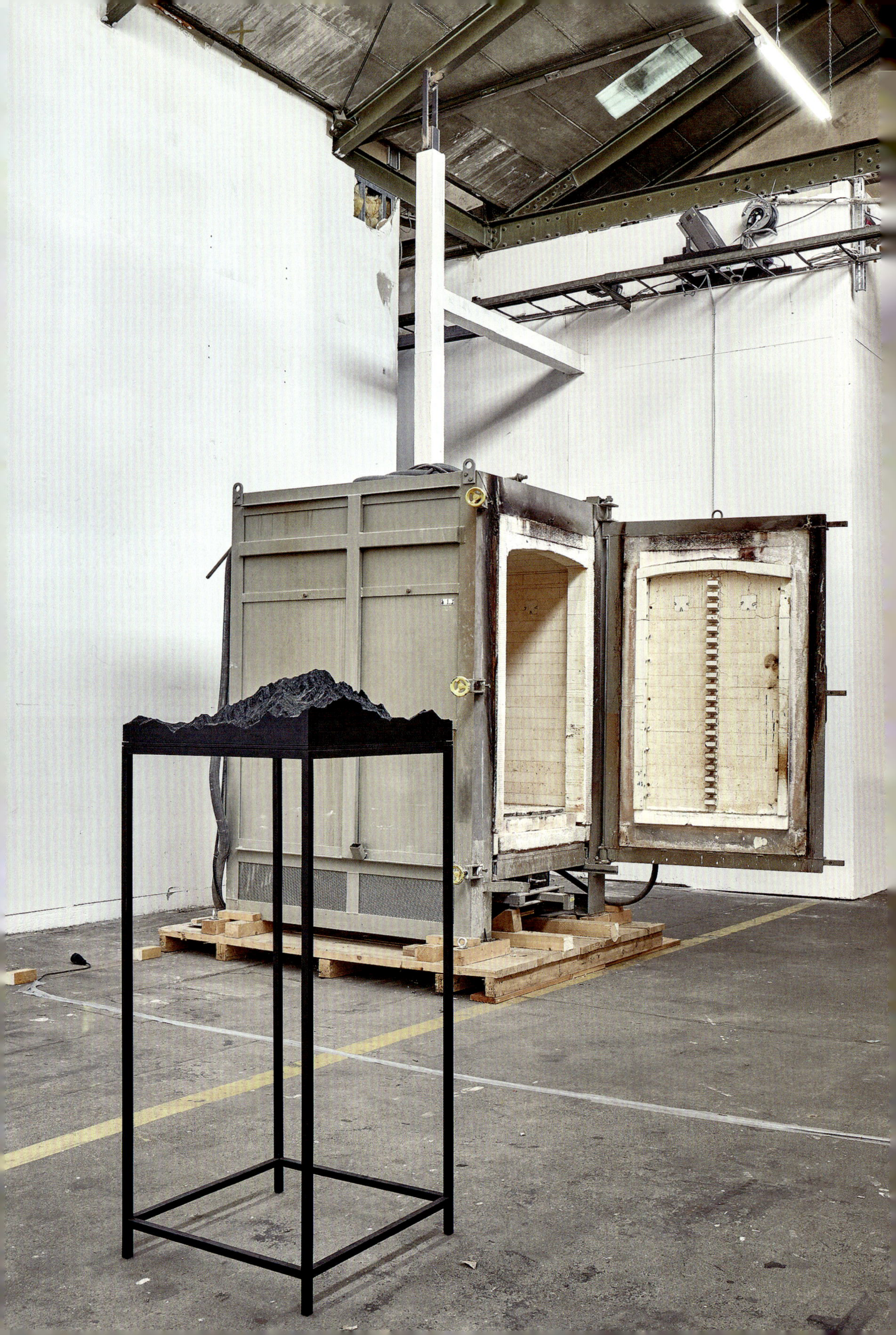

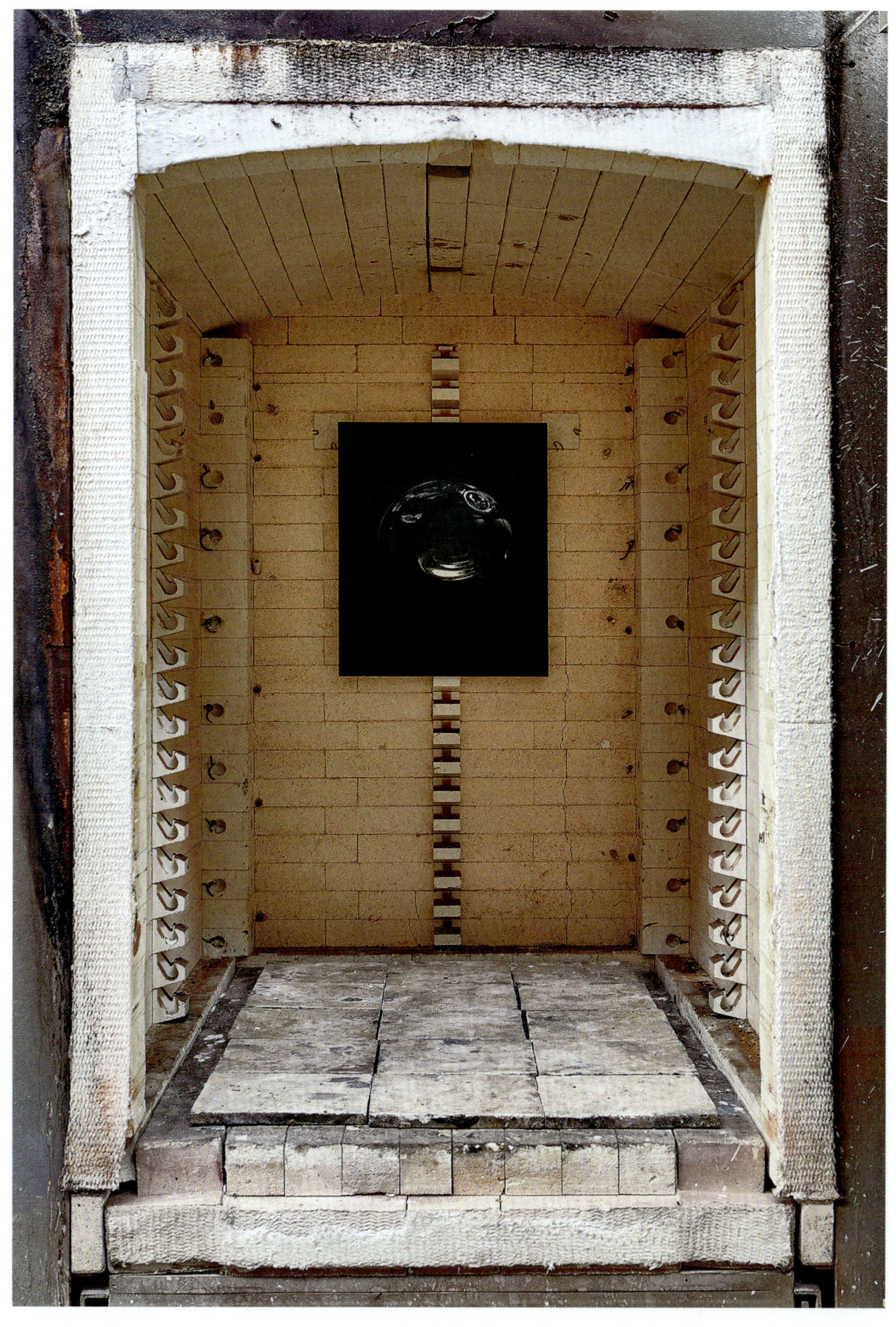

Asta Gröting, *Not Feeling Too Cheerful*, 2019
linke Seite vorne / left page in front: Sven Drühl, *DARKER V*, 2019
nächste Seite / next page
Peter Klare, *Uferhallen Entwurfsskizze 6*, 2018

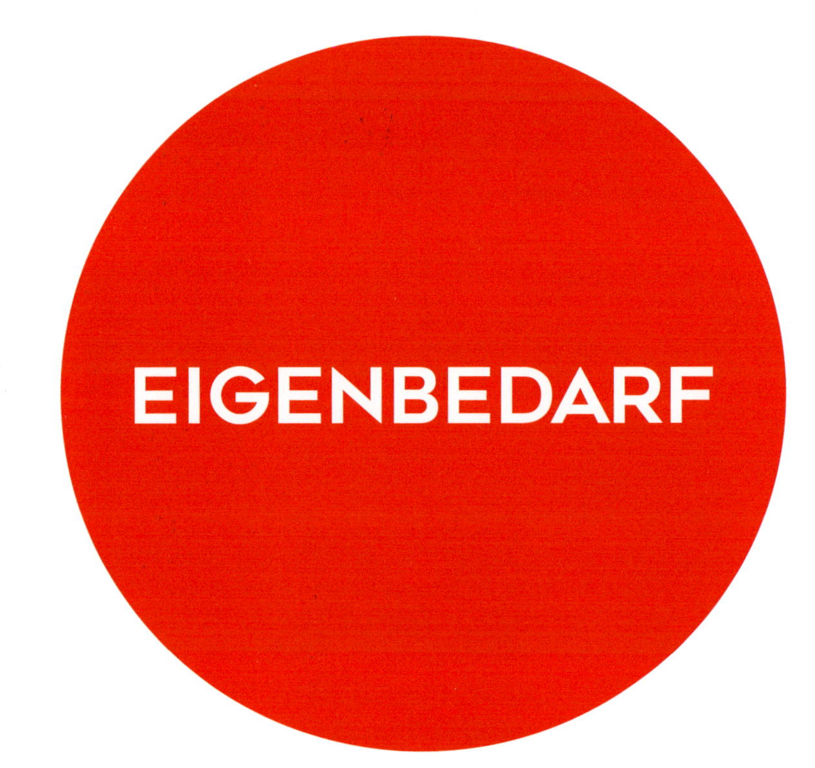
EIGENBEDARF

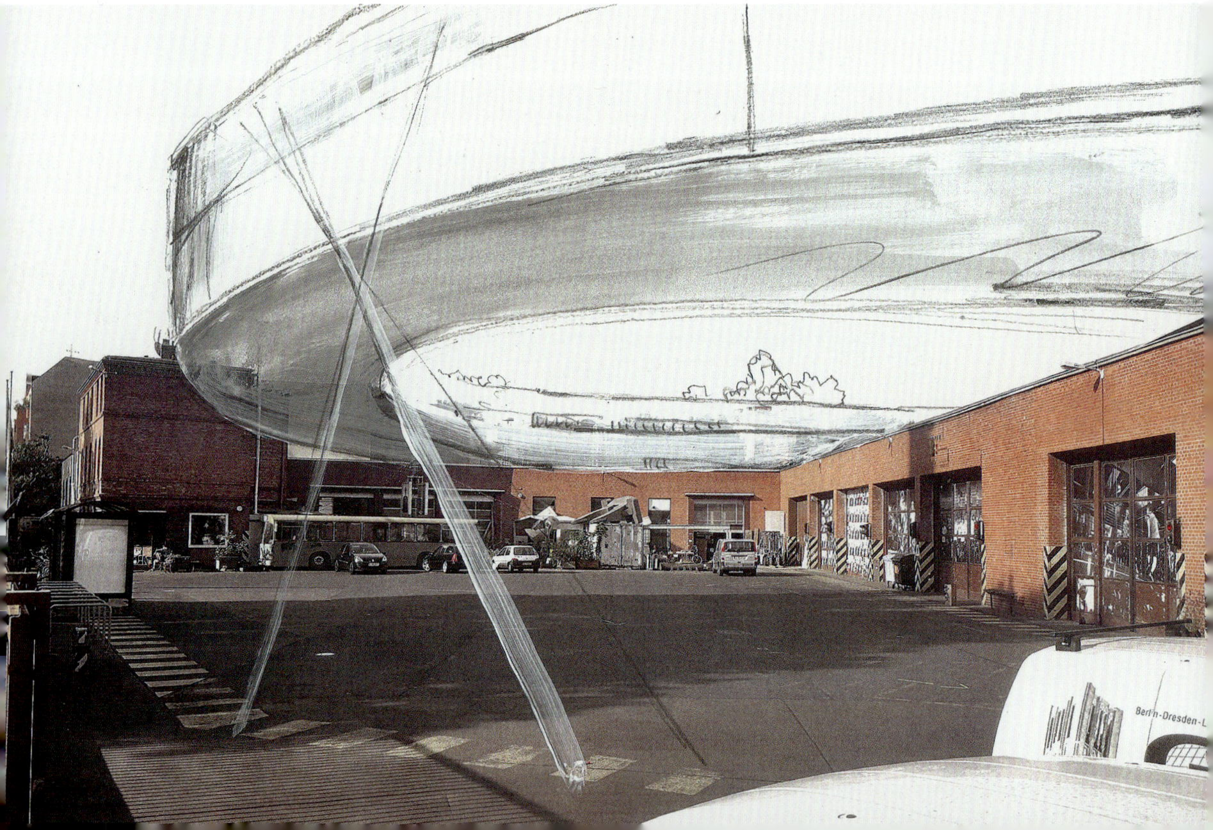

For over a decade now, the Uferhallen have been growing into a unique artistic sociotope. Around 90 artists now work in the striking, spacious brick structures along the River Panke, representing a wide range of skills, working methods, résumés, and definitions of art. Workshops and small businesses also make their home here, including a frame-making workshop and the company Sculpture Berlin, which specializes in the production of large sculptures and installations for artists. The Uferhallen also host concert and rehearsal rooms, dance and sound studios, and exhibition spaces, and have long since evolved into a center for art and cultural production in Berlin. The Café Pförtner, located at the entrance to the approximately 189,000-square-foot grounds, has become as popular a meeting place for those on site as it has for the surrounding neighborhood.

Today, an array of artistic works are produced in the historic building ensemble and exhibited worldwide. The Uferhallen serve as a petri dish where artistic creation can thrive under nearly ideal conditions. Structures formed over the course of many years operate on a sustainable basis, contributing both to societal debates in Berlin from the district of Wedding as well as to artistic and urban discourses internationally. They offer a model for questioning forms of ownership, power structures, and the right to interpretation, while also examining the effects of architecture on everyday human habits and social development. At the Uferhallen, artists investigate contemporary understandings of society and our coexistence within it as well as current images of nature as a mirror of human activity, not only through critical reflection, but through the development of suggestions and visions. Limits of perception and social possibilities are put up for negotiation and radically reassessed. One thing, however, remains uncertain: whether or not this cultural location has a future.

Negotiating the City

Isabelle Meiffert

Originally an industrial site, the Uferhallen were built as a horse station in 1873 and later used as a tram depot and omnibus repair workshop for the Berlin Transport Company. Following its decommissioning in 2007, the grounds were sold by the Berlin Senate and transferred to Uferhallen AG, co-founded by Hans-Martin Schmidt and Ingrid Jonda. Since then, tenants have gradually moved onto the site, particularly artists who, after being guaranteed long-term leases, renovated and remodeled the premises to suit their needs. In 2011, Schmidt and Jonda issued art stocks in an attempt to secure the cultural site and protect it in the long term from real estate speculation. 132 artists designed a total of 3,300 shares for Uferhallen AG, which had been converted into a public company. Their aim was to secure the right to have a say in the future use of the location by distributing the shares, in addition to marking and establishing the Uferhallen as an artistic center. In 2017, however, as part of a share deal, a majority of shares were purchased by a network of companies with Alexander Samwer as main shareholder. The new owners plan to consolidate, which will triple the existing commercial space. Negotiations between the tenants, the city, and the owners have been ongoing ever since. It remains unclear for how long and under what conditions the artists will be allowed to remain in their studios—if at all. It was with this in mind that the artists Antje Blumenstein, Peter Dobroschke, Peter Klare, and Hansjörg Schneider, board members of Uferhallen e.V., the non-profit founded at this juncture, proposed an exhibition in late 2018, and invited me to curate it. Opened in summer 2019, under the ironic name *Eigenbedarf* ("personal need," the term increasingly used for a legal loophole in Germany to evict longstanding tenants), the art show turned the spotlight on the Uferhallen's plight.

To my mind, it seems more and more important to exchange at least some "white cubes" for urban spaces and to take art to the sites where the city and social interaction are negotiated. Heated debates with a microcosm always allow us to draw conclusions about the macrocosm; in the best of cases, they work to extend contentious discourses and thus gesture beyond their point of origin. I believe that art's relevance to and potential for societal change is underestimated, and that forging stronger links to the community can prove extremely productive. Moreover, site-specific exhibitions reach a diverse audience. The intersections between individual interests can vary widely, ranging from an exploration of the site itself, its history and architecture, its residents and users, through thematic and discursive references and on to local curiosity.

In the case of *Eigenbedarf*, we felt that no less than the future of Berlin was at stake. The outcome of the Uferhallen negotiations may very well point the way for other cultural locations under threat. The exhibition sought to promote internal solidarity and strengthen the networking that was already forging connections to experts and other people affected as well as to the surrounding neighborhood. In Berlin, which is still often referred to as an art metropolis, basic conditions for artists are deteriorating before our eyes, though it was artists who once shaped the city's "poor but sexy" image, and artists who continue to generate the hype it enjoys internationally.

Using artistic means, *Eigenbedarf* was intended to reflect and make visible the highly complex situation the cultural workers on the Uferhallen grounds currently find themselves in. The use of the rear exhibition hall, which functions as a passageway, made it possible to map the exhibition as a tour of the site. The architectural conditions, the endangered structures, and the variety of artistic positions became the exhibition's point of departure.

Heiner Franzen, *Mann auf dem Dach*, 2019

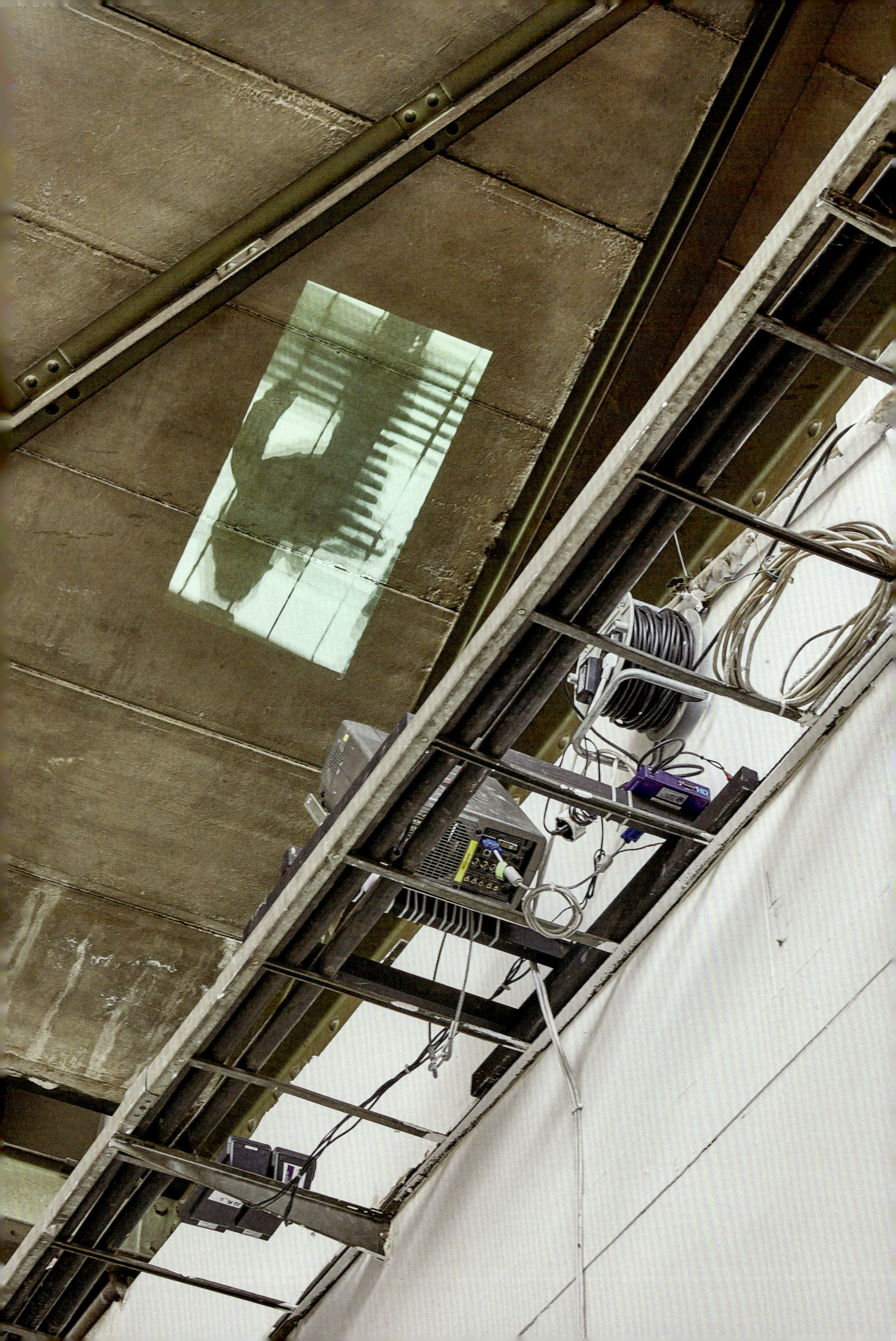

At the initiators' request, I included thirteen external artists in the exhibition who are not actually based in the Uferhallen. Most of these artists were also affected by the rapidly changing conditions in commercial space in Berlin—in one year, 2017, rents rose more than in any other city in the world.[1] Many artists can hardly afford their own infrastructure anymore. The space problem affects not only artists and cultural workers, but also small businesses and residential tenants: in other words, huge swaths of Berlin's population. A key question around which much of the work revolves was visible far and wide on the three flags at the entrance to the exhibition site: WHAT FOR WHOM, or—read from the reverse side—WHOM FOR WHAT. This work by **Stefan Alber** and **Peter Dobroschke**, entitled *SOS*, can be applied to the Uferhallen site as well as to the city as a whole. Who has access to which spaces? Who shapes which places and can decide how they're used? Who is taken into consideration and who is excluded? An outdoor wall work by **Maria Eichhorn**, placed on one of the large entrance gates of the sawtooth-roof hall, addressed questions of resistance to Berlin's urban development. *İlan Panosu / Billboard / Plakatwand* consisted of posters and flyers that advertised initiatives and alliances in urban space. These movements practice either a form of resistance, such as the Berlin Bündnis gegen Rechts (Alliance Against the Right), or specifically oppose gentrification, such as #besetzen (#occupy), Deutsche Wohnen & Co enteignen! (Expropriate Deutsche Wohnen & Co!), Kotti & Co, Stadt von Unten (City From Below), Wem gehört Kreuzberg? (Who Owns Kreuzberg?) and Wir bleiben alle! (We're All Staying!). In this way, different actors and networks, including some outside Berlin, became involved, and the Uferhallen situation was integrated into current and international discourses.

1 Isabell Jürgens: *Neue Studie. In Berlin steigen die Immobilienpreise weltweit am stärksten,* Berliner Morgenpost, 11 April 2018, https://bit.ly/2VcK9SE (retrieved 14 February 2020).

The audiovisual installation *AKM (Turkish Night)* by **Philipp Lachenmann** explored the AKM opera and concert house on Istanbul's Taksim Square—a symbol of modern, secular Turkey that became a place of resistance during the 2013 Gezi Park protests. Shortly before Prime Minister Recep Tayyip Erdoğan ordered the building's demolition in 2018, Lachenmann created the video work to commemorate the cultural center: a fantastic, psychedelic play of colors unfurls in the empty rooms of the building, now missing its facade, awakening it one last time to brief, roaring life. The paper artwork *NEED* by **Miriam Jonas** was also dedicated to the loss of space: most of the 500 A4 sheets, each with eight stamped thumbprints for tearing off, were meticulously arranged on an outer wall of the sawtooth-roof hall in contiguous rows, and from there, the small original tear-off prints spread all around the site and into the surrounding area. The sheets were reminiscent of the "Apartment Wanted" notices that fill urban spaces, even in the digital age. Such searches are for living and commercial space alike, an attempt to preserve the basis for life and work and the possibility for personal development.

The performative installation *Detour* by **Lena Marie Emrich** referred to another symptom of urban densification particularly obvious in tourist locations: an excess of rental bicycles and scooters that block the way, and visitors riding around on them willy-nilly. Seven performers ventured out during the exhibition opening and rode all the rental bicycles in the area back to the Uferhallen, where they piled them up to form a temporary, monumental sculpture. The work, which found its digital equivalent in the bikes' location display in the provider's user app, created a new audience as well as a degree of confusion.

IOCOSE, *Pointing at a new planet*, 2019

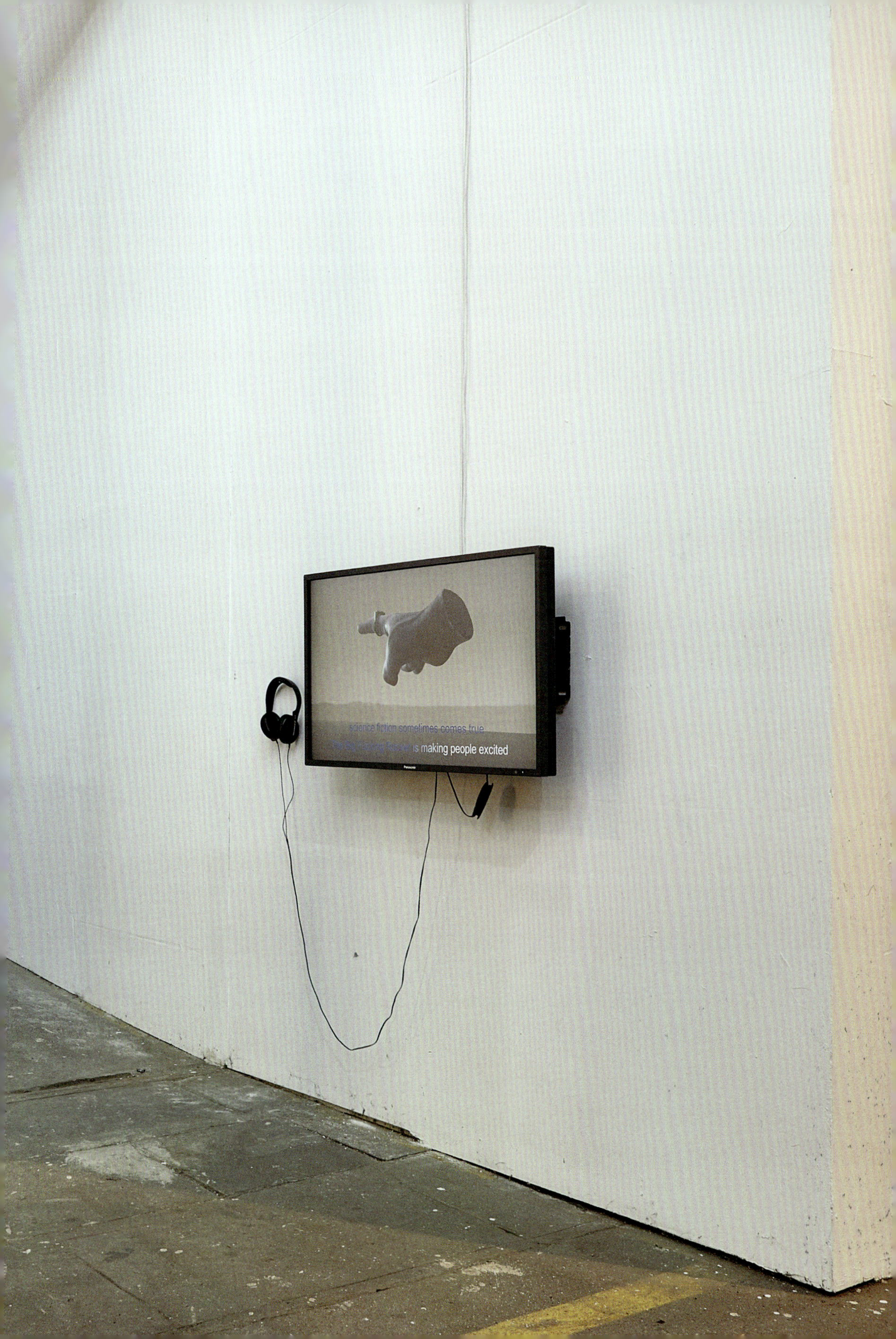
science fiction sometimes comes true
is making people excited

Kunstblock and beyond (Pantea Lachin, Ina Wudke),
o. T. (WIZ, Weddinger Illustrierte Zeitung), 2019
nächste Seite / next page

Peter Knoch, *Revolutionsgewisper*, 2019

Mehr Kapital als Ideen

Andrea Helm

Der Verkauf des kommunalen Wohnungsunternehmen GSW durch die rot-rote Koalition in 2004 macht es möglich, dass heute private Investoren wie Rocket Internet und Makler wie Engel & Völkers im ehemaligen Hauptsitz der städtischen Wohnungsfürsorgegesellschaft Berlin (GSW) in Kreuzberg sitzen und von hier aus gegen Mieter*innen von Wohnungen und Gewerbe operieren. Investoren wie die Samwer Brüder (Rocket Internet), die vorhaben einen kleinen Teil ihres Vermögens, nämlich ca. 3 Milliarden Euro in Immobilien zu investieren, investieren aus zwei Gründen in Betongold in Berlin: 1. Geld auf Bankkonten bringen keine Zinsen, 2. Sie haben mehr Kapital als Ideen. Immobilien übernehmen heutzutage die Funktion von Bankkonten, das Geld vermehrt sich mit der Zeit ohne dass Investoren etwas dafür tun müssen. Dabei freut es Investoren, wie die drei Samwer Brüder, dass ihre Immobilienkäufe durch immer neue Firmenkonstrukte, die in großen Portfolios die Anteile mehrere Eigentümer*innen zusammenfassen (sogenannte Sharedeals) nicht besteuert werden. So haben Firmen in dieser Größenordnung und Zusammensetzung einen Steuervorteil vor Eigentümer*innen, die alleinige Besitzer*innen einer Immobilie sind. Hier wird von der Politik, wie so oft, frei nach dem Motto verfahren: je reicher ein Akteur auf dem Markt ist, desto weniger Steuern müssen gezahlt werden.

Kunst und Aktien

Alex Wedding

In 2011 gestalteten Künstler*innen der Uferhallen 3.000 Aktien. Diese Aktien waren Anteile an der Uferhallen Aktiengesellschaft zu der das Uferhallengelände und einige Gebäude gehörten. Auf Initiative von dem Leiter einer Baufirma und Aktionär der Uferhallen AG Hans-Martin Schmidt, zusammen mit Ingrid Jonda, Geschäftsführerin der DLF Ingenieurbau GmbH Puderbach und ebenfalls Äktionärin, veredelten die Künstler*innen die Aktien mit je einem Originalkunstwerk und erhielten als Gegenwert je eine Aktie. Schmidt und Jonda argumentierten damit, den von ihnen mitbegründeten Atelierstandort Uferhallen vor Spekulation schützen zu wollen indem sie die Kunstaktien notariell beurkunden ließen und anschließend in möglichst viele Aktionärshände zu verkaufen gedachten. Leider ist der WIZ nicht bekannt auf welche Weise der breite Verkauf der Aktien erreicht werden sollte. Fakt ist, dass die „Kunstwerkimmobilienaktien", 2017 zu 95% in eine einzige Hand verkauft wurden. Das Uferhallengelände und drei Wohnhäuser von der Uferhallen AG wurden für 27 Millionen Euro an drei Firmenkonstrukte um Alexander Samwer verkauft, nachdem zuvor schon Teile des Geländes für 7,5 Millionen Euro veräußert wurden. Die beiden Mitbieter, das Land Berlin und eine Schweizer Stiftung, die den Atelierstandort Uferhallen nachhaltig erhalten wollten, konnten nicht mithalten. Denn Schmidt und Jonda waren nicht Hauptaktionäre der Uferhallen AG. Es waren die GVA/ Friedrich Orth, Dr. Gottfried Kluge und Dr. Alexander Damerow, die entscheiden konnten, wer die Uferhallen bekommt. August Capital, ArgoPrato und AvantisPrato sind drei der vielen Firmenkonstrukte von Alexander Samwer, der jetzt neben den Uferhallen auch noch eine Serie von Kunstwerken gratis dazu bekommen hat.

ansichten eines klons

Henriette Ball

wir haben uns immer gefragt, was könnte man machen, und haben geschaut, was machen die anderen, und dann haben wir gedacht, wenn man das denken nennen kann, denn denken machen nicht wir, das machen andere, dass wir also einfach machen sollen was die anderen machen, und zwar genau so, und doch wieder anders, oder genauer gesagt, irgendwo anders, und zwar da wo die anderen noch nicht waren, oder vielleicht doch, aber mit weniger kapital, denn das sollte man immer haben, denn kapital ist wichtig, ideen auch, aber noch wichtiger ist kapital, denn ohne kapital kann man soviel ideen haben wie man will, es geht nicht, oder nicht in dem grossen stil, den wir ja pflegen,

Turning to the issue of space scarcity, we find ourselves asking who is still in a position to move into inner-city spaces in attractive locations. What are the selection criteria? The installation *Local Warming* by **Anaïs Senli**, a walk-in greenhouse with a two-channel video, is theoretically based on the *Berliner Studie zur Umweltgerechtigkeit* (Berlin Study on Environmental Justice) and the *Berliner Umweltatlas* (Berlin Environmental Atlas). Interviews with allotment gardeners in Reinickendorf—a district in which, due to multiple detrimental factors such as air pollution, noise, environmental warming, and limited social and green infrastructure, life expectancy has been proven to be significantly lower than the Berlin average—were combined with pictures of idyllic gardens and the noise of airplanes. Connections between social structures, income, and access to living space were examined: WHAT FOR WHOM?

Architecture as a Point of Departure for Artistic Inquiry

Many artists have taken their cue from the site's architecture and its anticipated transformation in creating work in reference to the existing buildings, addressing the densification planned by the investors, and developing their own visions. Due to the urgency of the situation and the many experimental possibilities, some have left the comfort zone of their usual media and adopted new materials to suit the new architectural dimensions.

Achim Riethmann, who mainly works in watercolor on paper, built a wall measuring 300 × 420 × 70 cm that initially seemed to stand in the way of visitors attempting to walk around the sawtooth-roof hall on the northeast side of the property. In its gloss and formal severity, the sculpture, clad with rectangular, often broken black-colored glass plates, recalled the current trend towards smooth, impersonal, at times highly

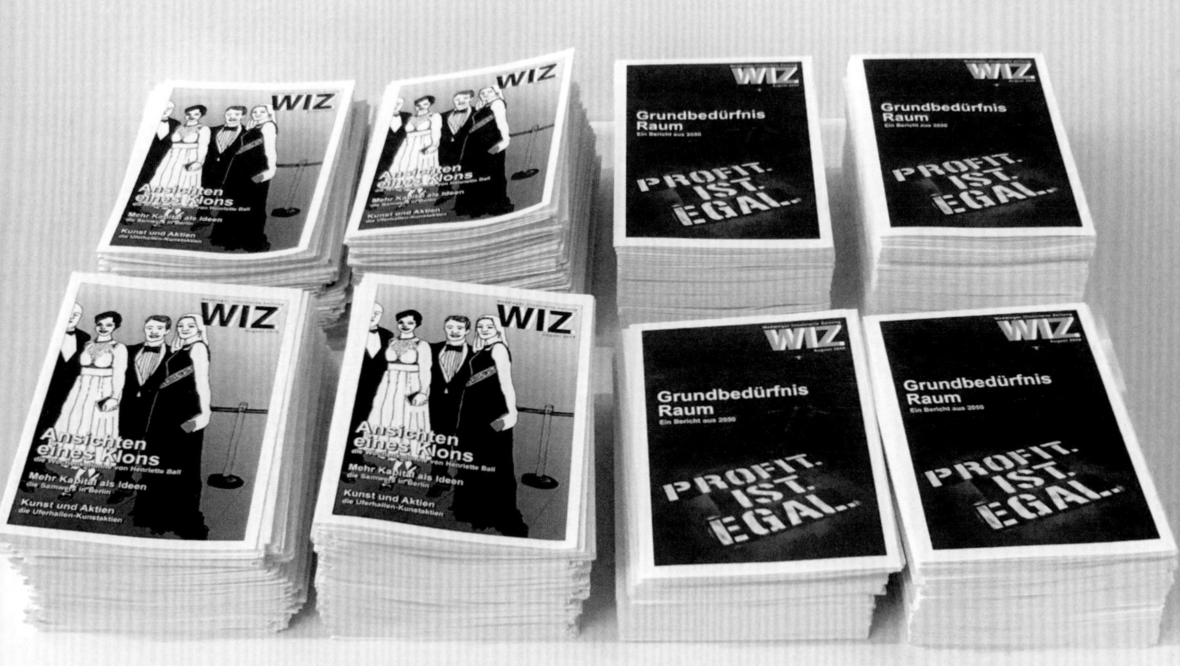

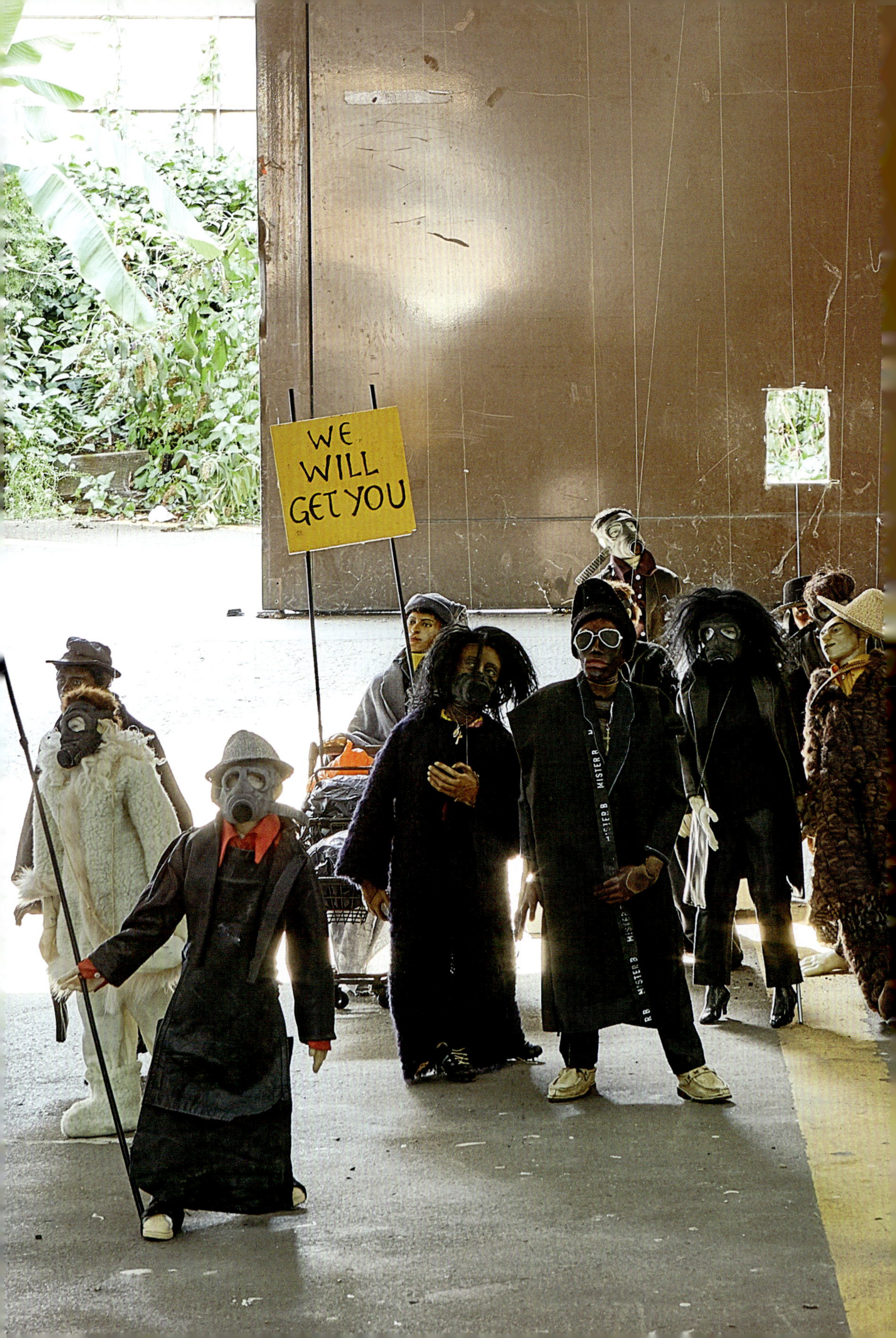
WE WILL GET YOU
MISTER B

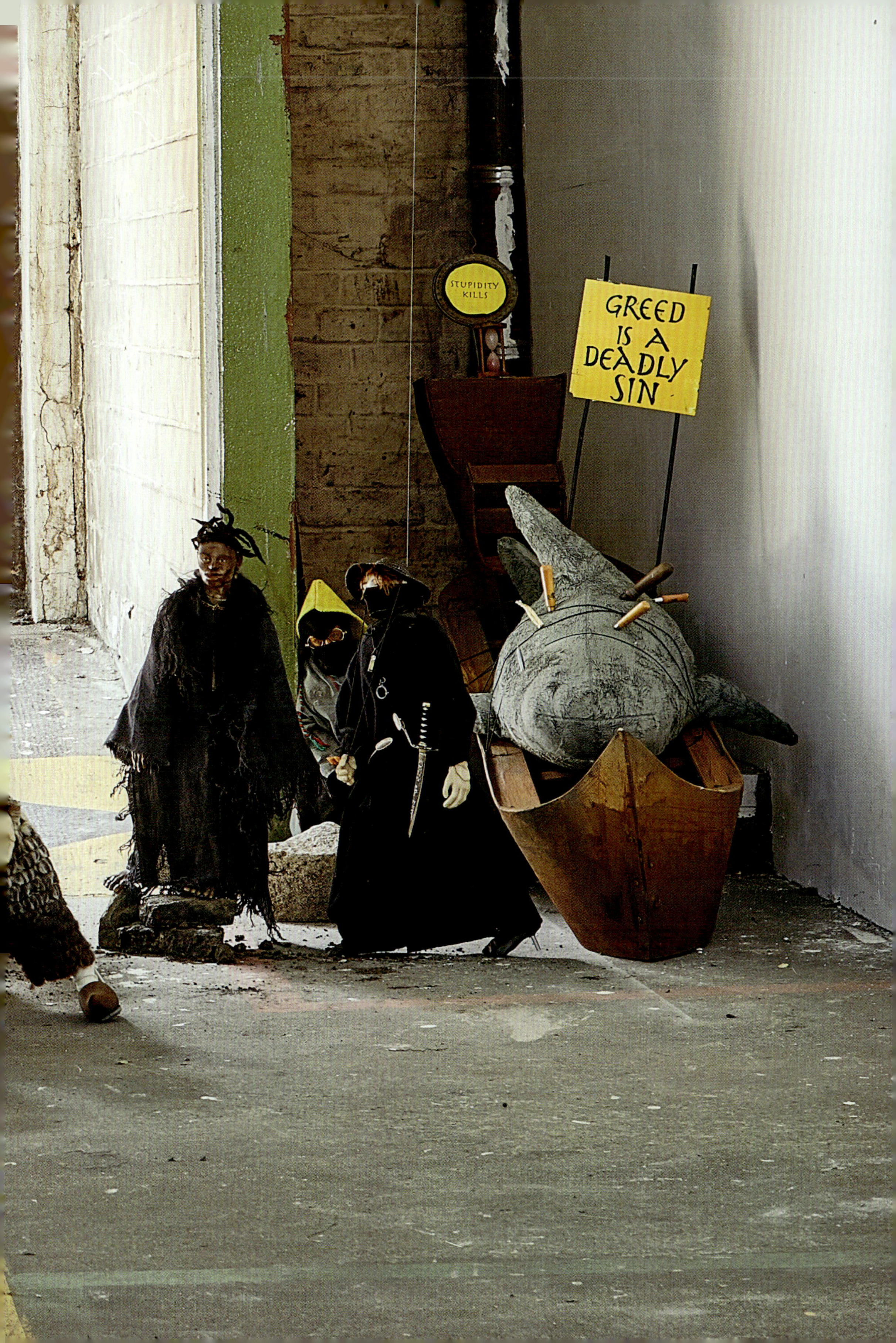
STUPIDITY KILLS
GREED IS A DEADLY SIN

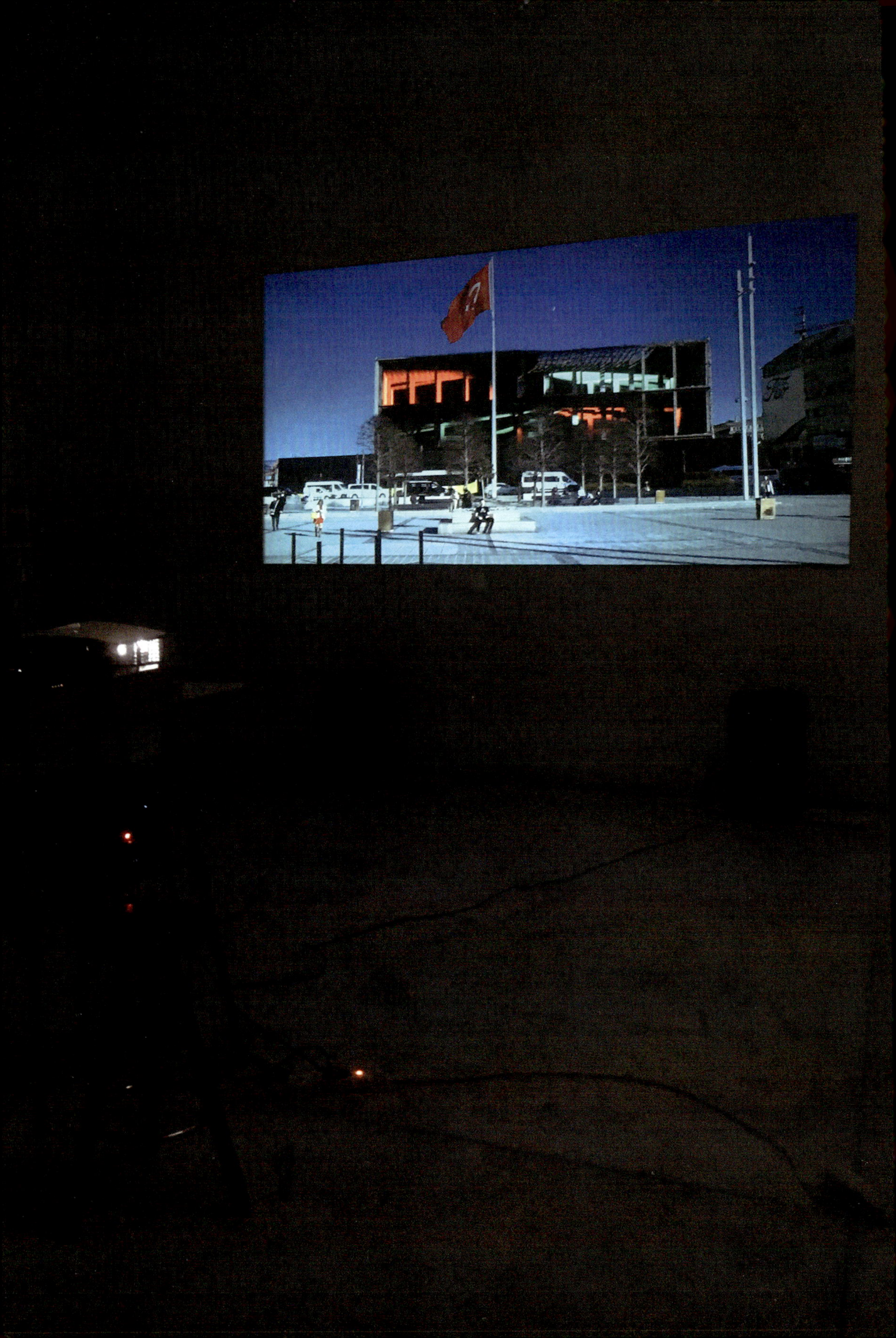

aestheticized architecture. The splintering of the glass caused the reflections of the viewers and surrounding buildings to appear distorted. The work's attraction lies in its ambivalence, its vacillation between elegance and destruction. The outdoor work *Schöne neue Welt* (Brave New World) by **Antje Blumenstein** offered an ironic commentary on the changes that will potentially take place on the site. A balcony decorated with white Styrofoam ornaments was added to the facade of the *Botschaft* (embassy), a project room in front of Blumenstein's studio. Though it was able to bear weight, it was too narrow and too high up to actually use, and thus remained purely decorative. **Peter Böhnisch**, a painter, set up an outdoor studio for *Eigenbedarf*. Using old wooden floorboards taken from apartments in Wedding, he created a small room that was illuminated in the evening by the street lamp above through two round cutouts in the roof. The work's simplicity and particular atmosphere recall a monastery; it also brought to mind a certain type of artist who works in creative isolation, without any social connection. This picture contrasts with the lively neighborly exchange and the many collaborations that have taken place on the site.

Through an art historical reference, **Kerim Seiler**'s work *Ego Sum* also comments on a widespread image of the artist: the neon piece was installed on the facade of the Café Pförtner in a direct nod to Bruce Nauman's iconic installation *The true artist helps the world by revealing mystic truths* (1967). In Seiler's work, the glowing sentence becomes "ego sum pauper nihil habeo et nihil dabo" ("I am poor, I have nothing and give nothing"), which is to be understood in the Zen Buddhist sense. **Anke Becker**, who works primarily on paper, addressed the artist's existence based on her own studio situation. She transposed the floor plan of her 230-square-foot work area to the front courtyard. *A24/23M2* not only makes one think about the loss of a studio, but also evokes a dance floor.

When he talks about social interaction, **Peter Klare** uses the image of dancing metaphorically. Klare usually works in the media of painting and photography, and is concerned with bringing contradictory elements together. Even prior to the *Eigenbedarf* exhibition, he painted over pictures of the Uferhallen area with his own visions for the grounds in an attempt to unite the goals of investors and artists working on the site. They are intended as a response to the building plan submitted by Ortner + Ortner, the architectural firm commissioned by the investors, which calls for the demolition of individual buildings or building parts; a bold, cube-like compaction of the site with the construction of an eight-story residential tower; and the closing of the south-western entrance to the site by the addition of new buildings. Klare's version preserves the entire historic landmark intact, and adds a second level comprised of a ring-shaped structure poised on stilts that seems to float above the brick buildings. Living and working are spatially separated, and yet encounters remain possible. For *Eigenbedarf*, Klare transposed the overpainted photographs into a 280 × 210 × 25-cm model titled *Arcobaleno* (Italian for "rainbow"). The work is also a tribute to the architect Francisco Villegas Berro, whose *Edificio Arcobaleno* (Italian for "rainbow building") in Punta del Este, Uruguay, inspired Klare.

Pantea Lachin and **Ina Wudtke**'s work for **Kunstblock and beyond** is also solution-oriented. The artists created two editions of a *Weddinger Illustrierte Zeitung*, which they designed themselves and which was installed as a wall newspaper containing texts by a variety of sometimes fictional authors and including a report from the future that details how Berlin's commercial space problems have been successfully solved and how fair housing policy can succeed. The performance *OK* by **Karen Winzer** relates explicitly to the investors' planned development. In architectural drawings, "OK" is the common abbreviation for "Oberkante," or uppermost edge. In Winzer's

Philipp Lachenmann, *AKM (Turkish Night)*, 2018

work, a drone flew at the height of the planned buildings, demarcating the imagined space of the densification. Apart from the uppermost edges, the question was which visual axes should remain and which should be added; where, in the future, parts of the buildings will create shadows and where the sky will still be visible. Architecture has a profound effect on our living habits and our opportunities for development. **Andrea Pichl's** futuristic, dystopian sculptural work *delirious Dinge II* consists of planters and flower boxes arranged to form a rocket. Sprayed with black paint, they make the extermination of growing things seem imminent.

Several works deal with the peculiarities of the existing architecture. An untitled sculpture by **Monica Bonvicini** consists of a precast staircase made of concrete and a link chain surrounding it with several padlocks. In formal terms, the staircase placed on the floor echoes the striking sawtooth roof of the central hall. Bonvicini uses materials characteristic of her artistic practice to metaphorically register *Eigenbedarf*, personal use. The audiovisual work by **Heiner Franzen** showed a *Mann auf dem Dach* (Man on the Roof). Projected in the exhibition hall beneath the sawtooth roof, it created the impression of permanent surveillance and threat. The starting point for *Der rote Turm* (The Red Tower), a large-format work on paper by **Hansjörg Schneider**, is the former converter station on the Uferhallen site. A detailed view of the brick architecture, cut into paper, appears in three mirrored versions on a red-painted surface. The irregularities and distortions that occur despite this extremely accurate method are deliberately incorporated into the work. In this way, the charged interstice between an image and its deformation becomes the subject of the work. **Kerstin Gottschalk** also carefully adopted the architecture of the Uferhallen: in her work *Mehl, Salz, Wasser zu einem Teig verarbeitet und auf einen Handlauf eines Treppengeländers angedrückt* (Flour, Salt, and Water Mixed into Dough and Pressed onto the Handrail of a Banister), an installation over three floors, she integrated a staircase leading to her studio into the exhibition. Her handprints can still be seen in the dried salt dough. The contrast with the smooth surfaces of the surrounding tiles highlights the materiality of the work as well as the inscribed traces of her labor and emphasizes the individual use of the architecture.

In the immersive, retro-futuristic-looking light installation *Future Perfect*, **Tristan Pranyko** transformed a freight elevator into a small exhibition space. For *Eigenbedarf*, **Asta Gröting** presented her work *Not Feeling Too Cheerful* in a furnace on site, thus highlighting the exhibition location as a production facility. The performative installation *Happiness 205* by **Elisa Duca** is a metaphoric inquiry into claiming and occupying space. It consists of 205 stacked transparent cans of pastel-colored cotton candy that the artist gradually rearranged and opened during the exhibition. When exposed to oxygen, the cotton candy contracts until it shrinks into a tiny lump, which, since it remains in the can, nevertheless continues to allude to its former volume. The material harbors a variety of metaphors: shrinking, repression, consumption, worthlessness, the promise of sweetness and intoxication, transience.

Investigations into Change and the Loss of Space

Alternating between optimism and pessimism, some artists have explored the property's current situation and possible future transformation. **Yaqin Si**'s work *Eliminated from*, which consists of a corroded metal plate on the back of which are 25 wound-up, quietly ticking alarm clocks, lets visitors feel the passage of time. In the media-reflective video work *Tempo—On Time Warps* by **Ilaria Biotti**, a manatee asks about the meaning of time and the way each of us personally understands it. This philosophical question was inspired by the renovation of the manatee pool in Tierpark Berlin, which required its residents to move.

The work *Nennwert* (Denomination) by **Lena von Goedeke** is less philosophical, but compared to her other work, unusually direct. In preparation for the exhibition, she asked young investors what would interest them in a property like the Uferhallen—the architecture, artists as tenants, the special atmosphere? Without hesitation, the answer she received was "increase in value." As a result, Goedeke had three flagpoles temporarily erected at the southern entrance to the site and flags printed with the euro banknotes of the three highest denominations—five hundred, two hundred, and one hundred euros. The work spoke to the sale of the Uferhallen as well as the different currencies that come into play, both artistic and financial. **Peter Knoch**'s installation is also extremely direct: he has visitors walk towards a group of armed, demonstrating figures at the end of the exhibition hall. This *Revolutionsgewisper* (Whisper of Revolution) gives a distinctly dystopian impression.

Images of protests and movements are also featured in the large paper work **Liu Anping** by the artist of the same name, as well as in the performance *Rehearsal of the Futures: Is the World Your Friend?* by **Isaac Chong Wai**. The latter took place at the opening: in several acts, and in an extremely precise manner, five performers mimicked the movements of demonstrations as if in slow motion—throwing stones, erecting barriers, fighting—conveying the unmistakable message that the artists would not give up the place they'd helped shape without resistance. **Fabian Knecht** created another image for the current threat with his performance *Ornament*: during the opening, a person was seen hanging from the approximately 23-meter-high neighboring building, held, or so it seemed, only by the hands of a man lying on the roof. The immediacy of the performance prompted a variety of sometimes highly emotional reactions. There was no way visitors could miss it, and so the seriousness of the situation was translated into their own individual experience. In particular, the dependence on another person, an unknown counterpart, complicated circumstances, just as the relationship between the Uferhallen tenants and their landlords seems to oscillate between closeness and distance, relaxation and tension, between familiarity, uncertainty, and being at the mercy of another. **Friedemann von Stockhausen** also provided an image for this on the facade of "his" studio building: the found photograph, greatly enlarged and therefore blurry, shows two people connected by an ambivalent gesture with associations of healing as well as oppression. **Pete Wheeler**'s commentary on the exhibition is less equivocal: in his painting with the pointed title *Paradise Lost*, he warns of the demise of the Uferhallen as a cultural location. The large canvas shows the contours of two pale pink palm trees on a dark background. A second look reveals the fanged heads of wildcats in the background, looking directly at the viewer.

Manfred Peckl's *Ganging Gardens* conveys a more hopeful mood: his art penetrates the exhibition hall in the form of colored paints that seem to run down the high walls, an allusion to the indestructibility of nature as it reclaims space. The poem *Ein Ort* ... (A Place ...) by **Lois Weinberger,** which can be read in large capital letters on the approximately 17-meter-high facade of the former horse stable, speaks of a landscape that cannot be destroyed. These lines, however, can just as easily apply to the Uferhallen and the art "which blooms [. . .] again and again into the daring future." The text will remain on site even after the close of the exhibition, as a kind of positive memorial. The 2D animated film by **Deniz Zagli**, which visitors viewed outside through a window and headphones, also struck a confident note. The short film, animated by hand with loving attention to detail, deals in a humorous way with neighborly annoyances triggered by the title's *Klingelstreich* (Doorbell Prank). On the other hand, *Dem Wind durchlässig* (Permeable to the Wind) by **Harriet Groß** eludes any specific characterization, even as it negotiates overarching questions that arise again and again in the *Eigenbedarf* exhibition. The abstract spatial drawing consists of vertical lines: in the center of the exhibition hall, metal bars and rub-

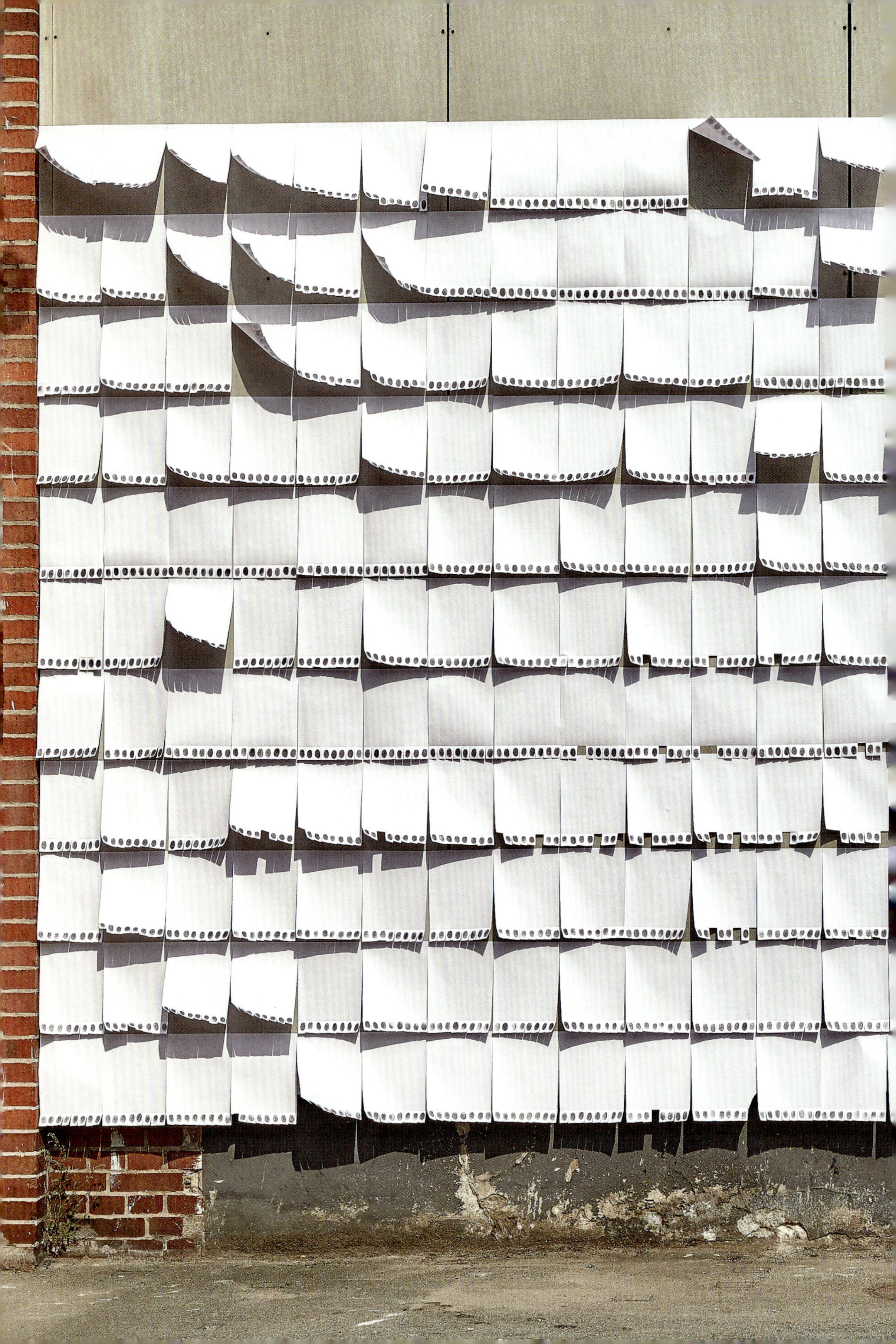

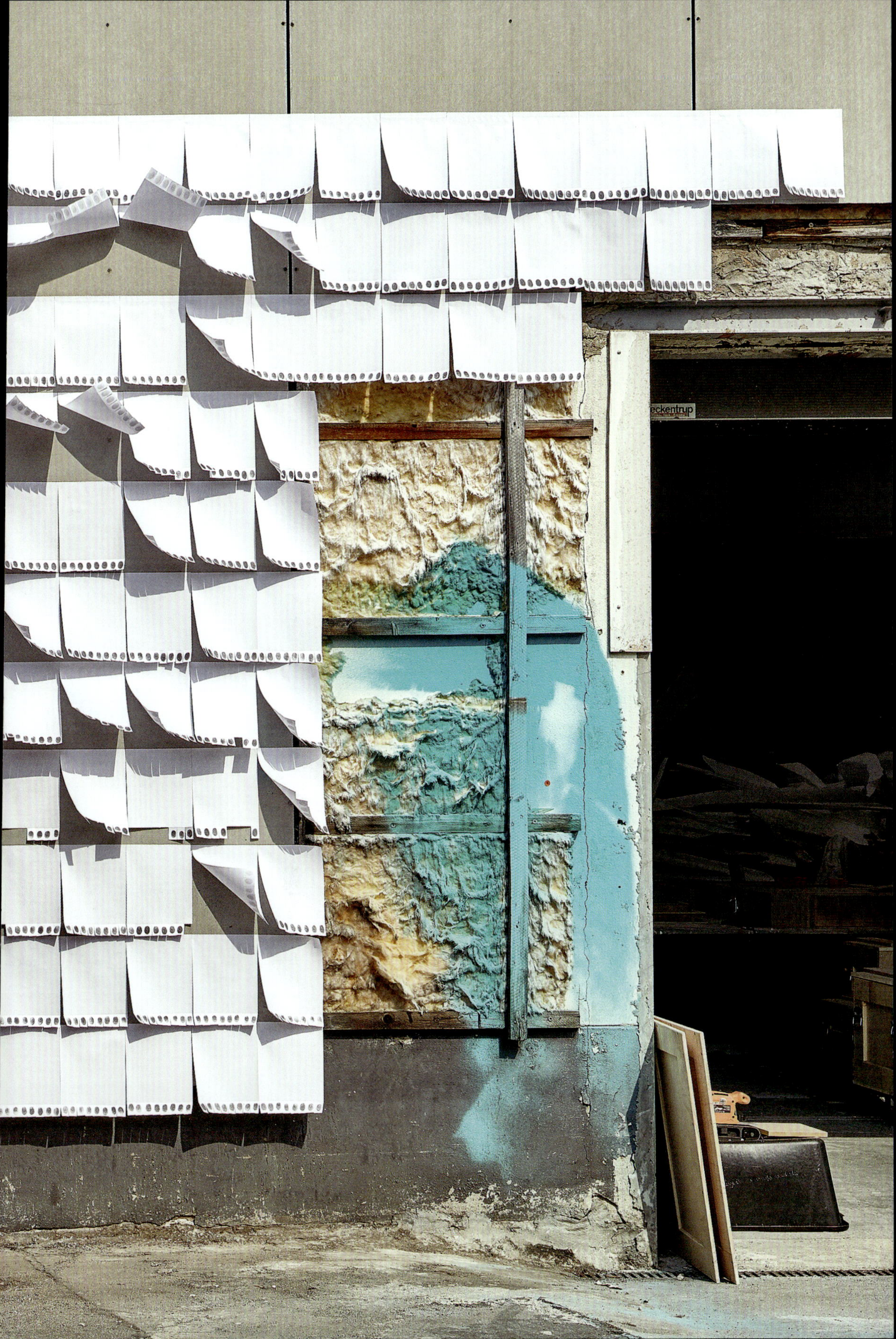

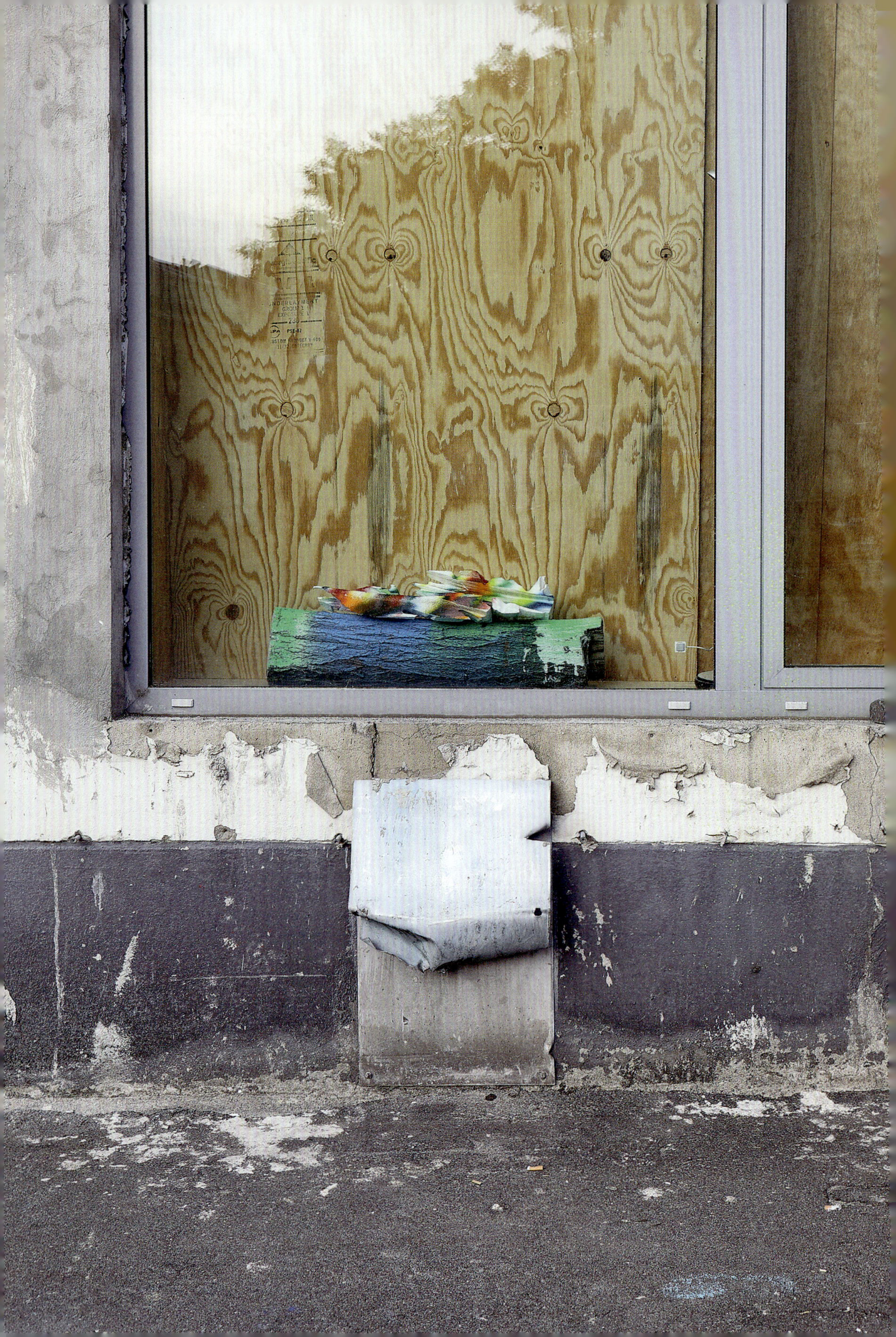
UNDERLAYMENT
APA
PS1-07

ber bands hang from a steel beam. On an adjacent wall, they are continued in the form of tape and shadow. Due to the different materials, densities, and transparencies, boundaries are called into question. Do the bars form a border; do the spaces between them represent possibilities? Who or what can the wall withstand? What about the shadow drawing on it? What is negotiable?

Impressive Artistic Diversity

One focus of *Eigenbedarf* was on the variety of artists working on the site, which I found very impressive. Internationally renowned artists such as **Monica Bonvicini**, **Valérie Favre**, **John Bock**, and **Maria Eichhorn** work alongside colleagues who largely refuse to communicate with the public and have created impressive work independently of it for decades. Professors share studios with their students, while **Ricard Larsson**'s 350-kg bronze sculptures are produced next to the filigree folded paper works of **Antje Blumenstein**. While **Quirin Bäumler** works with a great sensibility for materiality and poetry as a "classic" sculptor and draftsman, collectives such as **IOCOSE** operate in a variety of media, creating animated videos on various future-related topics, for example, or intervening in the public space with provocative performances. **Ulf Saupe**, whose *Waterscapes* seem almost painterly, exposes cyanotypes of water surfaces in his studio and has further developed the traditional exposure process for this purpose. In his exploration of the "living," **Klaus Weber** is more interested in the motion of water. I deliberately juxtaposed these different media, themes, and definitions of art in the exhibition hall to create contrasts, permit contradictions, and to allow viewers to experience the site's diversity of artistic production in a small space.

The low-hung, large-scale photograph *JUL. 12, 2011 (16.26.38)* by **Henrik Håkansson**, which formed the poetic entry to the exhibition hall, showed a section of a flock of birds against a cloudy sky. The smaller photographic portrait *Amethyst Girl (1)* by **Lotta Antonsson** hanging next to it likewise asserted itself with its striking appearance and special material aesthetics. The young woman depicted is looking upwards, above the birds, where the viewer's eye is also directed. This interplay between the works alludes to the desired perspectives of the artists on site: freedom and a maximum of possibilities for development.

Most of the artists have developed their own distinctive formal language over the years, each with a characteristic use of materials: **So Young Park**'s installation *Tomorrow yesterday*, created from shower hoses and bathroom fittings, was on view, while **Thomas Draschan** presented his digital collage *Phantome*, for which he used found material from *Das Magazin*. By cutting out models from several consecutive pages, he shifted the focus to silhouettes and backdrops. The object titled *O.T. (0419)* by **Tanja Rochelmeyer** consists of differently colored, transparent acrylic glass works that take on great power in their composition and, despite their pictorial nature, also offer the viewer an abstract spatial experience. Her studio colleague **Sven Drühl**, on the other hand, has greatly reduced his color palette and is deeply engaged with contemporary representations of landscape in painterly and sculptural ways. **Rosa Barba**, whose light and sound works always have an object-like character, produced the sound work *ready ready* for the exhibition, which could be heard from the center of the room through a megaphone loudspeaker hanging from the ceiling. **John Bock** exhibited a bizarre object with the title *Beyond-PARA-Plattenspieler*

Katharina Grosse, *o. T.*, 2019
vorherige Seite / previous page
Miriam Jonas, *NEED*, 2019

(Beyond PARA Record Player) that evoked all sorts of sensory associations, but could only be experienced visually. The small polymer clay figures by **Jerry Kowalsky** arranged on a table carry the incisive title *We are not idiots*. Opposite these was a large-format installation by **Yael Graetz**, made of partially fluorescent fabrics.

Myriad Painting Studios with Very Different Styles

An exceptional number of painters work on the Uferhallen grounds, and their artistic forms of expression vary widely. Simultaneously conceptual and poetic, **Valérie Favre**'s works cover a broad range of social, cultural, historical, and media-reflective references. In an exploration of human and personal mortality, for example, she began on her 60th birthday to have a statement notarized each year that she would cease to use a particular color, meaning that her palette will become increasingly reduced with age. **Elena Alonso Fernandez** also follows a conceptual approach and delves into the way images of collective memory arise alongside their associated power structures. She probes alternative means of image generation by involving the many. **Norbert Witzgall** uses portraits to question social patterns and masks. His two-part self-portrait *Autoportrait précaire*, included in *Eigenbedarf*, shows a donkey's head in profile and a carrot hanging from a ribbon, each painted in a photo-realistic manner on a monochromatic yellow background. The carrot, apparently unreachable for the stubborn animal, can—when viewed pessimistically—also symbolize the predicament the Uferhallen artists find themselves in. **Matthias Galvez** paints portraits and genre pictures with a technique based on that of the old masters. The protagonists and the scenes are contemporary, however; the paintings' fascination lies in this very tension between style and subject.

Figures appear only very abstractly in **David Moses**'s work, sometimes recognizable only by their most characteristic features: outstretched hands, wide-open eyes, a snout. He transposes iconic Walt Disney cartoons or live-action films into drawings and paintings to examine complex movements, for example in *Raumstudie nach Herz aus Glas* (Spatial Study After *Heart of Glass*), a reference to Werner Herzog's work. The protagonists of the mixed-media painting *Laudanum Beware* by **Nicolai Huch** are sometimes faceless, sometimes censored, sometimes alive, sometimes lifeless; they seem to be children of fairy tales, science fiction films, and visions of doom. Figurative elements are shown side by side with abstraction, the painterly next to drawings, geometric next to organic. Huch's recognizable style succeeds in combining these complex arrangements and states. The work *O.T.* (Untitled) by **Adriana Alicia Fanés Molins**, on the other hand, is completely non-objective, composed of a sampling of different colors and shapes that make reference to graffiti. For **Werner Liebmann**, too, the canvas is an experimental field on which he has been researching painting for several decades. The shapes of his abstract works are often born in his impasto application of paint. **Jan Muche**'s works, which are frequently architectural, are abstract as well. He incorporates chance into his working process by, for example, pouring paint over canvases lying on the floor and integrating the resulting shapes into his paintings.

Some artists have developed their own unmistakable techniques of "deskilling," the deliberate negation or outsourcing of acquired knowledge and skills. **Rainer Neumeier** creates fascinating non-representational structures by applying and exposing countless layers of color, which reveal much of their creation while simultaneously retaining their mystery. Despite their painterly qualities, **Wolfgang Ganter**'s works are not paintings in a strict sense. He lets bacterial cultures transform photographic film by

Lois Weinberger, *Ein Ort, ...,* 2006/2019
davor / in front: Andrea Pichl, *delirious Dinge II,* 2019

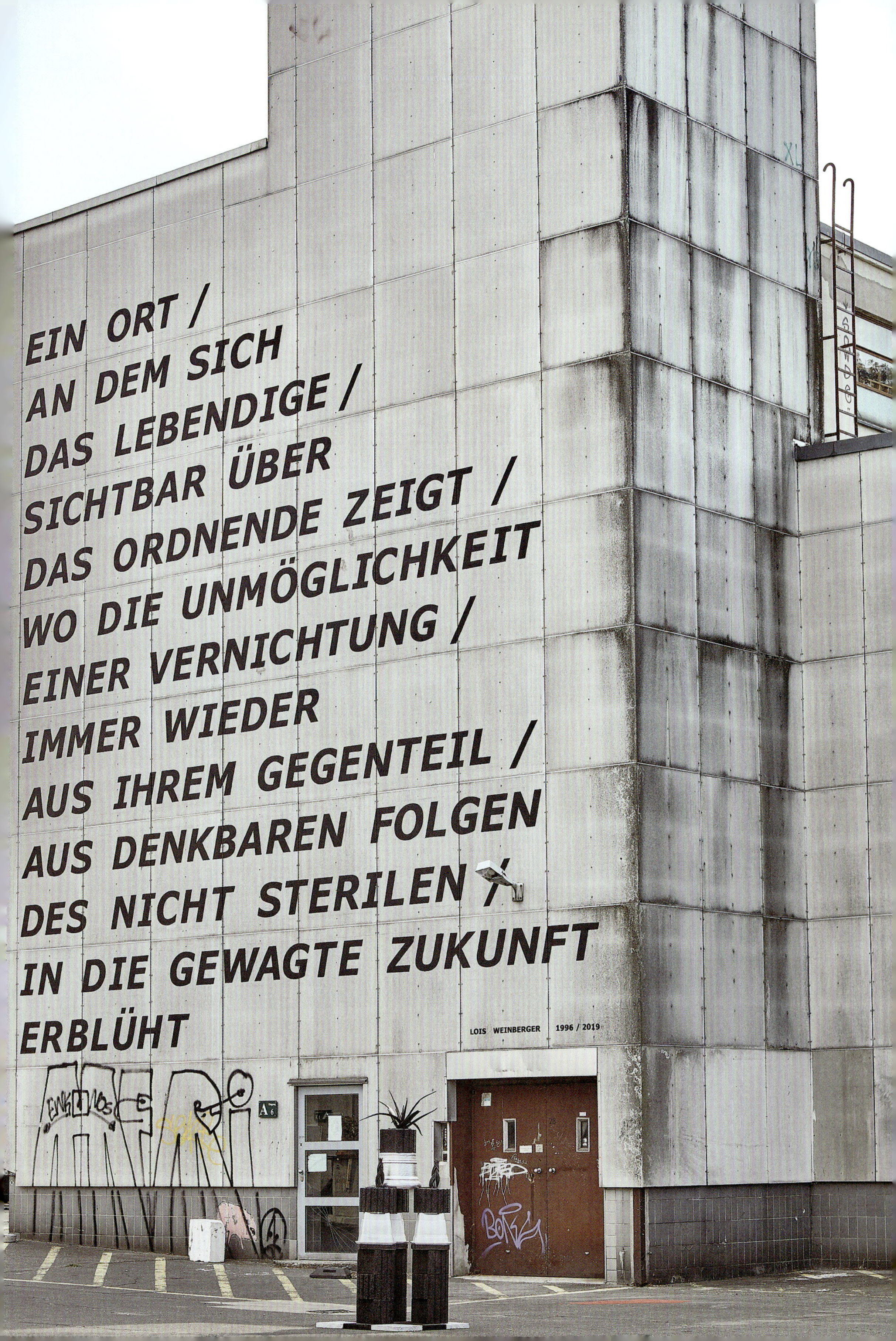
EIN ORT /
AN DEM SICH
DAS LEBENDIGE /
SICHTBAR ÜBER
DAS ORDNENDE ZEIGT /
WO DIE UNMÖGLICHKEIT
EINER VERNICHTUNG /
IMMER WIEDER
AUS IHREM GEGENTEIL /
AUS DENKBAREN FOLGEN
DES NICHT STERILEN /
IN DIE GEWAGTE ZUKUNFT
ERBLÜHT
LOIS WEINBERGER 1996 / 2019

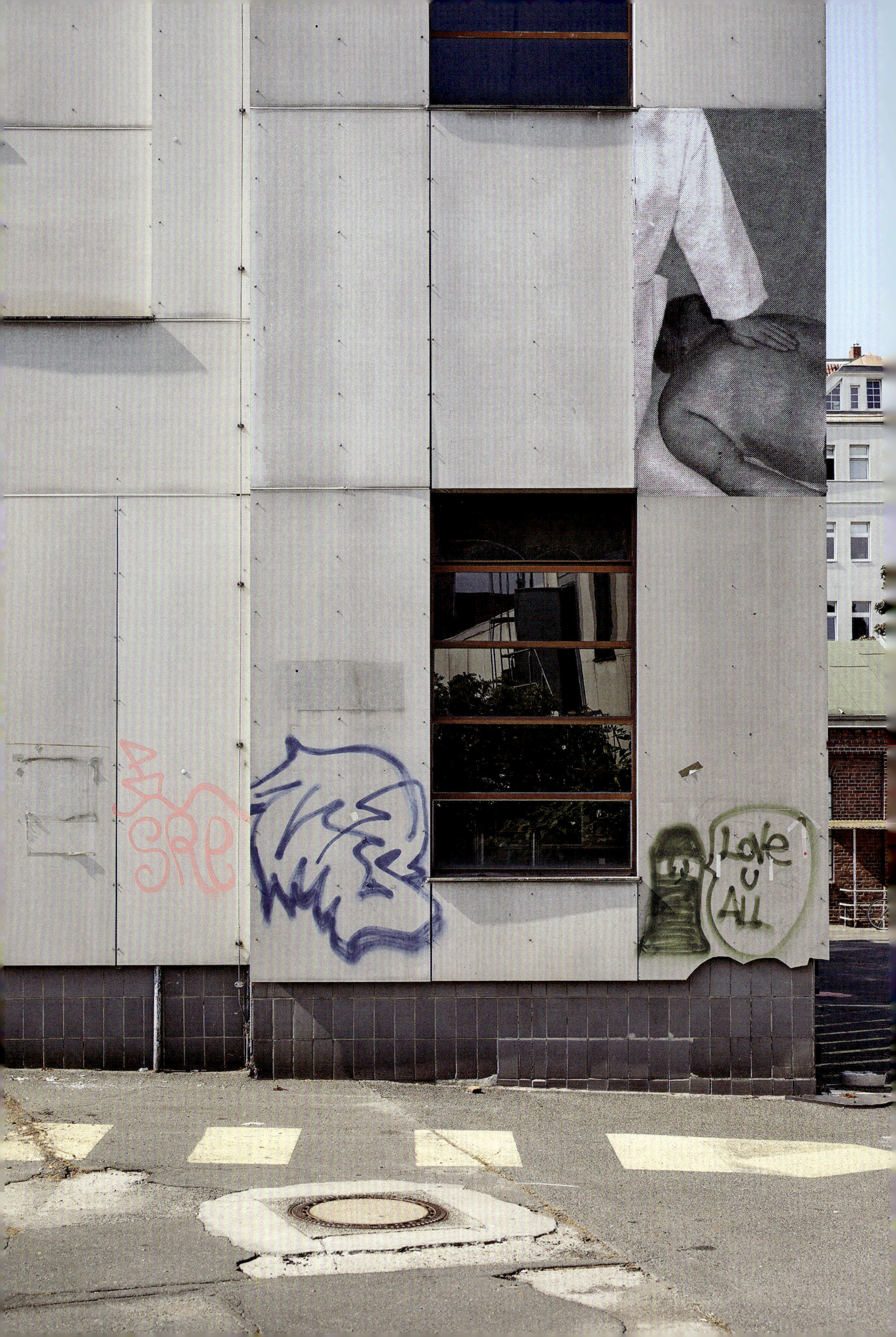
Love
U
ALL

feeding on the gelatin layer and thus altering the colors, or triggering chemical reactions visible under the microscope. These complex processes, in which he partially outsources his image-finding processes and allows "co-authorship," result in impressive works. **Sebastian Gumpinger** has also moved away from classic painting and is now, in his series *steel paintings*, working on steel and copper plates with an angle grinder. In doing so, he explores the connections between drawing, painting, and space and incorporates performative elements such as the viewer's movements. The painter **Katharina Grosse** first replaced her brush with a compressor-operated spray gun in 1998. She not only sprays canvases and objects, but also larger areas as well as entire buildings and landscapes, inviting us to radically renegotiate our habits and limits of perception.

Negotiating the City with Artistic Means

Eigenbedarf has made visible all that has been and continues to be created on the Uferhallen site. The abundance that has grown here on fertile soil, and which the artists themselves have cultivated under almost ideal conditions, is part of a sustainable concept and of enormous importance for Berlin, which still identifies as art capital. The ensemble's architecture plays a considerable role by enabling the development of diverse artistic work; one plan currently under consideration in which the artists would relocate to small, white plots in the central hall could therefore mark the beginning of the end of the Uferhallen sociotope. The dystopian scenario of culture moving out and financially strong tenants moving in would have serious consequences—for the neighborhood, too, although it may not yet be entirely aware of it. In the Wedding district, which until now has been comparatively less affected by gentrification, rents would rise, displacing tenants and altering a traditionally diverse social structure. The struggle to preserve this cultural site has only just begun. The question WHAT FOR WHOM not only concerns those already addressing the future of the Uferhallen; it's a question for society as a whole, one that should be discussed by the greatest possible spectrum of communities within the population rather than by private individuals alone. Art can play a crucial role in such negotiations; *Eigenbedarf* has shown that this is possible in any number of ways. It's of the utmost importance today that the city not be entirely abandoned to the capitalist system and the dynamics of money. Structures can be changed with artistic means, with the help of swarm intelligence and the many, and with courage and perseverance. Today, WHAT FOR WHOM affects us all.

Friedemann von Stockhausen, *o. T.*, 2019

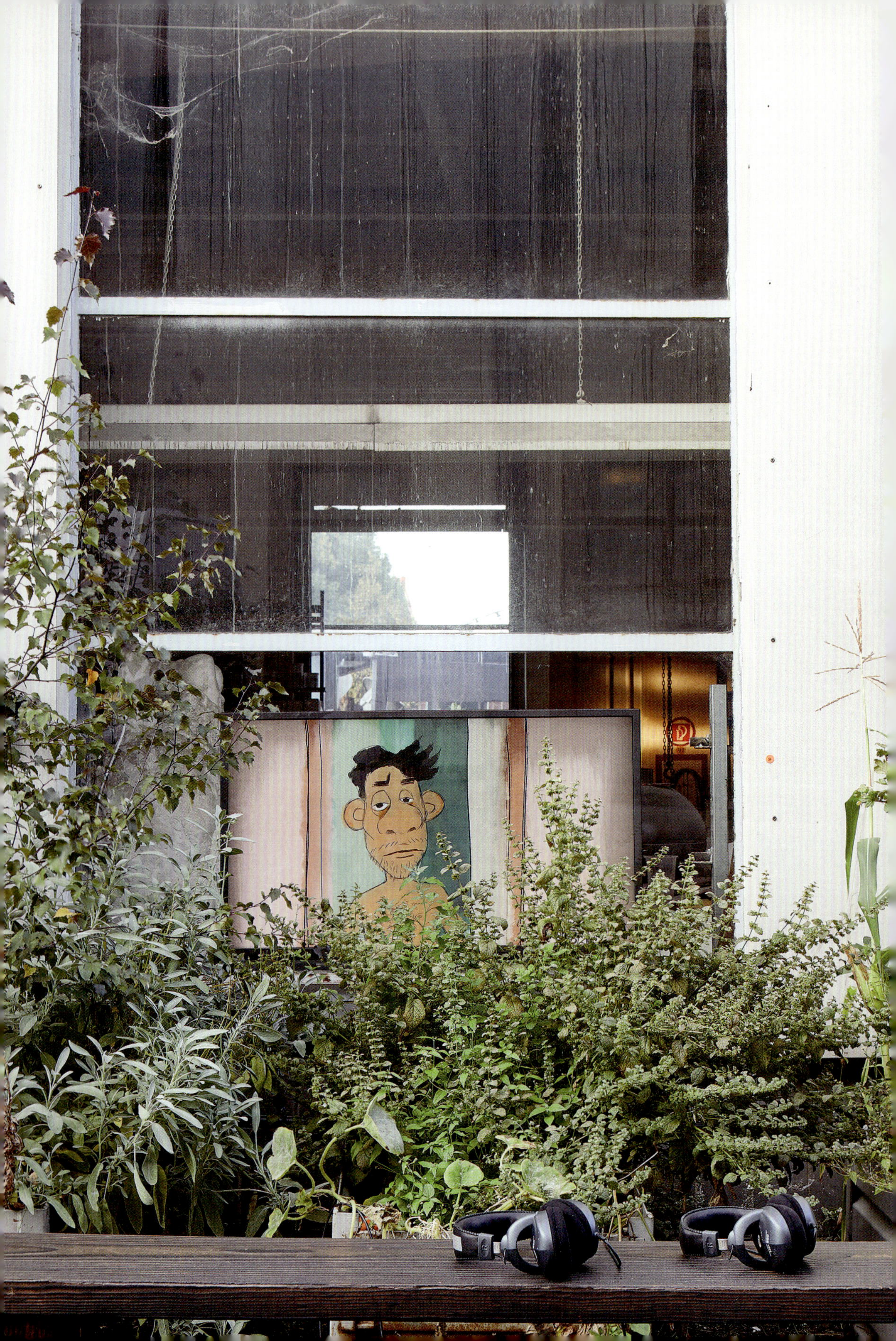

Deniz Zagli, *Klingelstreich / The Bell Prank*, 2015

Lena von Goedeke, *Nennwert*, 2019
nächste Seite / next page
Lena Marie Emrich, *Detour*, 2019

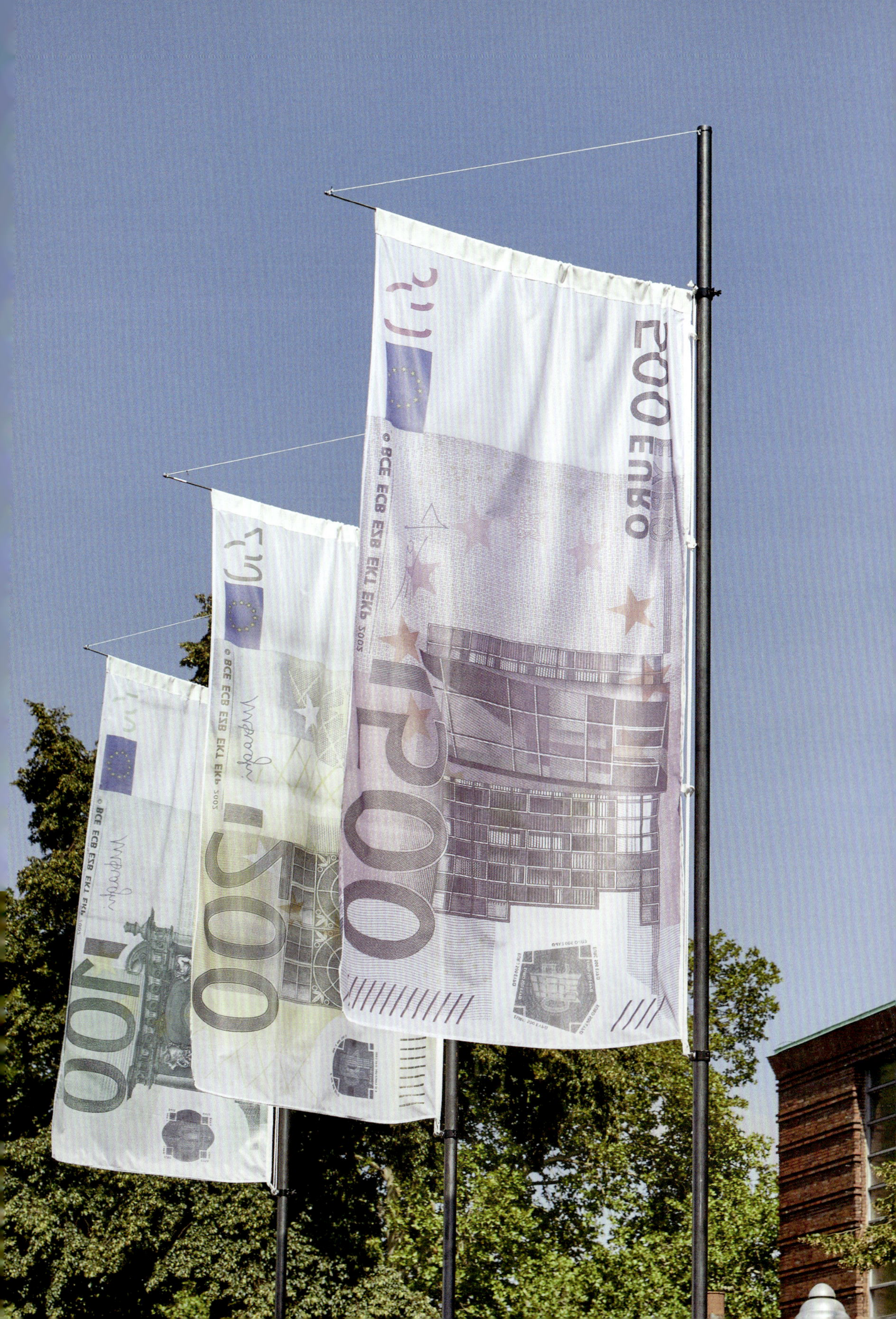

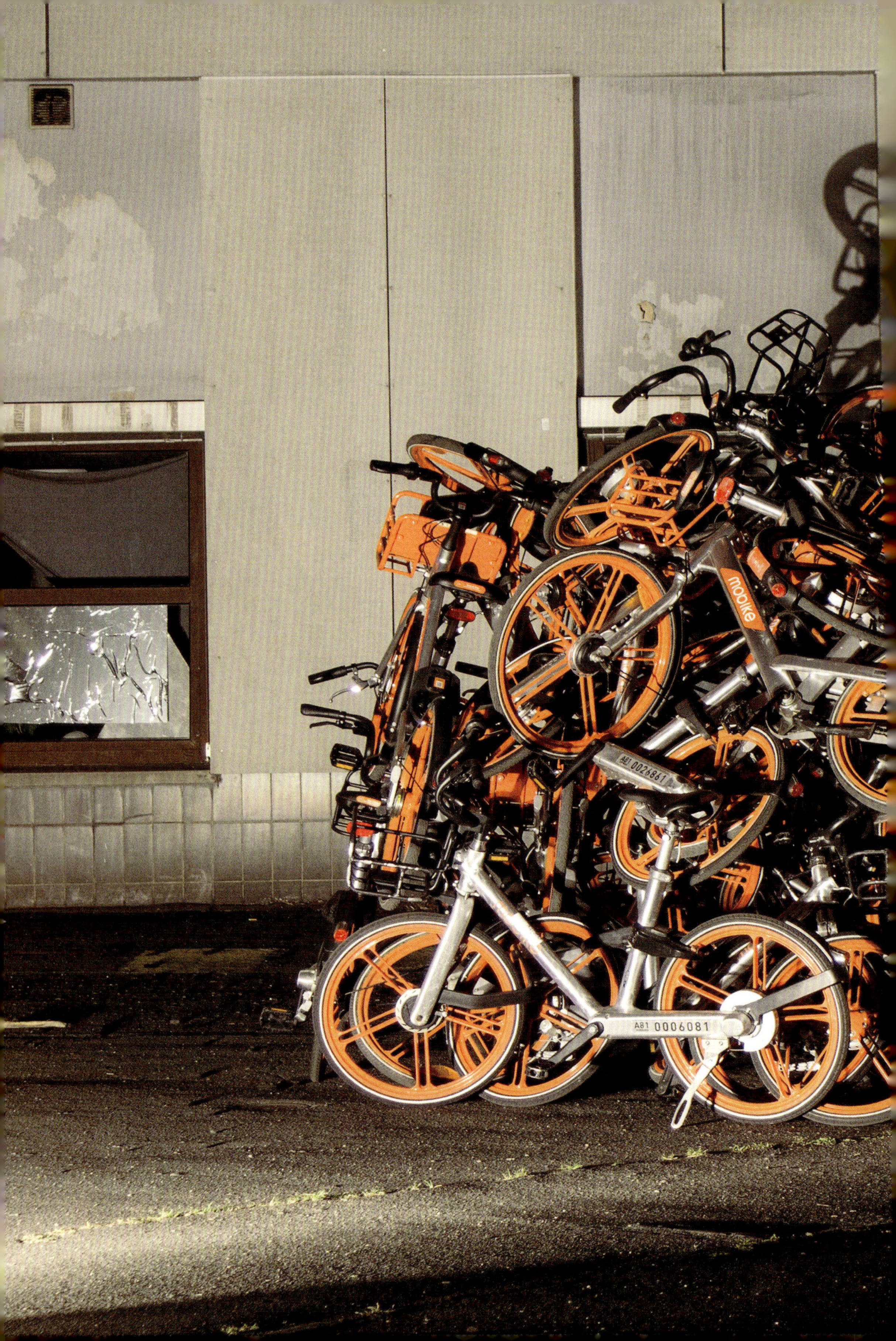
mobike
A81 0006081

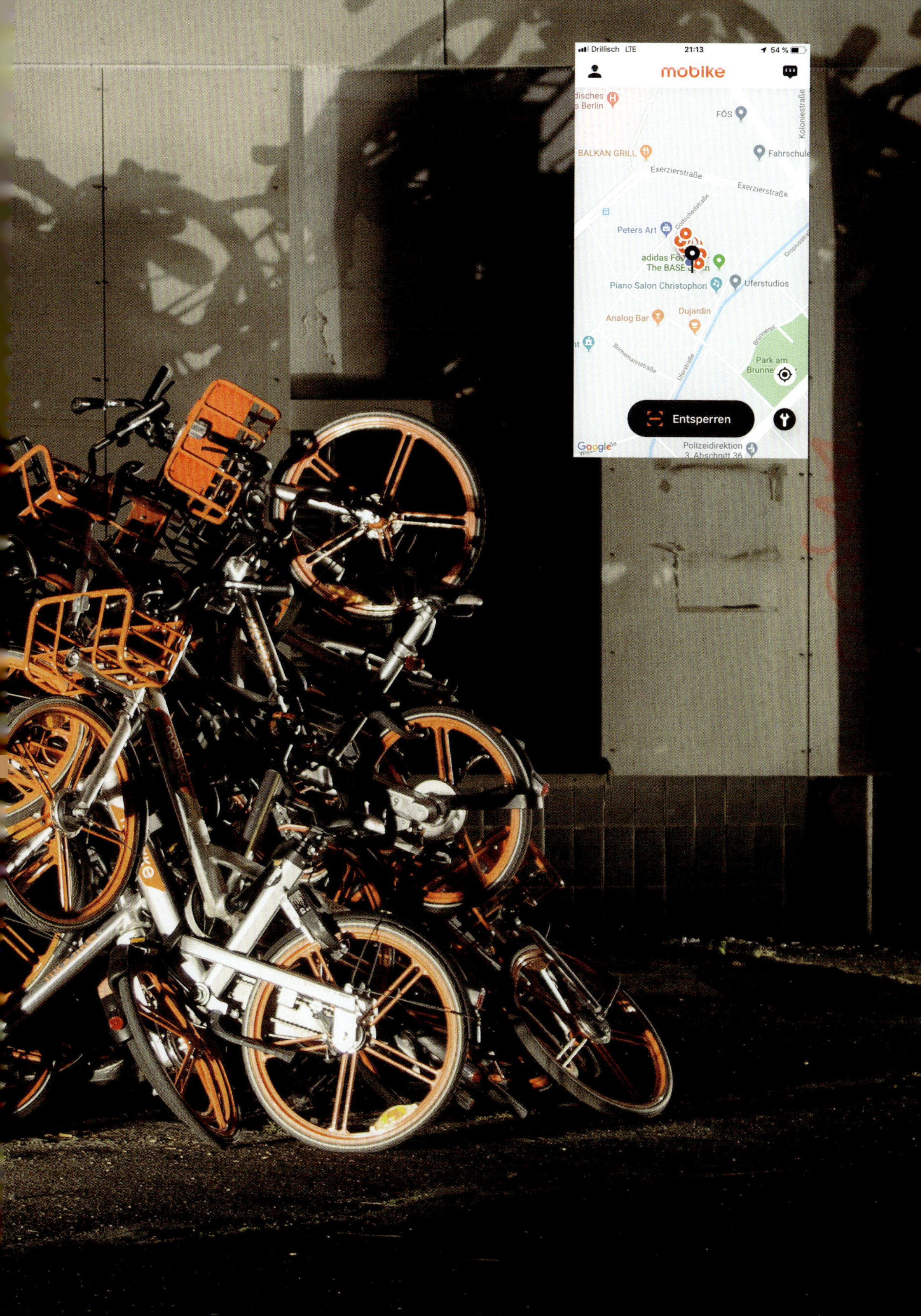
Drillisch LTE
21:13
54 %
mobike
FÖS
BALKAN GRILL
Fahrschule
Koloniestraße
Exerzierstraße
Exerzierstraße
Peters Art
Piano Salon Christophori
Uferstudios
Analog Bar
Dujardin
Bornemannstraße
Uferstraße
Entsperren
Google

Isabelle Meiffert
im Gespräch mit

Heiner Franzen
Ephraim Gothe
Martin Schwegmann
Heidi Sill
Peter Klare
Daniela Brahm
Harry Sachs

Uferhallen: Freiraum oder Spekulationsobjekt?

Isabelle Meiffert
Kuratorin der Ausstellung *Eigenbedarf*

Heiner Franzen
Künstler mit Atelier auf dem Uferhallen-Gelände

Ephraim Gothe
Stellvertretender Bezirksbürgermeister und Bezirksstadtrat im Bezirk Mitte

Martin Schwegmann
Architekt, Stadtplaner und Atelierbeauftragter für Berlin im kulturwerk des **bbk berlin**

Heidi Sill
Künstlerin und Sprecherin des **bbk berlin**

Peter Klare
Künstler mit Atelier auf dem Uferhallen-Gelände

Daniela Brahm
Künstlerin und Mitbegründerin von **ExRotaprint**

Harry Sachs
Künstler und im Vorstand vom **ZK/U** und dem **Haus der Statistik**

bbk berlin e.V.

bbk berlin e.V. (berufsverband bildender künstler*innen berlin) wurde 1950 gegründet und hat heute etwa 2.400 Mitglieder. Schwerpunkt der Verbandsarbeit ist die strukturelle Förderung aller bildenden Künstler*innen durch die Bereitstellung von Infrastruktur und Produktionsmitteln für ihr künstlerisches Schaffen. Dies wird über die beiden gemeinnützigen Tochtergesellschaften kulturwerk (Ateliers, Werkstätten, Förderstrukturen) und bildungswerk (Bildungsangebote) realisiert. Der Verband ist kulturpolitisch aktiv, setzt sich für offene und durchlässige Strukturen im Kunstbetrieb ein und verteidigt die kulturellen, wirtschaftlichen, rechtlichen und sozialen Interessen der Künstler*innen gegenüber der Öffentlichkeit und der Politik.

bbk-berlin.de

ExRotaprint

ExRotaprint ist ein Modell für eine Stadtentwicklung, die Profit mit Eigentum ausschließt und einen heterogenen, offenen Ort für alle gesellschaftlichen Gruppen schafft. Das ehemalige Produktionsgelände der Druckmaschinenfabrik Rotaprint AG mit seinen Gebäuden aus den 1950er Jahren liegt in Berlin Wedding. 2004 erarbeiteten die bildenden Künstler*innen Daniela Brahm und Les Schliesser ein Konzept zur Übernahme des Geländes durch die Mieter*innen vor Ort. Ziele waren, das Areal für eine heterogene Nutzung aus

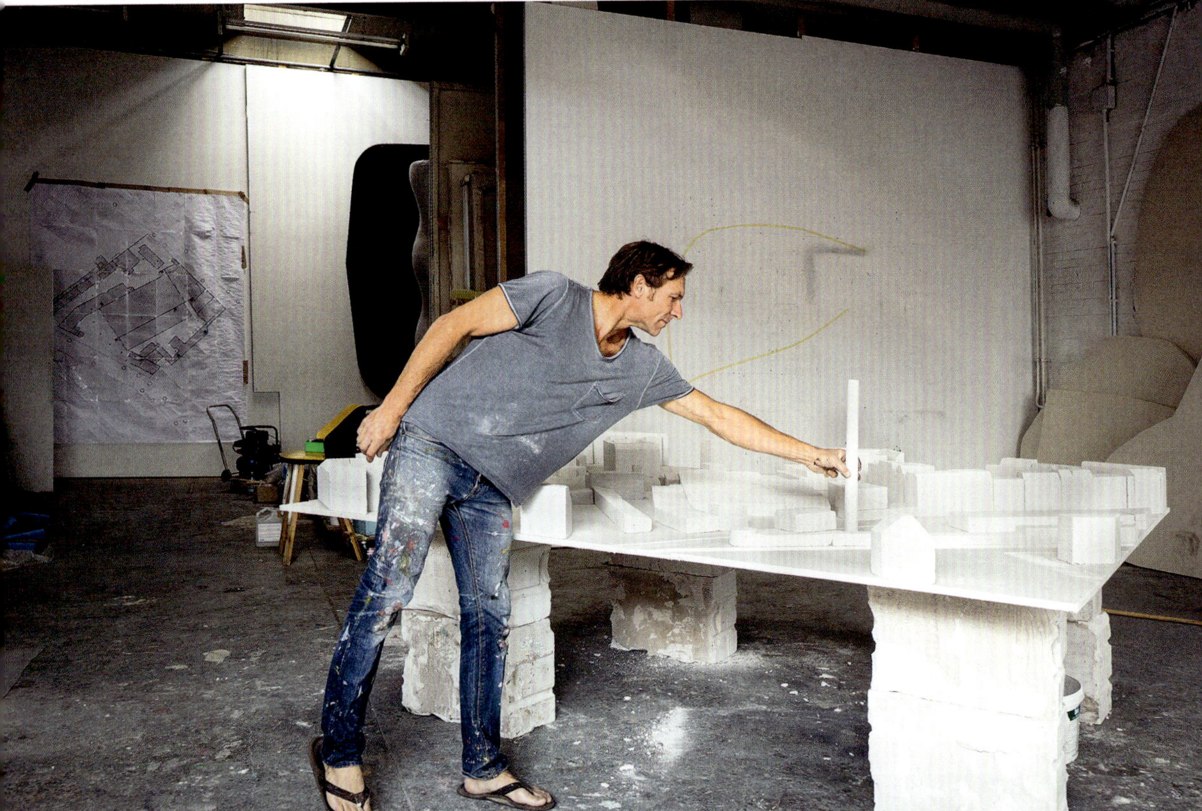

In der Nachwendezeit wurden in Berlin verschiedene Utopien entwickelt, von denen die meisten uneingelöst blieben. Die Freiräume der 1990er Jahre gibt es nicht mehr, die meisten Brachen sind verbaut und die letzten – wie das Nachbargrundstück der Uferhallen – sind zu Spekulationsobjekten geworden. Viele ehemals leerstehende Häuser wurden an Investor*innen verkauft. Auch das Uferhallen-Gelände wurde Anfang der 2000er vom Senat veräußert und 2017 an eine Gruppe von Investor*innen unter Hauptbeteiligung von Alexander Samwer weiterverkauft. Einige von euch haben die Entwicklungen der Stadt seit der Wende aktiv miterlebt. An welchem Punkt stehen wir heute?

Heiner Franzen: Ich bin Mitte 89 nach Berlin gezogen. Niemand wettete auf die Stadt, schon gar nicht in der Zeit nach dem Mauerfall. Berlin war ein auseinanderlaufender Käse mit Freiflächen, die man im Wochenrhythmus anders bespielte. Ich weiß nicht, wie viele Projekträume alleine 1990 entstanden und verschwunden sind. Dann kamen die jungen Galerien mit kleinen Goldgräber-Geschichten, die schienen aber ökonomisch gar nicht in der Stadt anzukommen. Es gab Produktion und billige Räume. Das Verschwinden von bezahlbaren Wohn- und Arbeitsräumen verlief so langsam, dass man es ignorierte.
Ephraim Gothe: Ich möchte nochmal daran erinnern, dass wir 2001 einen Zustand in der Stadt hatten, wo 120.000 Wohnungen leer standen und wir tatsächlich anfingen, die ersten Häuser in Marzahn abzureißen, wie man das überall im Osten gemacht hat. Das haben wir dann zum Glück schnell wieder sein gelassen und trotzdem war damals der Wohnungsmarkt vollkommen anders. Niemand wollte freiwillig Wohnungen bauen. Das fing erst um 2008 an. Choriner Höfe hieß, glaube ich, das erste Projekt, das zu einem Sinnbild der Gentrifizierung wurde und wo jemand sagte, „Ich will in der Innenstadt wieder Häuser bauen zum Wohnen." 2011 begann das Bevölkerungswachstum, das war nicht vorhersehbar. Gleich ein paar Jahre später

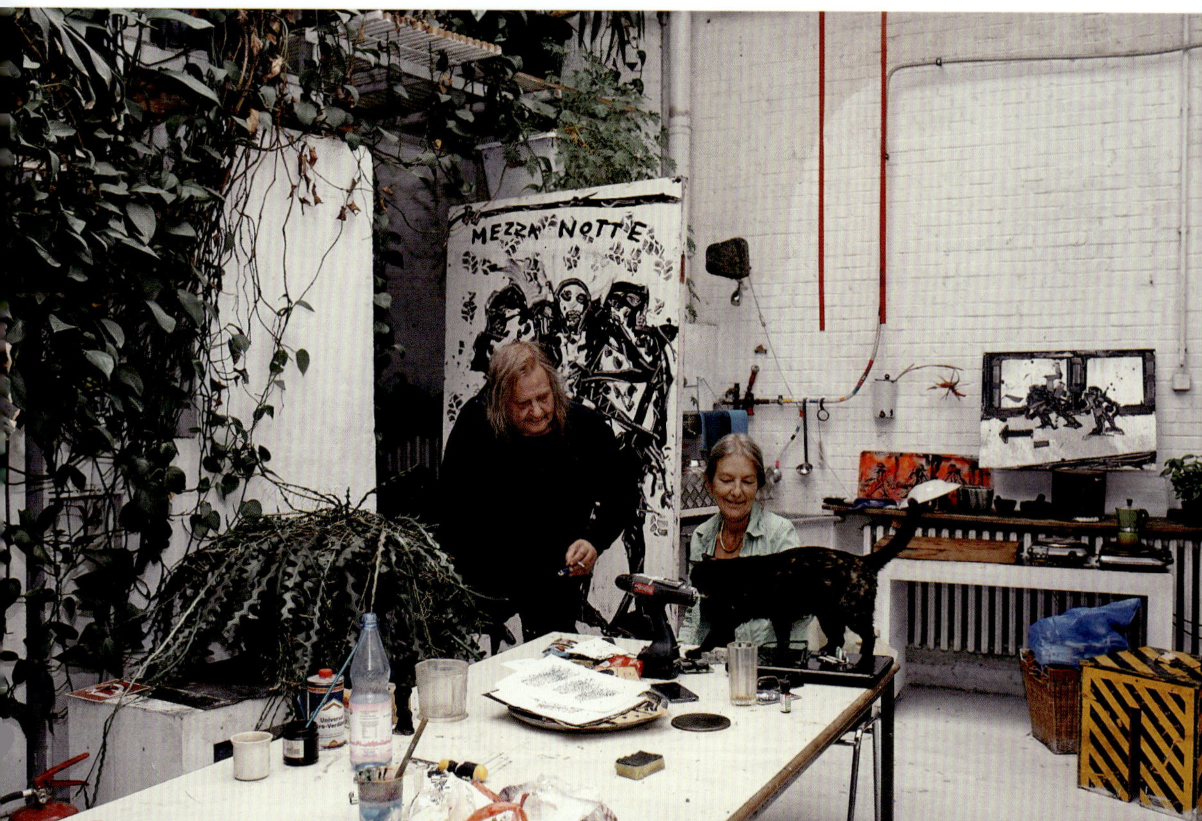

sind dann 40.000, 50.000, 60.000, 70.000 Menschen pro Jahr nach Berlin gekommen. Interessant ist, dass in den 90er Jahren die ganzen Stadtplaner*innen, Politiker*innen sowie die Apparate in den Planungsämtern alle noch so beseelt von der Altbau-IBA, Neubau-IBA 1987 waren und sagten, die Innenstadt ist der richtige Ort zum Wohnen. Und von den Investor*innen hat das niemand geglaubt. Wir hatten immer nur diesen Exodus in den Speckgürtel. Jedes Jahr sind 10.000 Menschen weggezogen und 2008 fing es plötzlich an, dass sehr viele Leute die Berliner Innenstadt als einen schönen Ort zum Leben empfunden haben. Dadurch kam ziemlich viel Bewegung. Die Geschichte nach der Wende hat also auch sehr unterschiedliche Phasen.

Daniela Brahm: Berlins Nachwendegeschichte ist eng mit der Kulturszene verwoben. Als Berlin Hauptstadt wurde, gab es auf offizieller Seite die Erwartung, dass nun alle Bonner Politiker*innen und Angestellten und eben auch Investor*innen kommen werden. Wir, als Künstler*innen, Kreative und andere Hedonist*innen, haben weiterhin Häuser und Ladenflächen besetzt und bespielt und die Besetzung meistens sogar legalisieren können. Denn lange Zeit ist nichts passiert, der ‚Run' auf die Stadt blieb aus und die Kulturszene gewöhnte sich an diese Stadt voller Freiräume. Im Nachhinein war das ein paradoxer Moment, nichts

‚Arbeit, Kunst, Sozialem' zu entwickeln, und günstige Mieten für alle. Seit 2007 widmet sich die von den Mieter*innen gegründete gemeinnützige GmbH ExRotaprint auf Basis eines 99-jährigen Erbbaurechts der Sanierung und Weiterentwicklung des denkmalgeschützten, 10.000 Quadratmeter großen Standorts. Das Gelände ist langfristig der Immobilienspekulation entzogen. ExRotaprint beherbergt heute rund 120 Produktionsbetriebe, soziale Einrichtungen sowie Räume für Künstler*innen und Kreativschaffende.

exrotaprint.de

ZK/U – Zentrum für Kunst und Urbanistik

Das ZK/U Berlin verbindet globale Diskurse mit lokalen Handlungsvorschlägen. Es untersucht die vielschichtigen Dynamiken urbaner Räume an der Schnittstelle von Kunst, Forschung und Alltag und entwickelt experimentelle Formate und Projekte mit Modellcharakter. Hinter dem ZK/U steht das Künstlerkollektiv KUNSTrePUBLIK, bestehend aus Matthias Einhoff, Philip Horst und Harry Sachs. Das Kollektiv engagiert sich über die Arbeit am ZK/U hinaus für die Schaffung räumlicher Infrastruktur in Berlin und ist Gründungsmitglied der Initiative Haus der Statistik. Diese schafft hybride Räume für Geflüchtete, Künstler*innen, soziale Initiativen und das Modellprojekt ZUsammenKUNFT.

zku-berlin.org; hausderstatistik.org

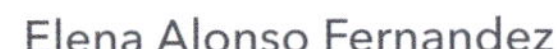

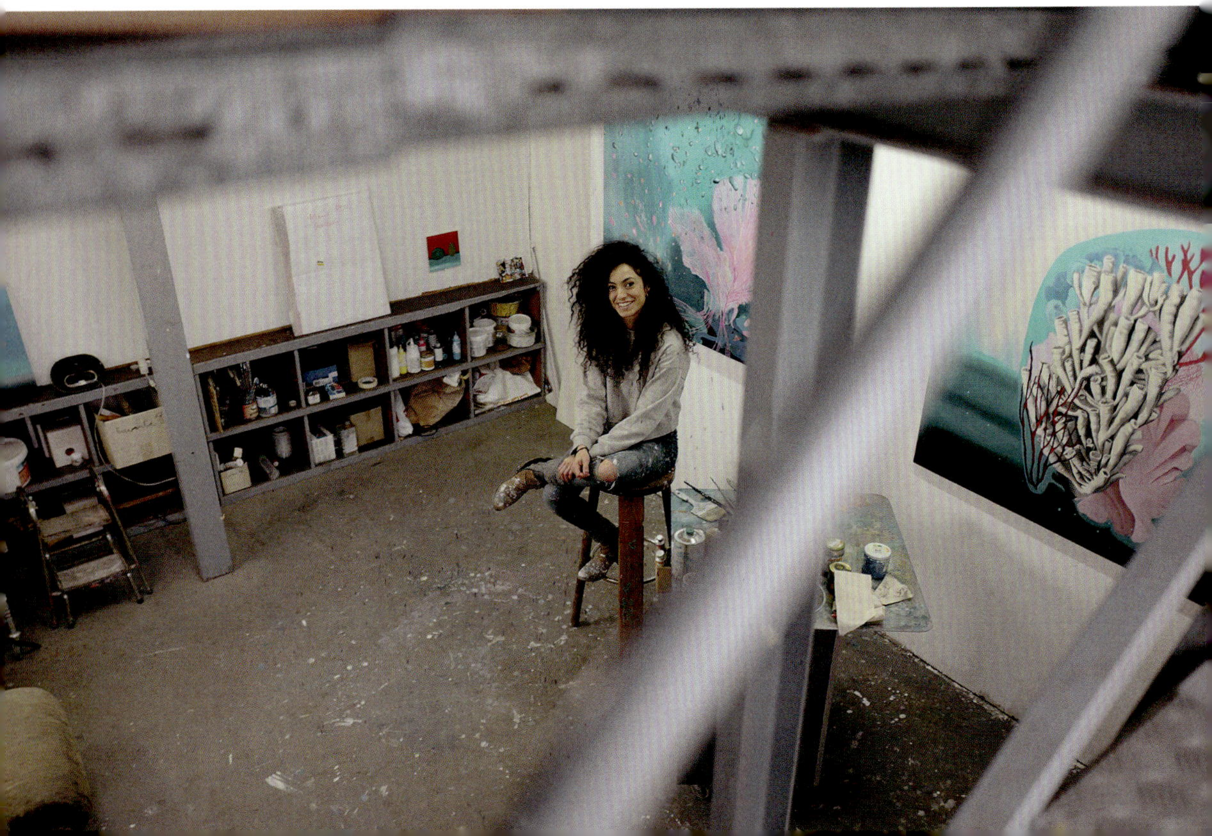

schien bedrohlich. Und dann kam die große Wende, als ab 2002 mit der Gründung des Liegenschaftsfonds der Abverkauf landeseigener Grundstücke eingeläutet wurde. Berlin hat damals seine historische Chance vertan. Und auch wir – die Kulturszene – haben sie nicht ausreichend genutzt und Grundstücke erworben, um die Raumpotenziale selbst in die Hand zu nehmen. Bei ExRotaprint, das ich bereits 2004 mit Les Schliesser initiiert habe, waren wir sehr früh mit der neuen Ausverkaufspolitik konfrontiert, haben reagiert und den Kauf verhandelt. Heute würde man sagen, es hätten sich sehr viel mehr Mieter*innen verbünden und ‚ihre' Häuser und Grundstücke kaufen sollen. Aber diese Strategie – der Verkauf an die Nutzer*innen – stand überhaupt nicht auf der Agenda der Politik. Man wollte – wie in den 90ern bei der Treuhand – an Investor*innen verkaufen, das Portfolio der Stadt war scheinbar unendlich gefüllt mit Wohnungen, Leerstand und Brachen. Außerdem bekam das stark verschuldete Berlin Druck von den westdeutschen sogenannten ‚Geberländern'. Die klamme Hauptstadt galt nach jahrelangen Subventionen und einem Bankenskandal als das schwarze Schaf der Republik. Wir hätten die 2000er Jahre weit mehr nutzen sollen, um genau das auszuschließen, was jetzt passiert ist.
Martin Schwegmann: Und Teil des Selbstverständnisses in dieser besonderen Berlin-Situation war ja auch, weiterzuziehen, sich nicht festzubetonieren, sondern sich ständig neu zu erfinden. Ich erinnere mich an die vielen Clubs, die permanent umgezogen sind. Das war lustig. Da hat doch keine*r daran gedacht, dass die ständig verdrängt würden, das WMF beispielsweise. Das war ein Teil der Geschichte, ein Teil des Spirits. Dass das irgendwann vorbei sein könnte, habe auch ich lange nicht geglaubt, kann es teilweise immer noch nicht glauben.
Heidi Sill: Ich glaube, diese Erfahrung haben wir alle gemacht. Ab 2010/2011 wurde dann für viele klar, dass etwas passieren muss, vor allem auch auf politischer Ebene und dass Liegenschaften nicht einfach weiter zu Schleuderpreisen veräußert werden können. Spätestens ab diesem Zeitpunkt haben auch die Künstler*innen ange-

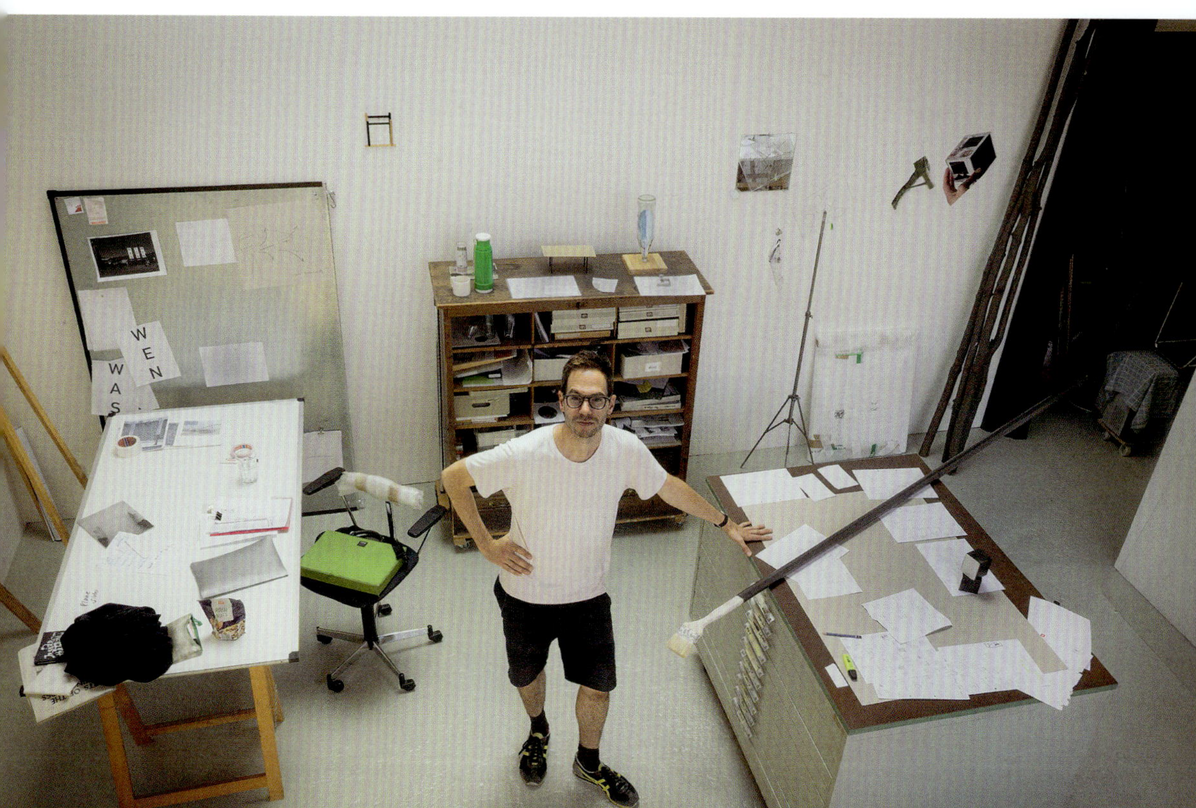

fangen, sich Gedanken zu machen: „Die Stadt Berlin wirbt massiv mit uns. Doch was passiert mit uns, den Künstler*innen?" Jetzt haben wir 2020 und es ist viel zu wenig passiert, um dem Ausverkauf der Stadt durch die politisch Verantwortlichen der letzten Jahrzehnte Alternativen entgegenzusetzen. Im Gegenteil, die Raumfrage hat sich weiter verschärft und die Situation der Künstler*innen bleibt schwierig.

Peter Klare: In vielen Ländern wie England, Dänemark oder Spanien ist es möglich und üblich, dass man Wohnungen oder Ateliers kauft. In Deutschland ist das anders. Lange hatte man Vertrauen in das Immobiliengewerbe, bei dem die Besitzer*innen von Mietshäusern sich der Gesellschaft zugehörig fühlten und es als ihre Aufgabe sahen, für die Allgemeinheit Wohnungen oder Gewerbe bereitzuhalten, eben so wie eine Bäcker*in Brot backt für die Leute im Kiez. Kaufen war einfach nicht nötig. Heute ist es ein Spekulationsgewerbe. Außerdem kommt Kaufen für viele Künstler*innen überhaupt nicht in Frage – denn schon einen Kredit zu bekommen, ist als Künstler*in völlig absurd.

Daniela Brahm: Statt zu kaufen, müssen wir das Mieten stärken! Ich bin absolut davon überzeugt, dass Mieten, wenn man es entsprechend ausgestaltet, ein solidarisches Prinzip ist.

Erbbaurecht

Auf Basis des 1919 eingeführten Gesetzes über das Erbbaurecht (§ 1 ErbbauRG) erhält ein*e Bauherr*in gegen die Zahlung eines Erbbauzinses das Recht, auf oder unter der Oberfläche eines Grundstücks ein Bauwerk zu errichten oder zu unterhalten. Während der Boden im Eigentum des*der Erbbaurechtsgebers*in verbleibt, ist das Bauwerk für einen gewissen Zeitraum, üblicherweise 99 Jahre, Eigentum des*der Vertragsnehmers*in. Das Erbbaurecht wird sowohl ins Grundbuch als auch in ein Erbbaugrundbuch eingetragen und kann veräußert, vererbt und belastet werden; es bleibt auch bei einer Zwangsversteigerung des Grundstücks aufrecht. Als grundstücksgleiches Recht muss der*die Erbbaurechtsnehmer*in auch Grundsteuer entrichten. Der Erbbauzins orientiert sich am Bodenwert zu Beginn der Laufzeit oder im Falle einer Bewirtschaftung an den Erträgen und wird im Erbbaurechtsvertrag festgeschrieben. Kommt es durch Vertragsverstöße oder Insolvenz zum sogenannten Heimfall, dem Rückübergang des gewährten Rechts an den*die ursprünglichen Rechtsinhaber*in, so hat der*die Erbbaurechtsgeber*in den Gebäudewert zumindest anteilsmäßig abzulösen. Mit Beendigung des Erbbaurechts verschmelzen Grundstück und Bauten wieder zu einer wirtschaftlichen Einheit.

Quelle: Bauwelt 107. Jg. (2016), S. 43

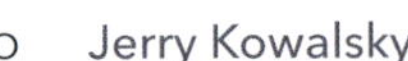

100 Jerry Kowalsky

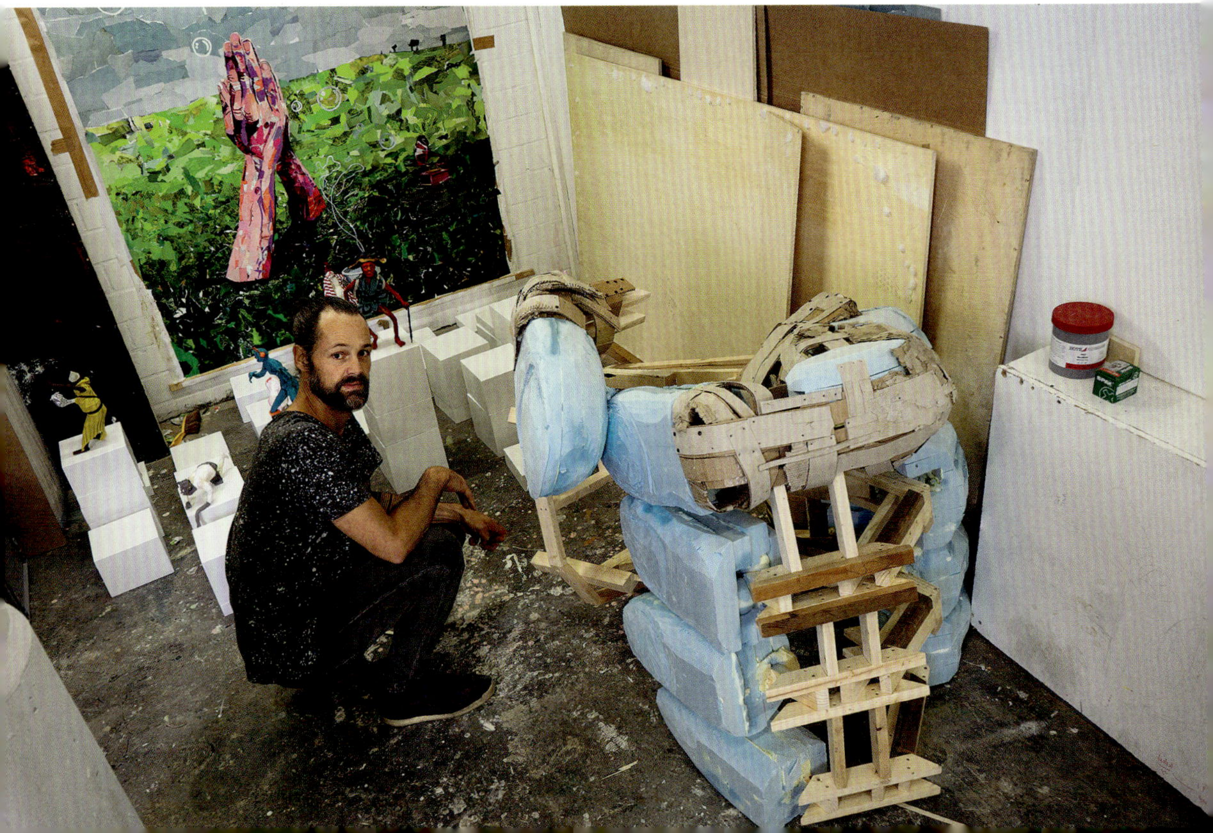

Die Stadt schaut auf die Uferhallen. Der weitere Verlauf könnte als Vorbild dienen – je nachdem, wie es ausgeht – für Investor*innen oder auch für Kulturschaffende.

Heiner Franzen: Das Uferhallen-Gelände scheint die aktuelle Entwicklung tatsächlich gerade als Miniaturausgabe abzubilden. Sollten die Pläne der neuen Eigentümer realisiert werden – Nachverdichtung von bis zu 19.000 m² Wohnfläche in die bestehenden 8.000 m² Atelierfläche –, dann müssten wir selbst bei einer moderaten Mieterhöhung in kürzester Zeit unsere Sachen packen. Darum haben wir vorgeschlagen, das Gelände zu teilen – mit Verwaltung des Atelierabschnitts in **Erbbaurecht** durch die Künstler*innen.
Peter Klare: Wir brauchen ein gesamtgesellschaftliches Denken, bei dem man die anderen mit einbezieht. Die Investor*innen schlagen uns einen 20-Jahres-Mietvertrag vor und nennen das langfristig. Das ist doch eine ‚Ich-Ich-Ich-Denke'. Wir fordern einen Erbbaupachtvertrag über 188 Jahre. Dabei denke ich natürlich nicht nur an mich, denn ich sehe mich nicht mit 220 Jahren hier im Uferhallen-Atelier stehen und Bilder malen.

Was macht den Ort so besonders für dich?

Peter Klare: Ich bin erst seit 2015 in den Uferhallen. Davor habe ich lange in einem Einzelatelier ganz hier in der Nähe gearbeitet. Ich dachte mir: „Okay, so ist das eben." Als Künstler*in ist man irgendwie Einzelkämpfer*in. Es geht darum, in Abgeschiedenheit eigene Sichtweisen zu entwickeln. Deswegen hatte ich immer eine gewisse Aversion vor Künstler*innen-Enklaven. Doch wenn man hierher kommt, versteckt man sich nicht als Sonderling mit ‚komischen Künstler*innen' in einem romantischen Hinterhof. Nein, man betritt ein Werksgelände. Vorbei am Café Pförtner geht die eine ins ehemalige Sägewerk oder in den Pferdestall und der andere in den Motorenprüfstand oder in die Kantine. Jede*r arbeitet irgendwie für sich an unter-

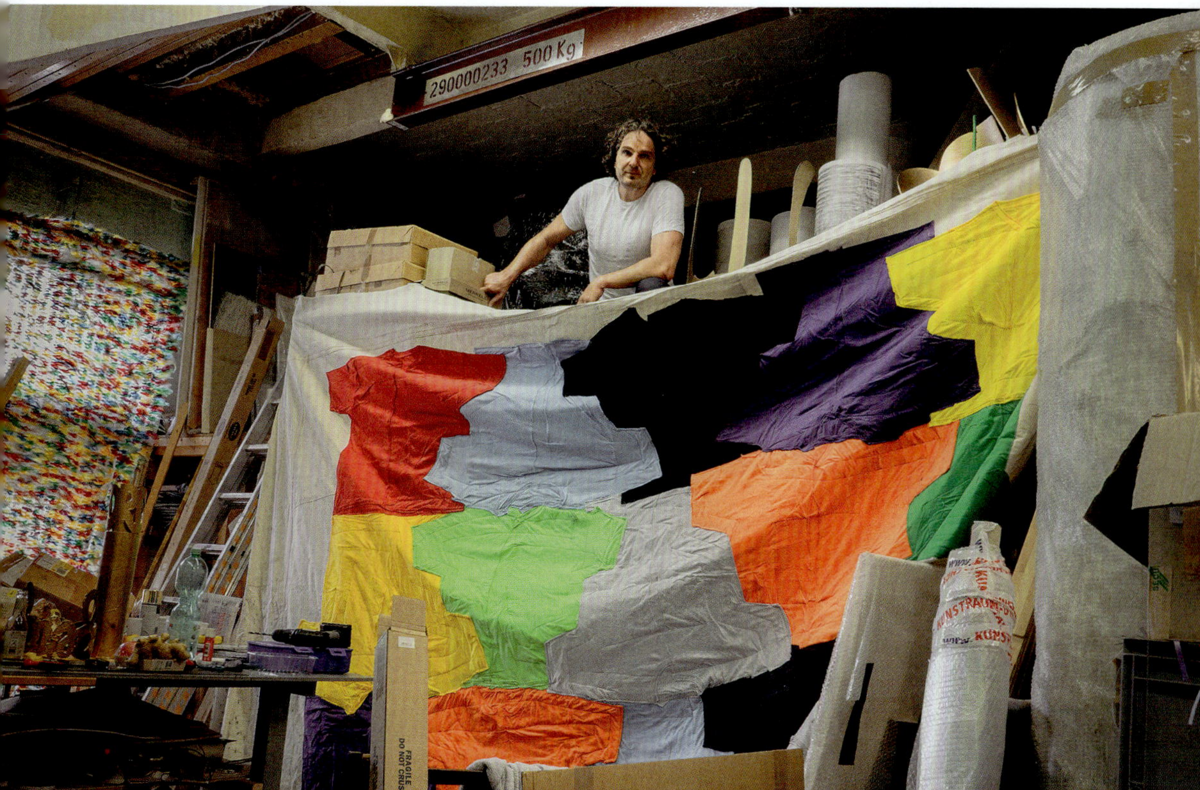

schiedlichen oder auch ganz ähnlichen Sachen. Aber man weiß voneinander und bekommt sich mit. Man kann sich mal helfen, aber vor allem trägt man sich gegenseitig durch die selbstverständliche Präsenz und Praxis künstlerischen Arbeitens. Man sieht sein Handeln bestätigt im Anderen. Dieses Gefühl des gesellschaftlichen Eingebundenseins finde ich wahnsinnig gut!

Martin, du als Atelierbeauftragter der Stadt hast mit vielen Atelierstandorten zu tun. Was ist für dich das Besondere an den Uferhallen?

Martin Schwegmann: Die Größe des Ortes, die Menge an Ateliers und die Zentralität. Doch das Interessanteste ist für mich die Mischung aus Ateliers und Werkstätten, mehreren Präsentationsorten und dem Piano Salon Christophori. Dadurch ist es ein wirklich spannender Standort für die Stadt. Es gibt eine höhere Diversität als an anderen Orten und eine gewisse Offenheit, die schon in der Architektur angelegt ist. Auch die Doppelthematik Uferstudios und Uferhallen finde ich einzigartig und besonders schützenswert. Wir haben vor etwa zwei Jahren mit Florian Schöttle, der viele Jahre Atelierbeauftragter war, ein Konzeptpapier mit dem Titel Kulturzug Panketal entworfen. Es gibt entlang der Panke ganz viele schützenswerte

Community Land Trust

Ein Community Land Trust (CLT) ist eine gemeinnützige Gesellschaft, die Grundstücke erwirbt, um kostengünstigen Wohnungsbau und andere Gemeinschaftsgüter zu entwickeln, zu errichten und zu verwalten. Durch die Trennung in Bodeneigentum, das bei der CLT verbleibt und nur im Erbbaurecht vergeben wird, und Wohneigentum soll Grund und Boden für finanzschwache soziale Gruppen zugänglich gemacht werden. Der Verkauf von Immobilien auf CLT-Grundstücken unterliegt einer Wiederverkaufsformel, die festgelegt ist und dem CLT das Vorverkaufsrecht einräumt. Der Verkaufspreis ist gedeckelt, um Spekulationen zu unterbinden.

Quelle: Bauwelt 107. Jg. (2016), S. 43

Mietshäuser Syndikat

Die seit 1999 bestehende Mietshäuser Syndikat GmbH erwirbt als nicht-kommerzielle Beteiligungsgesellschaft Immobilien, um diese in Gemeineigentum zu überführen. Dadurch sollen langfristig bezahlbarer Wohnraum und gemeinwohlorientierte Initiativen geschaffen werden. Der Vorteil liegt in der gegenseitigen Kontrolle der Gesellschafter*innen. Die Häuser sind Eigentum einer Hausbesitz GmbH, die sich aus zwei Gesellschafter*innen zusammenschließt: dem Hausverein, der sich aus allen Bewohner*innen zusammensetzt und sich selbst verwaltet sowie der übergeordneten Mietshäuser Syndikat GmbH, die eine Privatisierung der Häuser unterbindet. Beide haben in der Hausbesitz GmbH

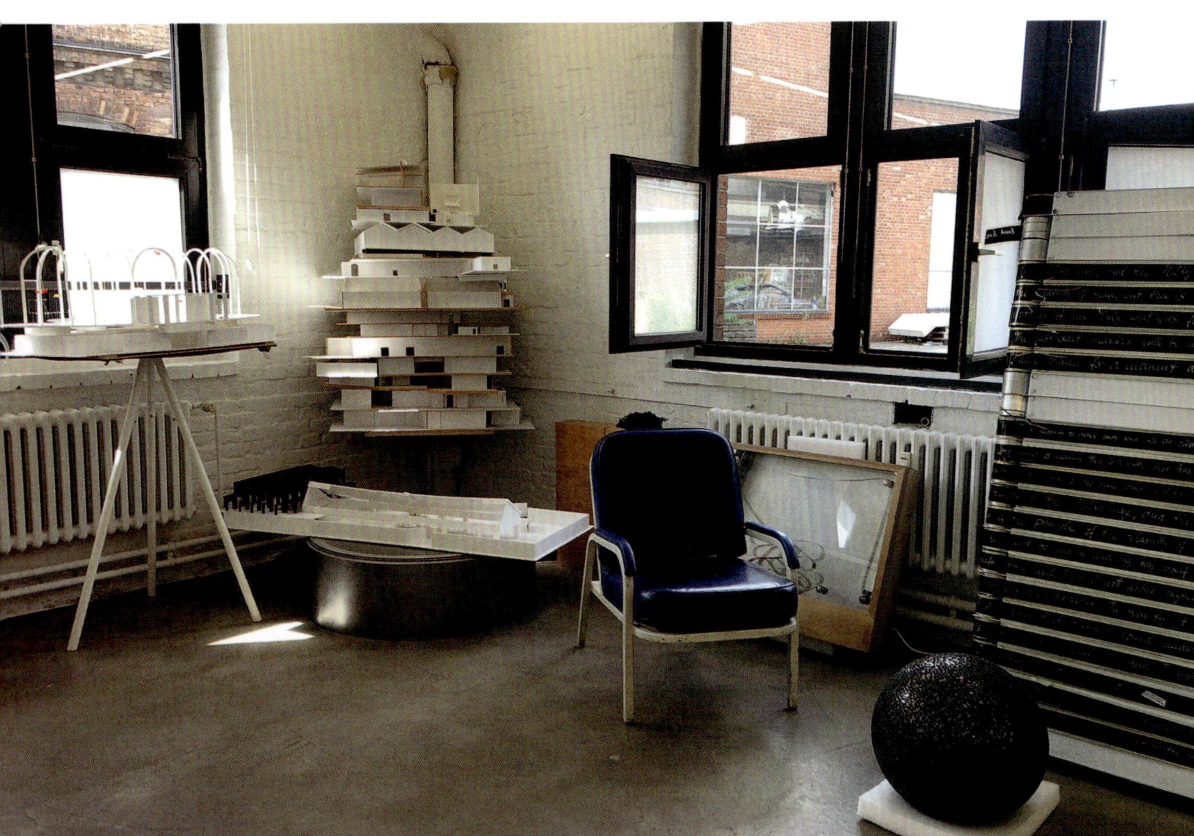

Kulturstandorte, die man in einem Kulturmillieuschutz erfassen müsste. Die Uferhallen sind insofern eine Perle auf einer Perlenkette, die schützenswert ist. Sie sind in ihrer Bedeutung Teil eines größeren Kulturgebietes, das erhalten werden muss.

Die angesprochenen Uferstudios, die zu dem Uferhallen-Ensemble gehören und sich auf der südöstlichen Seite der Uferstraße befinden, sind ein Kultur- und Veranstaltungsort für zeitgenössischen Tanz. Dieser Geländeteil ist mitverkauft worden, allerdings haben unsere Kolleg*innen dort bereits vor einigen Jahren einen Erbbaupachtvertrag über 200 Jahre ausgehandelt. Was bedeutet das? Und welche weiteren Instrumente und Möglichkeiten gibt es, die Spekulationen mit Immobilien zu verhindern, um Kulturstandorte mit gewachsenen Strukturen langfristig zu sichern?

Daniela Brahm: Vor 100 Jahren, im Jahr 1919, wurde das Erbbaurecht mit dem Ziel etabliert, einen anderen Umgang mit dem Eigentum an Grund und Boden zu ermöglichen. Das Erbbaurechtsgesetz sieht vor, dass Eigentümer*innen mit der Überlassung des Nutzungsrechts an einem Grundstück eine Zweckbindung einfordern können. Für die gesamte Dauer des Erbbaurechtsvertrags kann beispielsweise eine kulturelle oder soziale Nutzung oder sozialer Wohnungsbau festgelegt werden. Das endliche Gut Boden wird so an die Bedarfe der Gemeinschaft und an die Nutzung gebunden und eben nicht dem Markt überlassen. Zentral ist die Nutzung – und nicht die Geldanlage. In der Frage, wie wir mit Raum umgehen, halte dies für das entscheidende Umdenken, den entscheidenden Kulturwandel.
Harry Sachs: Erbbaurecht gibt es aber bei weniger als 1 % des ganzen Stadtraums. Stattdessen spiegelt sich der eigentliche Gebrauchswert des Raumes überhaupt nicht mehr in den Werten wider, die heute verhandelt werden. Kein Mensch weiß mehr, wohin mit dem ganzen Geld. Diese riesen Geldblase wandert am Ende des Tages in Beton und löst Dynamiken aus, die komplett abgekoppelt sind vom eigentlichen

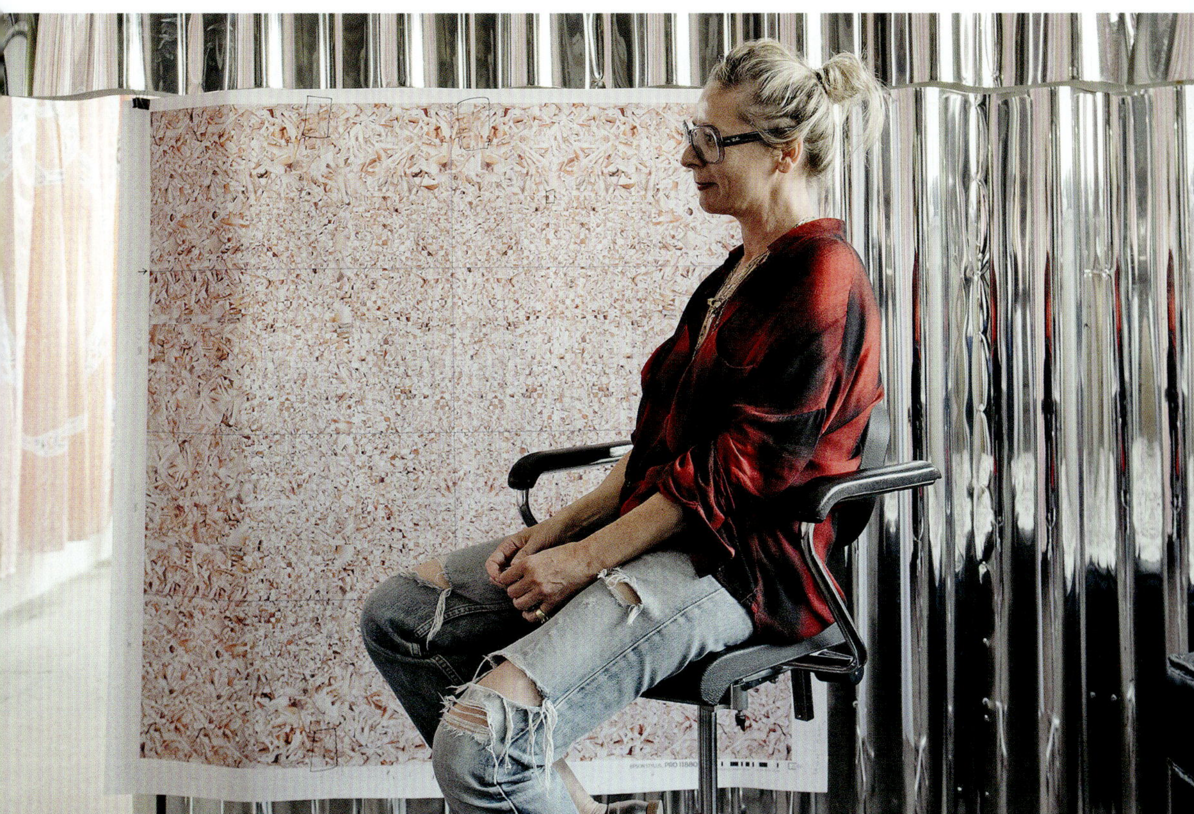

Gebrauchswert. Früher war ein Haus beispielsweise ausgerechnet aus 20 Jahresmieten plus Instandhaltungskosten und so weiter. Der Preis stand im Verhältnis zu den Mieten. Heute sind Immobilien Finanzprodukte und im Zuge dieser Finanzialisierung ist den Investor*innen das aktuelle Verhältnis von Kaufsumme und Gebrauchswert teilweise komplett egal. Sie spekulieren darauf, was es bedeutet, wenn sie das Objekt zehn Jahre später weiterverkaufen. In London werden ganze Bürotürme bewusst leer gelassen, weil die so in fünf Jahren noch viel besser weiterverkauft werden können. Das heißt, die begrenzte Ressource Raum ist zu einer absurden Ware geworden, deren Nutzen keine Rolle mehr spielt. Doch Raum lässt sich nicht als Ware getrennt von den Nutzer*innen betrachten. Es muss integrativ gedacht werden. Die entscheidende Frage ist: Wie kriegt man den Gebrauchswert wieder mit dem Geldwert zusammen? Dann sind wir bei der Eigentumsfrage und beim Eigentumsrecht. Hier sagt jede*r Spekulant*in und jede*r Eigentümer*in: „Ich kann mit meinem Eigentum tun und lassen, was ich will." Doch das müsste in einen bestimmten Rahmen passen. Vielleicht könnte das kulturelle und soziale Kapital, das Kapital der Nutzer*innen, die die Gesellschaft ausmachen, auch Teil dieses Eigentums werden. Die Nutzer*innen wären dann auch beteiligt an einem Weiterverkauf. Da braucht es noch die richtigen Tools.

Stimmgleichheit, sodass der Verkauf oder die Umwandlung nur einvernehmlich möglich sind. Alle sonstigen Entscheidungen wie Miethöhe, Finanzierung und Wohnungsvergabe obliegen dem Hausverein.

Quelle: Bauwelt 107. Jg. (2016), S. 44

Genossenschaft

Das genossenschaftliche Wohnen bildet neben dem selbst genutzten Wohneigentum und dem Wohnen zur Miete mit rund 6 % die dritte Säule der Wohnraumversorgung in Deutschland. Die Rechtsform der eingetragenen Genossenschaft (eG) basiert auf den Prinzipien Selbsthilfe, Selbstbestimmung und Selbstverwaltung. Während das Stimmrecht bei anderen Unternehmensformen vom Kapitaleinsatz abhängig ist, hat bei Genossenschaften jedes Mitglied das gleiche Stimmrecht. Bei Wohnungsgenossenschaften erhalten die Mitglieder mit dem Erwerb von Geschäftsanteilen ein lebenslanges Nutzungsrecht an einer Genossenschaftswohnung. Sie sind zugleich Mieter*innen und Anteilseigner*innen des genossenschaftlichen Wohnungsunternehmens.

Quelle: Bauwelt 107. Jg. (2016), S. 43

Stiftung

Eine rechtsfähige Stiftung des bürgerlichen Rechts dient gemeinnützigen Zwecken und genießt steuerliche Privilegien. Im Zusammenhang mit der Bodenfrage treten einige Stiftungen gezielt gegen die

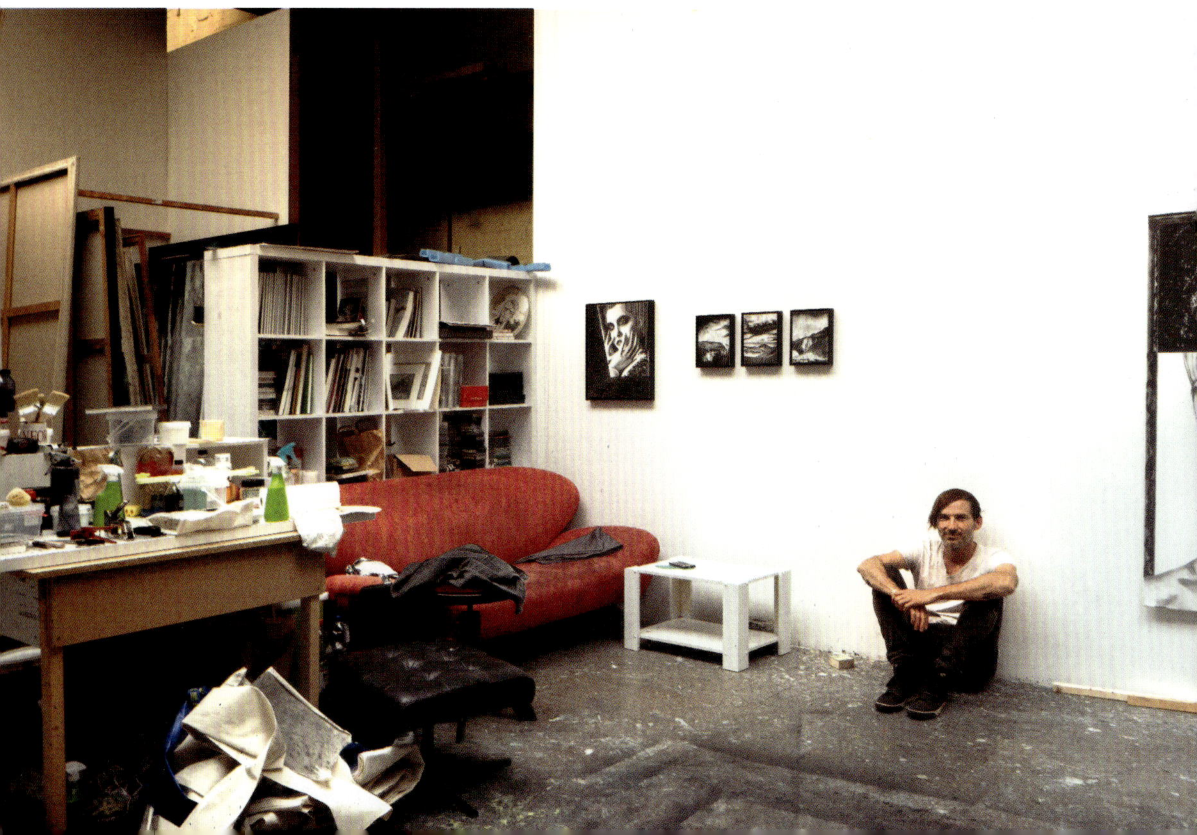

Dann wären hier auf den Uferhallen alle Künstler*innen mit ihrem kulturellen Kapital Teil des Geländes. Sie wären per se Mitaktionär*innen und könnten mitbestimmen. Man könnte solche Objekte dann auch nicht so einfach ohne die Nutzer*innen verkaufen und kommodifizieren. Das Eigentumsrecht muss reformiert werden. Raum als gesamtgesellschaftlich elementare Ressource muss im Eigentumsrecht mit relevanten Nutzungskriterien programmiert sein.
Daniela Brahm: Du beschreibst, was das Prinzip des Community Land Trust ausmacht. Hier bestimmen nicht nur die Nutzer*innen, sondern auch die Nachbarschaft und weitere gesellschaftlich relevante Gruppierungen gemeinsam über die Grundstücke und das Vermögen. Die Eigentumsfrage wird irrelevant, das Land gehört für immer dem Trust und wird mittels Erbbaurecht an Nutzer*innen weitergegeben. Nur die Betroffenen entscheiden. Wenn eine Person wegzieht, nimmt sie kein Stück Eigentum mit. Übrigens ein Prinzip, das auch das Mietshäuser Syndikat verfolgt. Und es gibt weitere privatwirtschaftliche Modelle: Genossenschaften und Stiftungen; wir selbst haben bei ExRotaprint eine gemeinnützige GmbH gegründet.
Ephraim Gothe: Wir haben eine Übersichtskarte zu den Eigentumsverhältnissen im Bezirk Mitte erstellt und festgestellt, dass die Stadt Berlin hier mehr als 55 % der Fläche besitzt. Deshalb finde ich Community-Land-Trust-Modelle super. Was wir an Flächen haben, ist gigantisch. Man muss bloß genau gucken, was das für Flächen sind: Straßenflächen zum Beispiel und alles, was man braucht, damit eine Stadt funktioniert. Außerdem die Grünflächen, die wir natürlich auch nicht bebauen oder anders nutzen wollen; sowie die Flächen der sozialen Infrastruktur, da haben wir sogar aktuell viel zu wenig, weil wir noch mehr Schulen bauen müssen. Trotzdem sind noch Schätze zu heben.

Es gibt also einige bereits erprobte Instrumente und Möglichkeiten, sich zu organisieren. Wie kann es jetzt konkret weitergehen?

Davide Prati (IOCOSE)

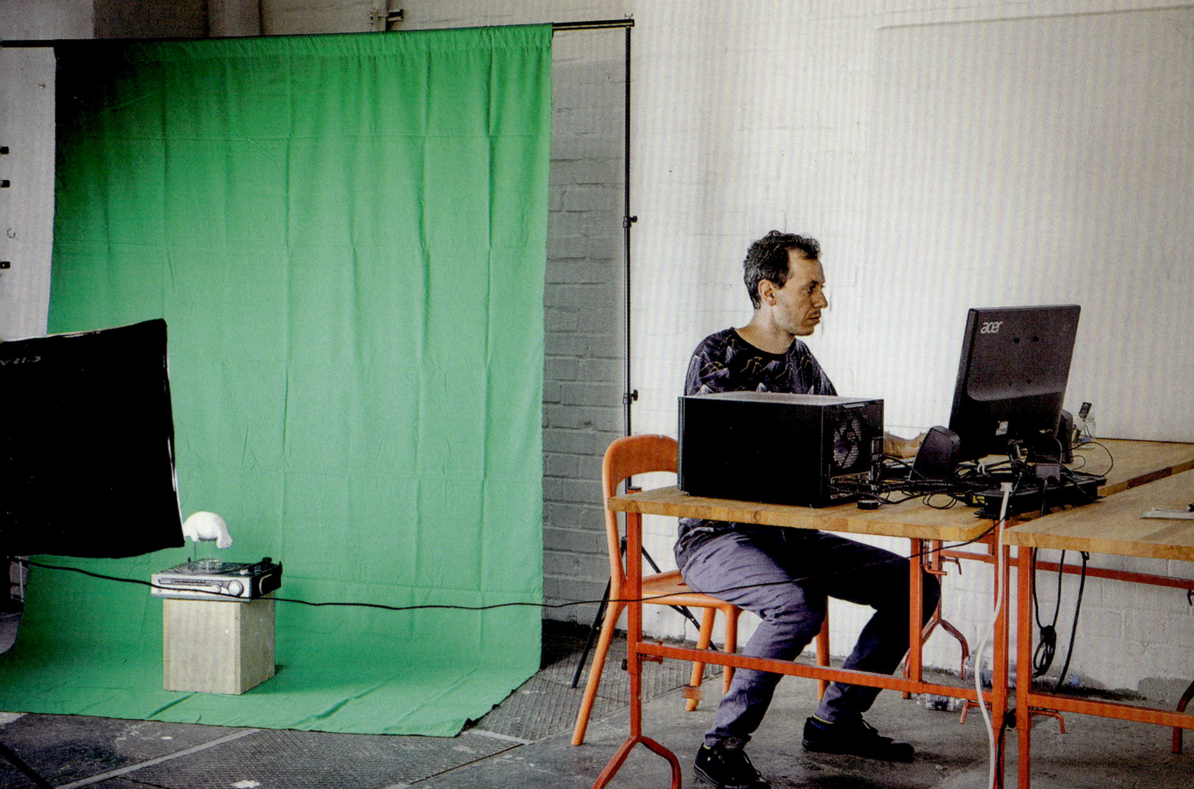

Daniela Brahm: Für eine Neuausrichtung in der Bodenfrage muss zunächst mal der Sozialismusvorwurf überwunden werden. Eigentum an Grund und Boden anders als sonstiges Eigentum zu behandeln, hat mit seiner gesellschaftlichen Relevanz zu tun. Das ist nicht mal sonderlich links und beschäftigte immer schon auch konservative Geister. Ein gutes Beispiel sind die Kirchen. Aber natürlich prallen hier Interessen aufeinander und die werden politisch instrumentalisiert. Das verhindert ein Umdenken. Ganz wichtig ist es, das Thema Altersvorsorge zu klären, damit die, die sich mit ihrer Eigentumswohnung fürs Alter absichern, nicht verunsichert werden. Wohneigentum und Altersvorsorge müssten irgendwann entkoppelt werden, aber im Moment ist es politisch noch gewollt. Am Widerstand der Kleineigentümer*innen ist in den 70er Jahren schon einmal eine Bodenreform gescheitert. Hans-Jochen Vogel, der damals die treibende Kraft war, hat dazu kürzlich ein tolles Buch mit dem Titel *Mehr Gerechtigkeit!* geschrieben. Heute hat sich das Problem potenziert: In- und ausländische Groß-Investor*innen ziehen – auch mit unlauteren Mitteln – durch die Lande. Die Finanzialisierung hat die Bodenfrage noch dringlicher gemacht. Für die Deutschen aber ist ihr Heim und das unbeschränkte Eigentum daran immer noch ‚heilig'. Dieses gleiche

Bodenspekulation ein und widmen sich der nachhaltigen Nutzung von Grund und Boden sowie innovativen, gemeinschaftlichen Wohnformen. Ziel ist, im Dialog mit Eigentümer*innen und Nutzer*innen den Boden aus dem Waren- und Erbstrom herauszulösen und dauerhaft für gemeinwohlorientierte Vorhaben verfügbar zu machen.

Quelle: Bauwelt 107. Jg. (2016), S. 45

gemeinnützige GmbH

Die gemeinnützige Gesellschaft mit beschränkter Haftung (gGmbH) ist eine Kapitalgesellschaft mit einem am Gemeinwohl orientierten Geschäftszweck. Sie ist steuerlich in vielen Bereichen begünstigt, rechtlich und strukturell aber in weiten Teilen identisch mit der GmbH.

Netzwerk Immovielien

netzwerk-immovielien.de

Stadtbodenstiftung

Die Initiative ist inspiriert vom Modell des Community Land Trust und befindet sich noch im Gründungsprozess. Sie hat zum Ziel, einen Gegenpol zur Spekulationsspirale in Berlin zu bilden, indem Grund und Boden dem profitorientierten Markt entzogen und eine gemeinwohlorientierte Bewirtschaftung gesichert werden. So soll erhalten bleiben oder geschaffen werden, was in den jeweiligen Nachbarschaften gebraucht wird: günstiger Wohnraum, gewerbliche, soziale oder kulturelle Nutzungen – von

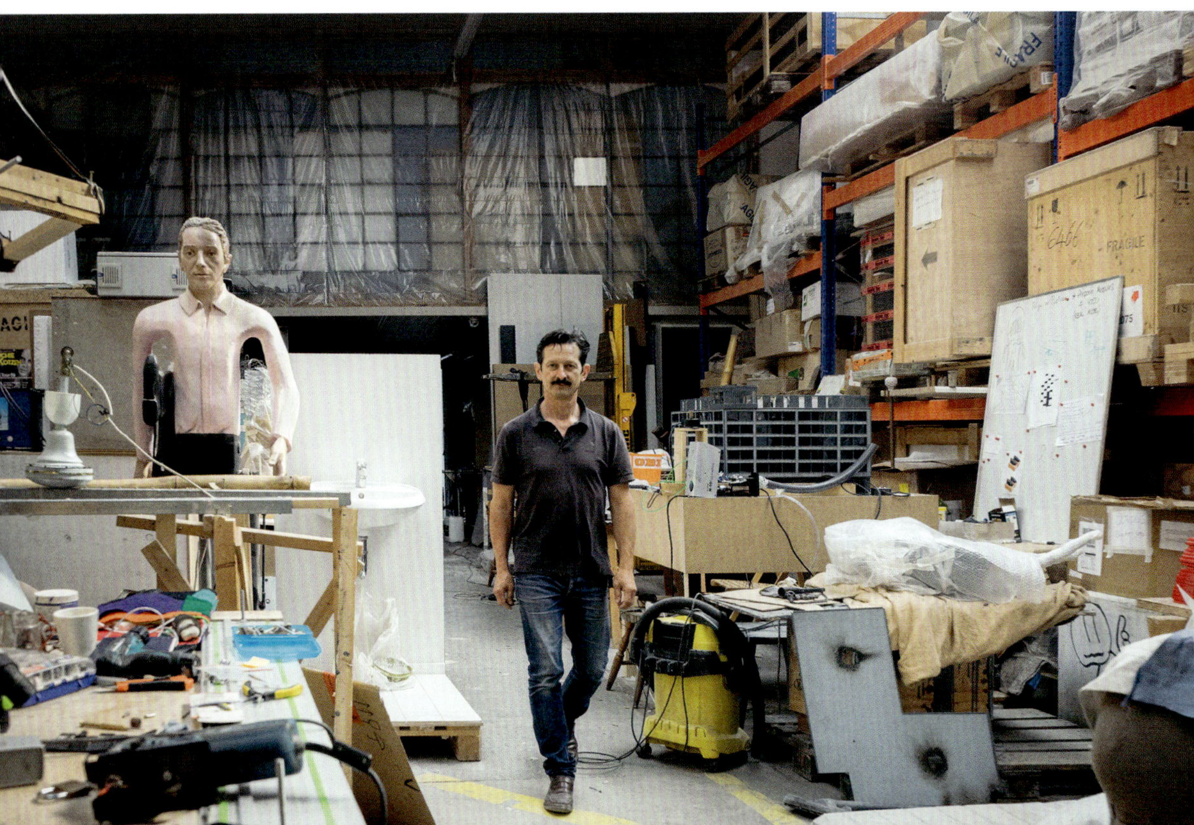

Recht auf Eigentum aber wird von anderen, oft anonymen Finanzakteuren skrupellos ausgenutzt. Das zu vermitteln ist ein Balanceakt.
Harry Sachs: Die spannende Frage ist, auf welcher Ebene man in Berlin wieder einsteigen kann. Die Eigentumsfragen lassen sich nur auf Bundesebene diskutieren. Um entsprechende Gesetze zu ändern, braucht es politische Mehrheiten, die es oft nicht gibt. Ich glaube trotzdem, dass Städte in gewissen Punkten durchaus einen anderen Weg gehen können als der Bund. Und warum sollten sich nicht die Städte untereinander noch viel enger verbinden? Das könnte auch über nationale Grenzen hinweg passieren, um neue Lösungen in den Fragen zu finden, die explizit im urbanen Raum am dringendsten sind. In Berlin ist der Mietendeckel ein interessantes Beispiel. Man hätte vor zwei Jahren noch nicht gedacht, dass er juristisch funktionieren würde, aber er wurde umgesetzt. Dann hieß es, das habe niemals Rechtssicherheit. Aber tatsächlich haben einige Gerichte in der jüngsten Vergangenheit den Gesetzestext bestätigt ...

Und der von Daniela angesprochene Sozialismusvorwurf?

Harry Sachs: Den muss man mal auseinandernehmen. Denn auch wenn man komplett ökonomisch denkt und sich die ganzen gesellschaftlichen Wertschöpfungsketten ansieht, ist es als Volkswirtschaft wahnsinnig sinnvoll, in Infrastruktur zu investieren. Es ist also sinnvoll, bestimmte Dinge einer marktwirtschaftlichen Dynamik zu entziehen, weil da keine realen Werte produziert werden, sondern nur der fiktive Wert auf dem Finanzmarkt steigt. Das hat man schon bei der Finanzkrise gemerkt. Es werden Gelder in den Markt gepumpt, um die Wirtschaft anzukurbeln, aber die Realwirtschaft ist gar nicht angekurbelt worden. Im Prinzip werden nur Werte auf dem Kapitalmarkt verschoben. Im volkswirtschaftlichen Sinn hatte das keinen Effekt. Und so könnte man durchaus auch ökonomisch mit dem argumentieren, was man de facto braucht. Man diskutiert heute nach Jahrzehnten ökologischer Aufklärung

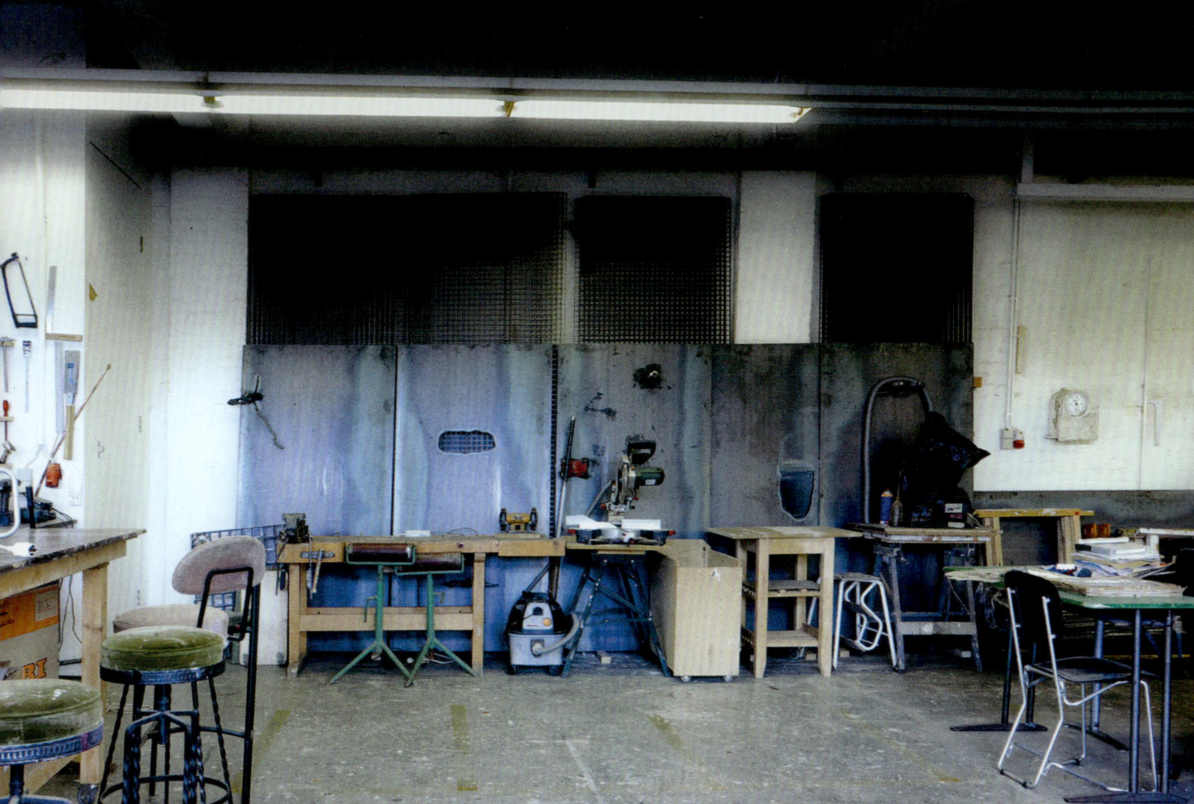

im politischen Mainstream über eine CO_2-Abgabe. Das nächste zu diskutierende Kapitel sollte eine Art Kapitalabgabe sein. An welcher Stelle hinterlässt das Finanzkapital einen Negativabdruck? Man kann sehr genau beobachten und analysieren, welcher gesamtgesellschaftliche Negativabdruck hinterlassen wird, wenn – wie hier – ein mehrstelliger Millionen-Investor einsteigt. Es hat tatsächlich ganz viele Negativauswirkungen – nicht nur auf eine Gesellschaft, sondern auch auf die Volkswirtschaft. Wenn Künstler*innen arbeitslos sind, Leute verdrängt werden, das lokale Gewerbe nicht mehr weiter existieren kann, wenn die Kita und soziale Infrastrukturen höhere Gebühren brauchen, die Wohngeldsätze ansteigen – sind das alles Negativauswirkungen von Kapital. Das könnte man ökonomisch darstellen und an vielen Stellen sogar eine konservative Wirtschaftselite davon überzeugen, wie wichtig es ist, die Verwertung von Raum nicht komplett einer Marktlogik zu überlassen. Die Verwertung muss eng kontrolliert und gelenkt werden. Sie kann nur in einem bestimmten Rahmen passieren. Und dann wäre irgendwann auch egal, ob du Eigentümer*in bist oder nicht. Denn du hast ja ohnehin nur ganz beschränkte Verwertungsmöglichkeiten: beispielsweise eine festgesetzte Miete, eingeschränkte Entwicklungsmöglichkeiten und eingeschränkte Konditionen beim Verkauf. Dann ist der Raum irgendwann

Nachbarschaftszentren über Gewerbehöfe bis zu Gemeinschaftsgärten.

stadtbodenstiftung.de

Bebauungsplanverfahren

Ein Bebauungsplan ermöglicht mit seinen rechtsverbindlichen Festsetzungen nicht immer nur gewünschte oder unstrittige Grundstücksnutzungen, sondern auch Planungen, welche die Interessen einzelner Betroffener nicht berücksichtigen, ihnen entgegenlaufen oder aus planerischen Gründen sogar bewusst zurücksetzen und somit in das grundgesetzlich geschützte Eigentumsrecht eingreifen. Der Gesetzgeber hat deshalb im Baugesetzbuch (BauGB) klare Regelungen und Vorgaben erlassen, wie ein Bebauungsplanverfahren durchzuführen ist. Dabei schreibt das BauGB die Einbringung von Meinungen und Anregungen durch die Bürger*innen in den verschiedenen Verfahrensschritten vor. Die in § 3 BauGB geregelte zweistufige Beteiligung sieht zum einen eine frühzeitige Unterrichtung der Öffentlichkeit über die beabsichtigte Bauleitplanung, zum anderen ihre Beteiligung bei der förmlichen Auslegung des Entwurfs des Bebauungsplans vor. Die Bürger*innen können ihre Belange an die Verwaltung herantragen, die diese dann im Sinne eines Dialogs mit ihnen ‚durchzugehen hat'.

Quelle: Bezirksamt Spandau von Berlin; Krautzberger in EZBK/Krautzberger, 136. EL Oktober 2019, BauGB § 3 Rn. 1,8)

PlanBude
planbude.de

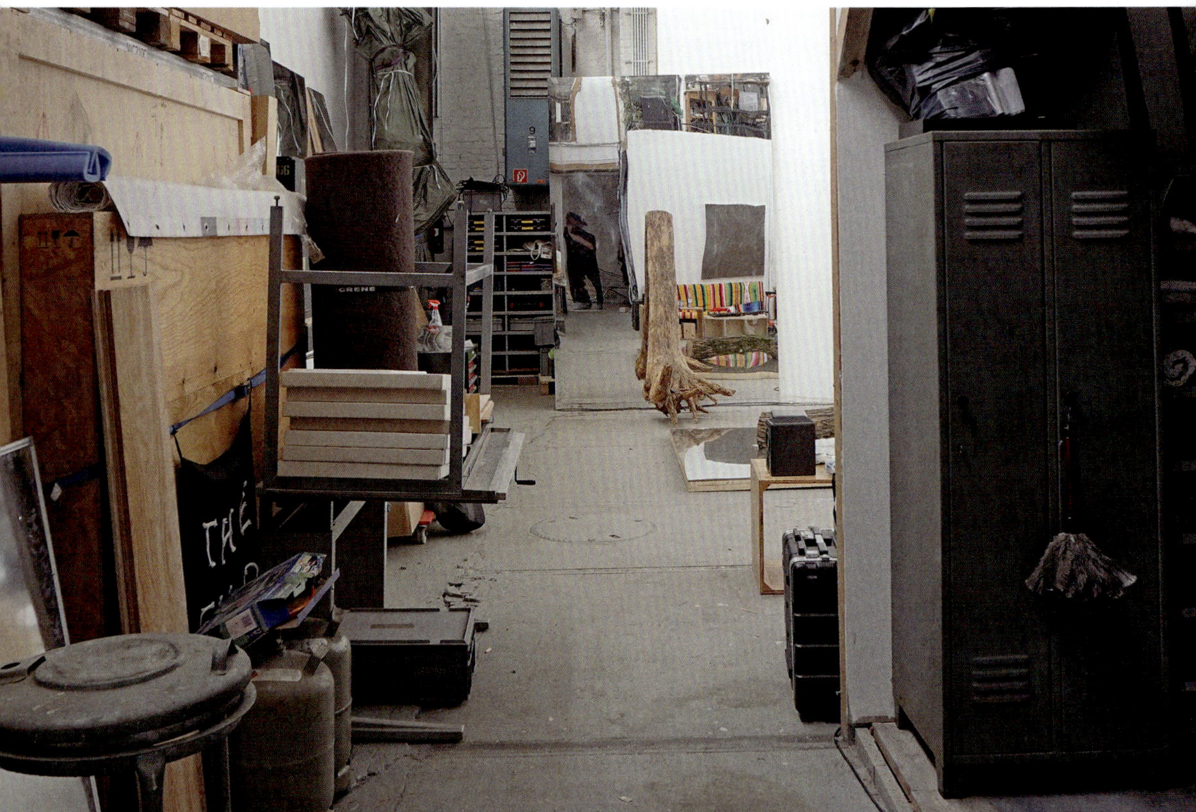

im positiven Sinn entwertet. Wenn du das Gelände nur zu bestimmten Konditionen nutzen darfst, ist es plötzlich keine Ware mehr. Dann ist es, als ob du dir ein Stück Wald kaufst, den du weder absägen noch einzäunen darfst. Das hat dann keinen großen Wert mehr für die Eigentümer*innen, aber einen großen Wert für das Ökosystem Wald und seine Nutzer*innen. Da müssen wir hinkommen, dass die Stadt wieder ein Soziotop wird und sich unterschiedliche Gesellschaftsdynamiken entwickeln; dass man nicht einfach so ausradiert und an den Stadtrand verdrängt wird – und übrig bleibt eine inhaltsleere, zementierte Monotonie.
Peter Klare: Das hast du sehr gut gesagt. Man muss sehen, dass die Stadt wieder Heim, also ein Zusammenschluss von Gesellschaft wird. Als Gesellschaft sucht man sich einen Ort zum Zusammenleben, weil es um Geselligkeit geht. Von mir aus kann es dafür in der Mitte auch einen Marktplatz geben. Aber wenn sich der Marktplatz so weit ausdehnt, dass er alles andere unterwandert und jedes Heim plötzlich auf diesem ‚Erdbebengebiet' steht, ist das ‚Heimgefühl' nicht mehr gegeben.
Heidi Sill: Ich fand deine Ausführungen auch super wichtig, Harry. Das Positive ist, dass es einen Wandel im Bewusstsein gibt. Selbst wenn Künstler*innen sich in ihrer Arbeit nicht direkt politisch äußern, können heute viele nicht mehr anders, als sich gesellschaftlich und damit auch politisch zu engagieren – das zeichnet sich in den letzten Jahren deutlich ab. Das ist ein großer Vorteil in dieser Stadt, in diesem Ballungsraum. Man kann nicht mehr darüber hinweg schauen. Es gibt eine zunehmend große Solidarität – nicht nur untereinander, auch parlamentarische Sprecher*innen erkennen die Situation, denn zu viele sind Betroffene. Das muss auch zu realen politischen Konsequenzen führen.
Martin Schwegmann: Ich wollte dazu drei Sachen sagen. Zum einen finde ich genau diese volkswirtschaftliche Betrachtung extrem wichtig. In Immobilien zu investieren, ist völlig unproduktiv. Neue Produkte, Dienstleistungen, Innovationen, durchaus auch vor dem Hintergrund eines sozio-technischen Wandels, bringen eine Volks-

 Ilaria Biotti

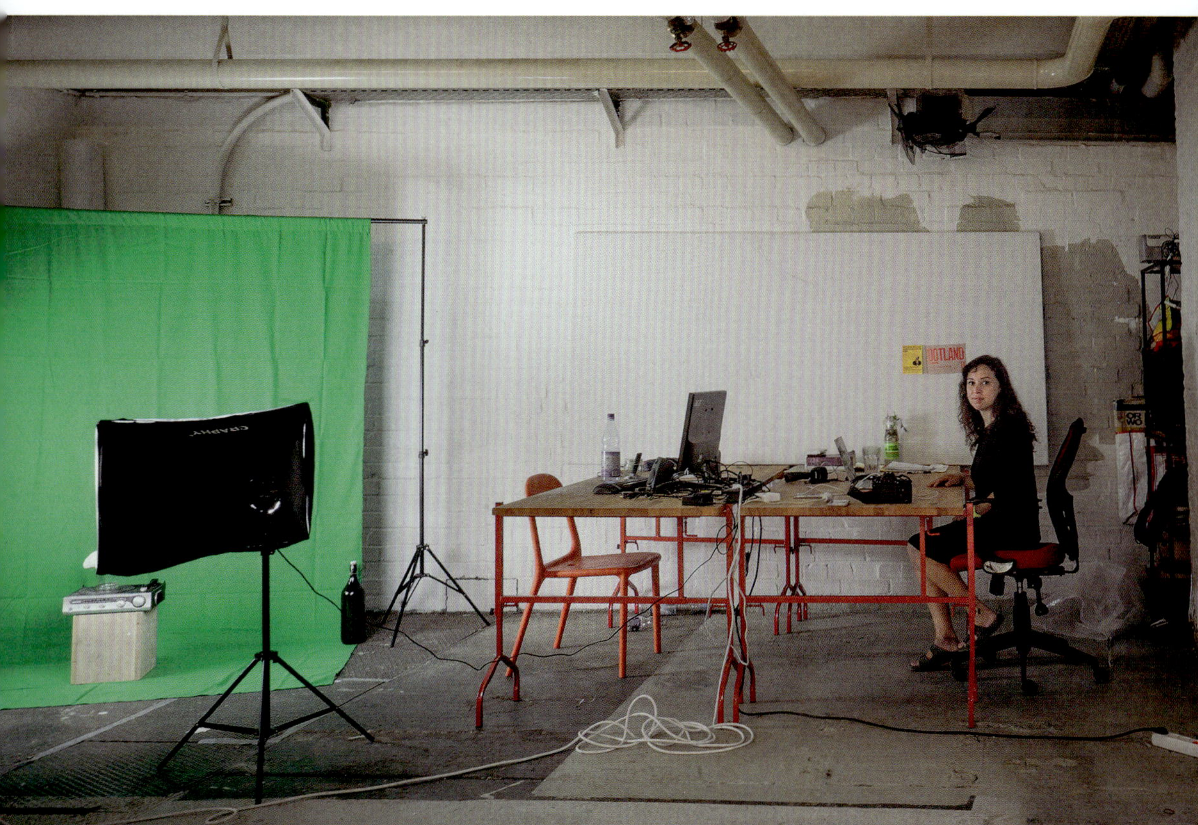

wirtschaft weiter, aber Immobilien nicht. Die wachsen nicht, die können nichts, die stehen nur rum und das Ganze ist eine Tauschbörse, eine Wette im Prinzip. Als Zweites finde ich es elementar, extreme Paradigmenwechsel abzufedern, also nicht von einem Extrem ins andere zu pendeln, zum Beispiel vom Neoliberalismus in den Neoetatismus. In Berlin beobachte ich bei einigen Verwaltungen und Politiker*innen eine große Skepsis beziehungsweise eine wenig differenzierte Wahrnehmung von dem, was privat ist. Es wird zum Beispiel von Mieter*innenprivatisierung gesprochen, wenn Nutzer*innen ihr Haus kaufen und sich kollektiv organisieren, zum Beispiel als Genossenschaft. Also werden auch Projekte, die Nutzer*innen-basiert und gemeinwohlorientiert sind, misstrauisch beobachtet. Doch gerade diese Projekte haben das Potenzial langfristig, auch jenseits politischer Konjunkturen, zu bestehen und zu funktionieren. Und drittens glaube ich, je näher eine Entwicklung an den Nutzer*innen dran ist, desto besser. Diejenigen, die eine Immobilie langfristig nutzen wollen, wissen am besten, was sie brauchen. Und das sehe ich wie du, Heidi, dass gerade eine spannende Akteurslandschaft in Berlin am Start ist und in diese Richtung gehen will. Es gibt verschiedene neue Institutionen – Community Land Trust wurde schon genannt –, von unten kommend und von oben kommend. Die muss man zusammenbringen, aber es erscheint mir sehr schwierig, die Akteur*innen ausreichend politisch zu mobilisieren – auch in der Künstler*innenschaft. Das merken wir jeden Tag.
Peter Klare: Warum ist das so verdammt schwer?
Daniela Brahm: Es gibt ein Netzwerk mit dem Namen **Immovielien,** eine Abkürzung für ‚Immobilien von Vielen für Viele'. Die Idee dahinter ist, eine Lobbyorganisation zu etablieren für alternative Haus- und Stadtentwicklungsprojekte. Das Netzwerk ist in Berlin verankert und arbeitet bundesweit, auch wir als ExRotaprint sind Mitglied. Organisierte Interessenvertretung ist ein wichtiger Schritt, um Einfluss auf Gesetzgebung, Förderinstrumente und Strukturen zu gewinnen, die einen gemeinwohlorientierten Umgang mit Grund und Boden befördern und selbstverwaltete Projekte

Liu Anping

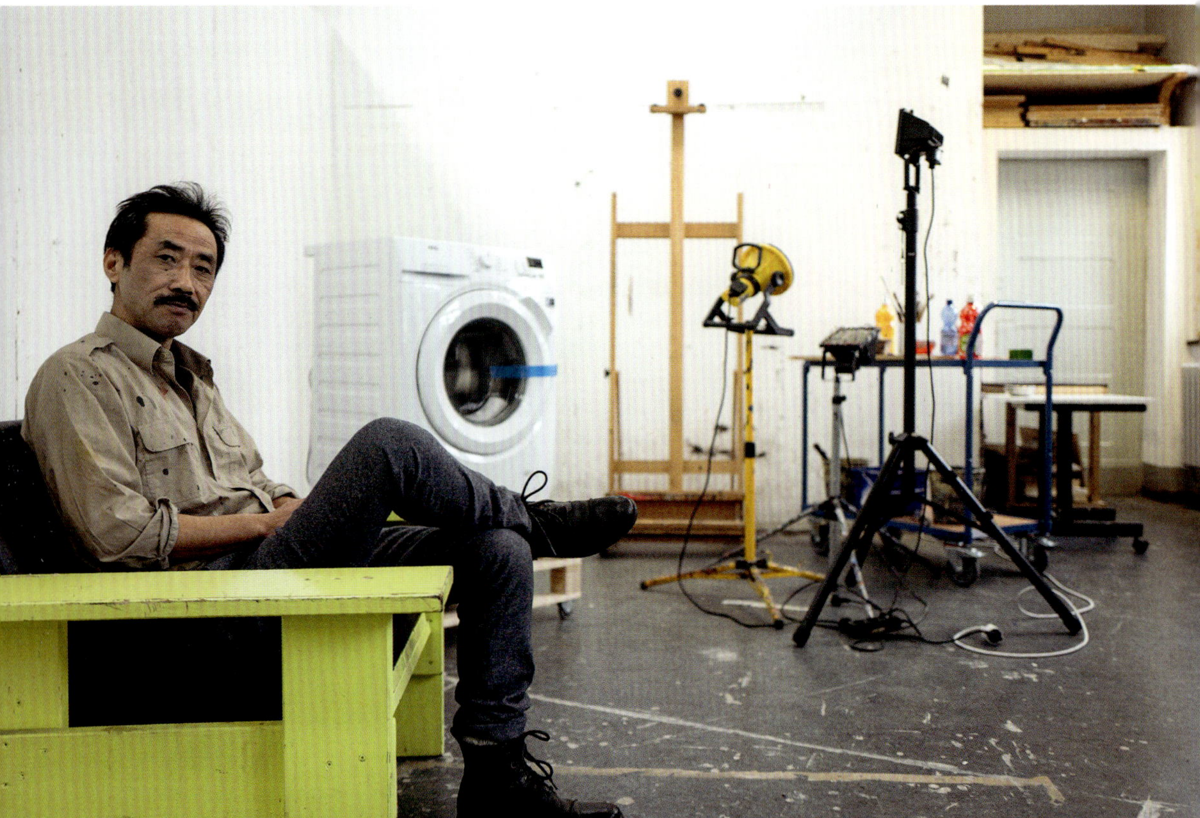

leichter machen. Man muss sich vorstellen, wie viele Immobilien-Lobbyist*innen täglich auf Politiker*innen einwirken. Das Netzwerk versucht, dem etwas entgegenzustellen. Die Speerspitze einer wirklichen Erneuerung, das sehe ich wie ihr, sind ganz klar die privaten Akteur*innen und ihre Projekte: Haus der Statistik, ZK/U, ExRotaprint, die Stadtbodenstiftung, die sich gerade gründet, oder auch das Kindl Areal und andere. Wir alle verfolgen eine andere Idee von Eigentum und schaffen dafür belastbare rechtliche und ökonomisch tragfähige Strukturen.

Warum sind diese Strategien heute so wichtig für Berlin? Was würde denn passieren, wenn die etwa 90 Künstler*innen der Uferhallen ihre Ateliers verlieren? Vor welcher Situation stünden sie aktuell in Berlin?

Heidi Sill: Ich suche gerade einen Atelierraum und es ist unglaublich schwierig, eigentlich unmöglich, wenn man die finanziellen Kapazitäten von Künstler*innen mit einbezieht. In ein normales Gewerbe kommst du unter 12 Euro netto kalt pro Quadratmeter nicht mehr rein. Ich wohne in der Potsdamer Straße. Da kostet ein Gewerberaum zwischen 30 und 40 Euro pro Quadratmeter. Künstler*innen haben ein durchschnittliches Jahreseinkommen von 12.000 Euro (laut Künstlersozialkasse) und müssen selbstverständlich noch Miete für ihre Wohnungen zahlen. Wie sollen sie in der Lage sein, bei so hohen Gewerbemieten mithalten zu können?
Martin Schwegmann: Wenn du heute dein Atelier verlierst, heißt das entweder Wegzug aus Berlin oder du suchst dir ein Atelier im Umland. Doch wie sollst du deinen Lebensmittelpunkt verlagern, wenn du beispielsweise Kinder hast? Auch bringt es nur bedingt etwas, irgendwo ein bezahlbares Atelier zu haben, das weit entfernt ist von den sozialen Netzwerken, vom Brotjob. 90 % aller bildenden Künstler*innen müssen neben der Kunst ihr Geld verdienen. Das bedeutet keinesfalls, dass sie nicht professionell oder erfolgreich sind. Außerdem wird das Atelier als Präsentationsort

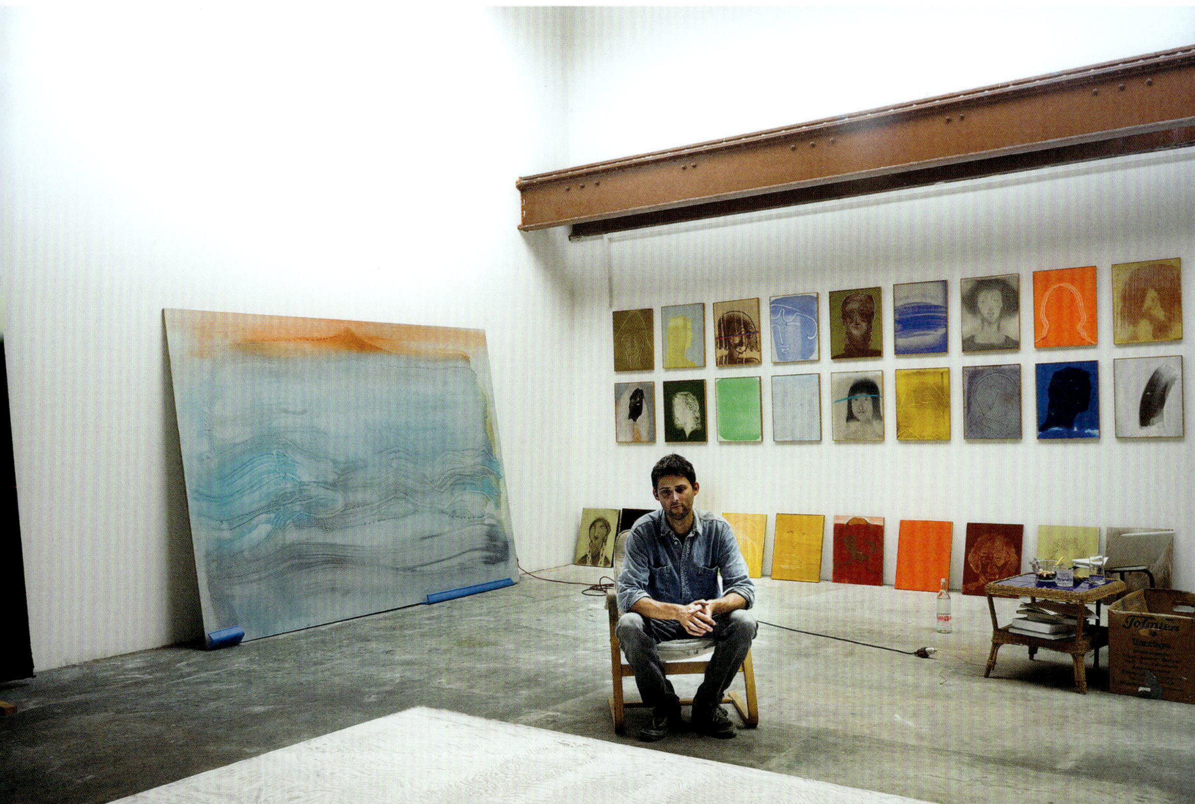

wichtiger, da auch die Anzahl der Galerien abnimmt. Ist es zu weit weg, kommt dort niemand mehr hin. Wenn du also zu lange Wege hast, bedeutet das de facto eine Gefährdung der Berufsausübung.

Heidi Sill: Kürzlich sagte mir ein Politiker: „Die Künstler*innen sollen sich mal nicht so haben, die müssen ja nicht immer nur in der Mitte der Stadt arbeiten, die können ja auch mal ein bisschen raus." Nicht nur, dass das Umland bereits teuer ist. Es ist, wie Martin schon sagt, eine massive Gefährdung: Meine Kontakte brechen ab, mein Netzwerk kann ich nicht mehr leben, ich bin nicht erreichbar für potenzielle Kund*innen. All das aber ist für meine Arbeit unerlässlich. Beruflicher Austausch ist das Wichtigste für Künstler*innen. Und außerdem frage ich mich: Wieso müssen immer alle, die kein Geld haben, raus aus der Stadt? Soll die Stadtmitte nur noch denen vorbehalten sein, die richtig viel Geld auf den Tisch legen können?

Harry Sachs: Das finde ich auch einen irrwitzigen Gedanken, denn die interessante gesellschaftliche Innovation findet tatsächlich in unseren Städten statt, also da, wo man auf engstem Raum zusammenlebt. Und wenn wir Kulturproduktion als Teil unserer gesellschaftlichen Innovation verstehen, ist es total wichtig, dass wir im Zentrum unserer Städte die maximale Diversität haben. Und wer das Gegenteil fordert, fördert eine nachrückende Gesellschaft, die stagniert und perspektivisch verarmt ist, und damit einhergehend eine leerstehende Innenstadt mit einem hässlichen Speckgürtel darum. Ich finde die Frage fast schon kriminell, weil das wirklich bedeutet: Wie schaffen wir unsere Gesellschaft langfristig ab?

Martin Schwegmann: Ich habe noch eine andere Frage: Harry und Daniela, ihr seid ja mit euren Projekten Profis geworden. Bereut ihr, dass ihr diese Immobiliennummer permanent am Bein habt? Ich weiß natürlich, dass sie mit eurer Kunst und eurem Kunstschaffen zusammenhängt.

Daniela Brahm: Es ist toll, bei so einem Prozess dabei zu sein. Les Schliesser und ich haben beide einen erweiterten Kunstbegriff. Die Frage ist doch: Möchte ich inner-

112 Maria Eichhorn

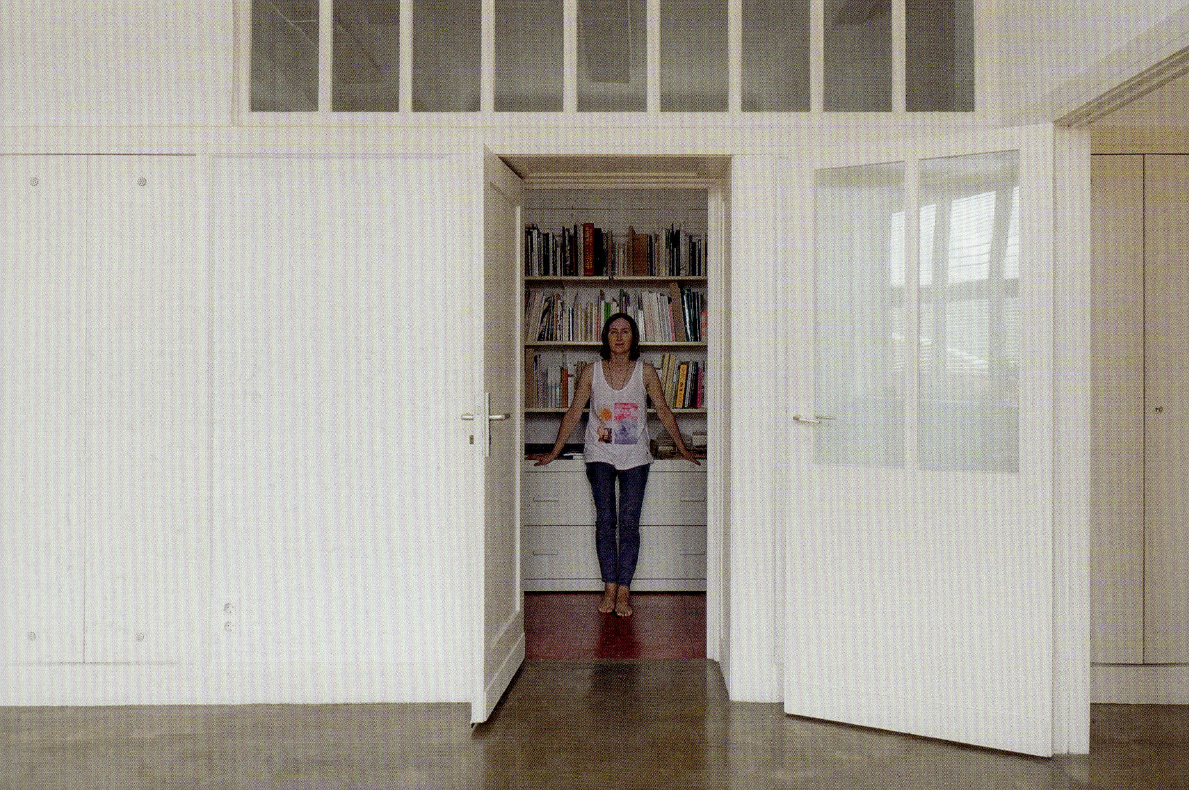

halb des Galeriediskurses über Stadt sprechen oder will ich tatsächlich im Stadtraum agieren? Die gesellschaftliche Heterogenität, die wir bei ExRotaprint etabliert haben, ist ein täglicher Erfahrungsraum. Dieser ist in seinem baulichen Rahmen insgesamt ein viel größerer und für uns relevanterer Gestaltungsraum.
Harry Sachs: Wir sind damals vom Einzelatelier ins Gruppenatelier gewechselt. Und irgendwann mussten wir das ganze Haus übernehmen, sonst wären alle rausgeflogen. Dann wandert man mit allen Kolleg*innen von einem leerstehenden Haus zum anderen und merkt, das geht nicht mehr lange – entweder schaffen wir eine langfristige Infrastruktur oder übermorgen sind wir alle obdachlos. In dem Zuge ist das ZK/U entstanden. Und wenn du über deine eigene Infrastruktur selbstbestimmt verfügen kannst, kannst du auch damit arbeiten. Wir nutzen diesen Ort und haben ein langfristiges, offenes und experimentelles Programm. Das könnten wir nicht, wenn wir in einem Mietvertrag hängen würden und parallel einen wirtschaftlichen Betrieb aufbauen und Einnahmen generieren müssten für eine tendenziell immer weiter steigende Miete. Insofern ist es tragisch, dass die Zeit so weit fortgeschritten ist und sich solche Modelle in Berlin nicht mehr beliebig reproduzieren lassen. Anderenorts könnte man das Konzept kopieren.

Auf dem Uferhallen-Gelände seid ihr momentan eine kleine Gruppe von etwa sieben, acht sehr engagierten Künstler*innen. Das Dilemma besteht darin, dass ihr kaum Zeit für eure eigene künstlerische Praxis findet und zudem oft noch an anderen Stellen Geld verdienen müsst. Wie wäre es, wenn auch ihr die Arbeit, die ihr in das Uferhallen-Projekt investiert, als künstlerische Praxis verstehen würdet?

Harry Sachs: Es geht nur so. Entweder ihr könnt noch mehr eigene Leute mobilisieren, die dieses Projekt als ihre künstlerische Praxis sehen, oder ihr holt Externe dazu, die Lust haben darauf. Es gibt viele künstlerische Positionen, die Interesse haben, an

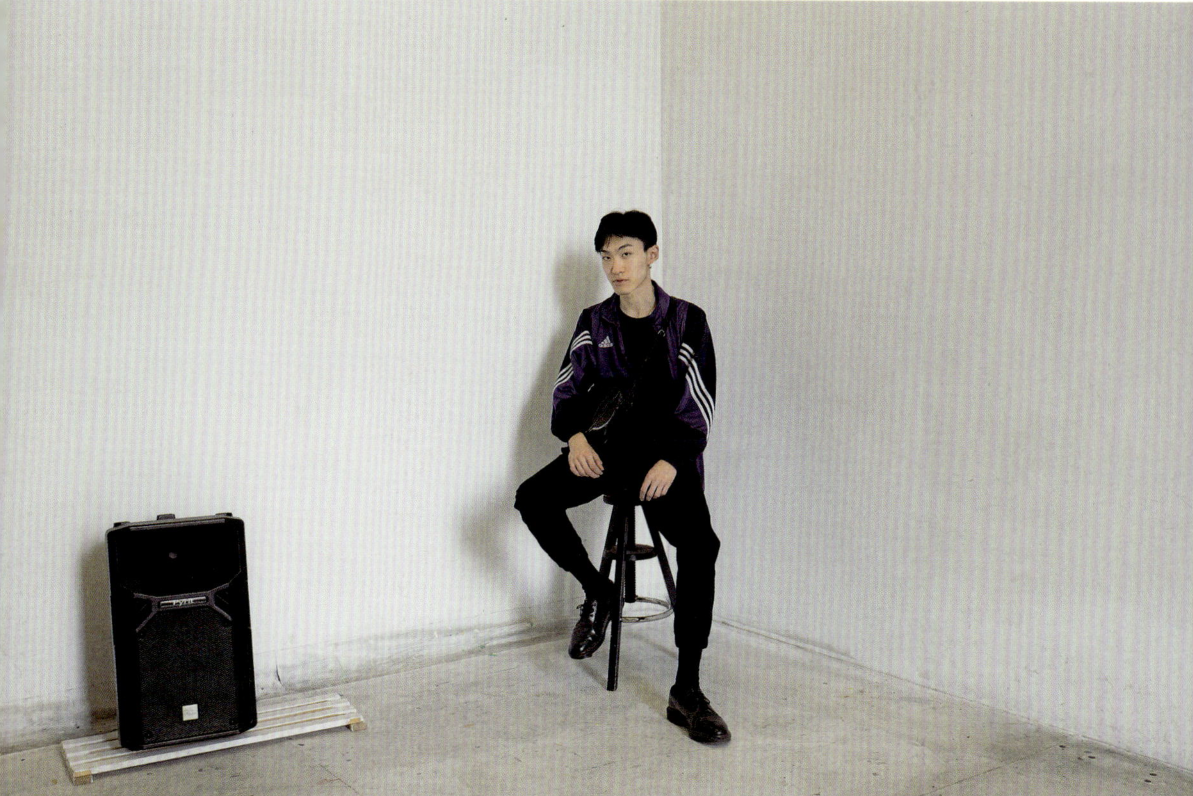

so einem Standort, mit dieser Nachbarschaft, etwas zu machen – da bin ich sicher. So wären die Aufgaben hier keine zusätzlichen Lasten, sondern Teil der künstlerischen Praxis. Anders kommt ihr hier nicht weiter.

Heidi Sill: Ich sehe meine Arbeit als Co-Sprecherin des bbk berlin mittlerweile auch als Teil meiner künstlerischen Arbeit. Seitdem kann ich mit meinem gesellschaftlichen Engagement viel besser umgehen. Jede*r weiß oder kann sich vorstellen, wie viel Zeit und Kraft in diese Arbeit fließt. Sicherlich fehlt mir diese Zeit zur künstlerischen Arbeit. Meine Situation als Künstlerin wird also eher geschwächt. Doch bemerke ich andererseits, dass ich viele Leute damit erreichen und mobilisieren kann. Das ist mir sehr wichtig und ich betrachte es als meine Aufgabe, etwas zur Verbesserung der Lage für alle Künstler*innen beizutragen. Zum einen, weil ich weiterhin in dieser Stadt wohnen und arbeiten möchte, zum anderen, weil ich Teil dieser, unserer Stadtgesellschaft, bin und kulturpolitisches Engagement ein Muss für mich geworden ist.

Daniela Brahm: Die Arbeit im Atelier legitimiert dich als Künstler*in, für viele ist das so. Am Anfang von ExRotaprint hat eine Bekannte zu mir gesagt: „Eigentlich habt ihr mit diesem Projekt nur eure Ateliers gesichert." Das hat mich irritiert, denn wir haben sehr viel mehr gemacht. Les und ich haben einen komplexen Prozess gesteuert, wir haben uns professionalisiert und all unser Vermögen als Künstler*innen in das Projekt eingebracht. Später haben wir dann auch wieder einiges aus dem Projekt in die Kunst transferiert. Das ist ein konzeptioneller Ansatz und für uns die Ermutigung, keinen Unterschied mehr zwischen unserer Arbeit im Atelier und der für ExRotaprint zu machen.

Heiner Franzen: Auf der documenta gezeigt, würde man ExRotaprint auch als Kunstwerk erkennen.

Daniela Brahm: Aber wie wir alle wissen, kann man sich das nicht aussuchen. *(lacht)* Es gibt ExRotaprint seit bald 13 Jahren, inklusive der Zeit bis zur Übernahme reden wir heute von 16 Jahren. ExRotaprint wird weltweit in stadtpolitischen Zusammenhängen reflektiert und für Vorträge, Workshops und Austausch eingeladen. Aber

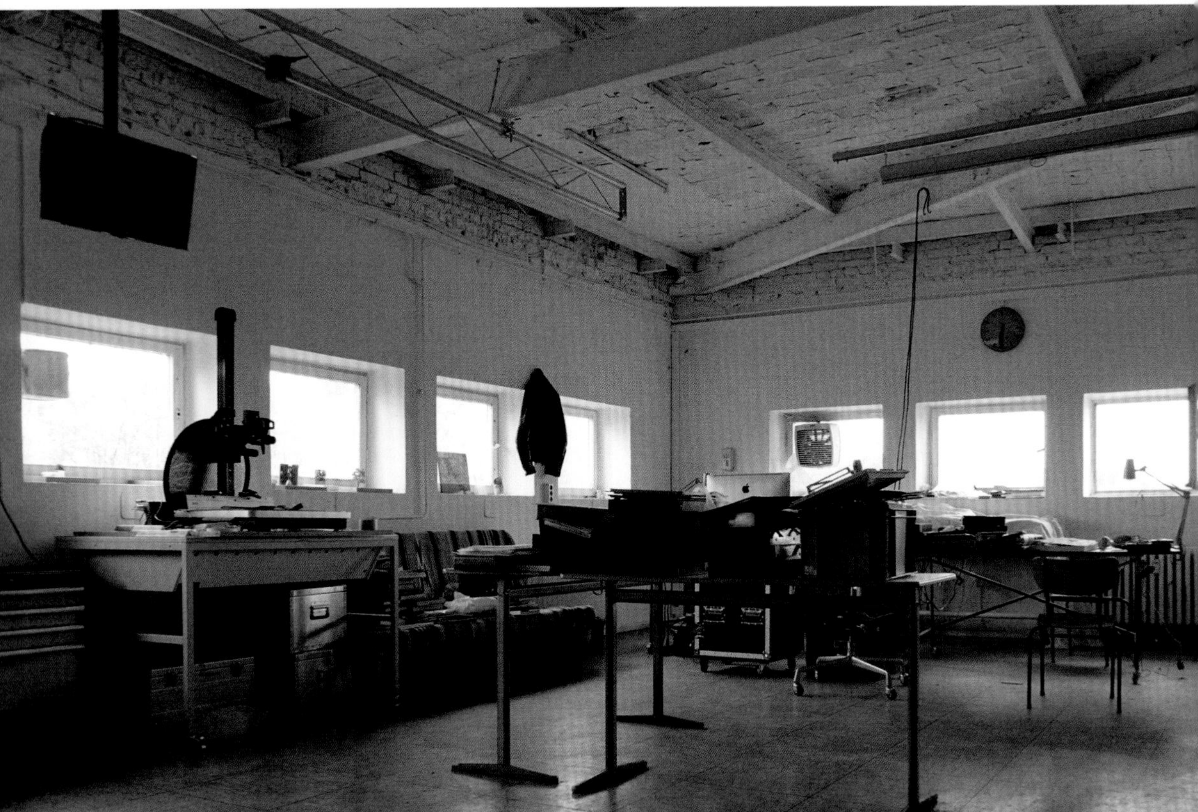

die Kunstszene ist zögerlich. Frei nach Liam Gillick könnte man sagen, ExRotaprint ist kein „What If? Scenario", sondern ein „It is!". Jetzt mietet sich aus diesem Grund erstmals die 11. Berlin Biennale bei uns ein.

Harry Sachs: Entscheidend ist doch, dass es Dinge gibt, die nur mit einer Gruppe funktionieren. Ich kenne kein solches Projekt, das von einer Einzelperson betrieben wird; dahinter steht immer eine Kerngruppe von mindestens drei bis sieben Leuten. Ich glaube, es ist hier auch wichtig, wirklich ein Kollektiv aufzubauen, das nicht nur seine eigene Einzelkünstler*innen-Existenz im Blick hat. Man braucht einen kollektiven Spirit und eine Gruppe, die mehr auf die Beine stellen will als eine ‚Solidar-Aktion'. Das würde den Uferhallen guttun in der kommenden Entwicklung, weil man einen langen Atem braucht. Wir reden von einem mehrjährigen Prozess.

Daniela Brahm: Bei dem Projekt Uferhallen habt ihr super begonnen – auch aus eurem Verständnis als Künstler*innen heraus. Ihr habt einen Spielball losgetreten. Das ist ein exemplarischer Moment. Es handelt sich um Privateigentum und eigentlich ist das Kind bereits in den Brunnen gefallen. Die Spielräume sind gering. Jetzt vorzuschlagen, einen Teil des Grundstücks wieder herauszulösen, widersetzt sich den gesetzten Grenzen. Das könnte – wenn ein tragbares Konzept verwirklicht wird – ein Beispiel für andere Orte werden. Künstler*innen sind besonders gut darin, über vermeintlich Auswegloses hinwegzuspringen. Das ist das eigentlich Interessante an der Rolle und ermöglicht manchmal neue Wege ...

Daneben scheint mir das Vernetzen extrem wichtig – mit anderen Kunstakteur*innen wie dem von Martin angesprochenen Kulturzug Panketal, aber auch mit der Nachbarschaft. Die meisten Menschen in der Umgebung kennen die Pläne für die Uferhallen und deren Auswirkungen, von denen sie ja direkt betroffen wären, noch nicht.

 Manfred Peckl

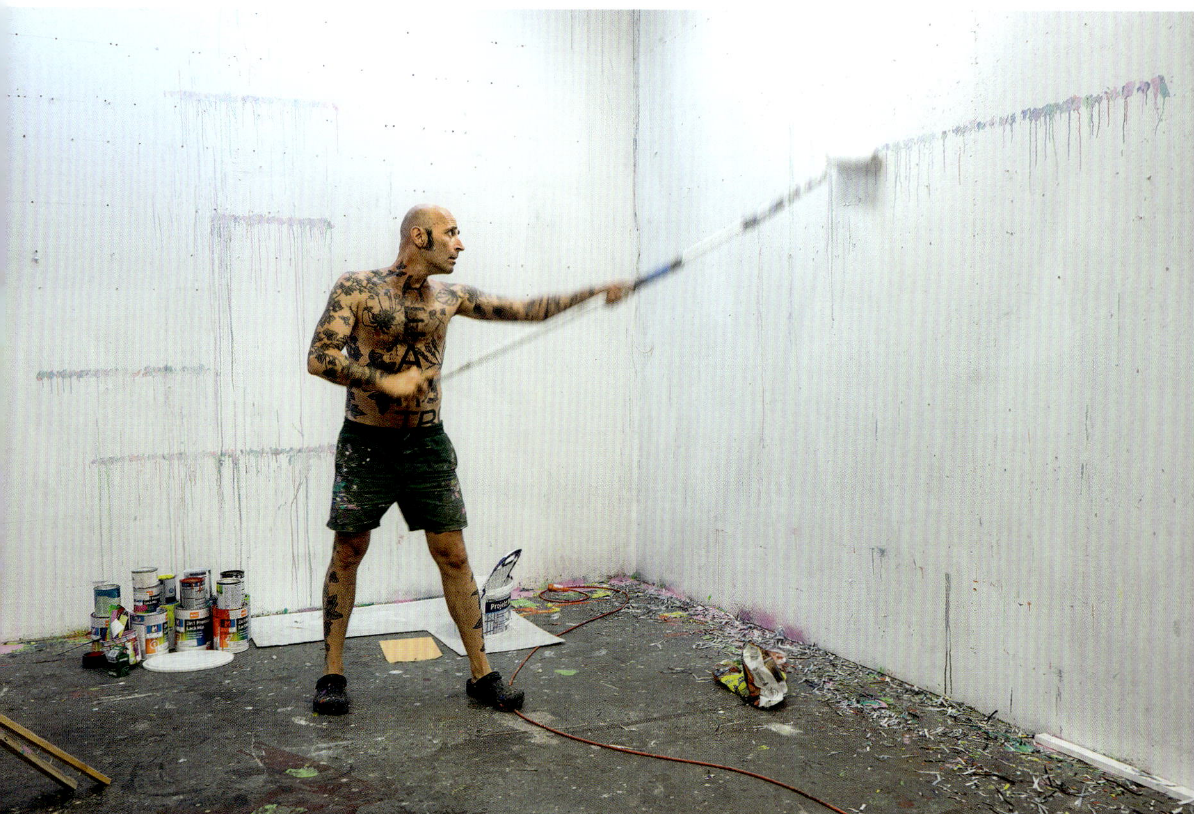

Harry Sachs: Habt ihr denn über Formate nachgedacht, die Nachbar*innen vor Ort integrieren? Inwieweit könntet ihr hier etwas aus der kulturellen Szene auf die Beine stellen, das die unmittelbare Nachbarschaft als Akteurin breit miteinbezieht? Das könnte zusätzlich Power bringen. Dann seid ihr nicht nur 90 Künstler*innen, sondern es gibt noch einen zentralen Anker in der Nachbarschaft. Dafür braucht es natürlich ein klares Profil des zukünftigen Areals, mit einer eindeutigen Aussage, was es hier zu bewahren gilt und welche besonderen Potenziale und Ressourcen hier vorliegen, die nicht verhandelbar sind.

Die Eigentümer*innen planen, das Uferhallen-Gelände stark zu verdichten. Teilweise ist von einer Verdreifachung der bebauten Fläche die Rede.

Daniela Brahm: Die Ankündigung einer Großbaustelle auf dem Uferhallen-Gelände wird mobilisieren. Kommunikation, auch mit der Nachbarschaft, ist zentral. Betroffenheit stärkt – das haben viele andere Orte schon bewiesen.
Peter Klare: Im Soldiner Kiez, der ja lange Zeit als kritischster Bezirk Berlins galt – niedrigstes Einkommen, größte Arbeitslosenzahl und so weiter – sind gerade 80 Eigentumswohnungen mittleren Standards gebaut worden. Der Quadratmeter kostet mindestens 6.000 Euro. Das muss man vielleicht direkt mit dazusagen. Man kann sich vorstellen, was das Bauvorhaben auf dem Uferhallen-Gelände für Auswirkungen auf die Nachbarschaft hätte. Aber das wäre so ein Drohszenario. Harry, du hattest einen anderen Ansatz.
Harry Sachs: Die Frage ist, wie weit man gehen könnte, wenn man sagt: „Hier ist ein übergeordnetes Interesse. Ihr könnt gern Wohnungen bauen, aber das muss sozialer Wohnraum werden, der den immensen Bedarf an günstigem Wohnraum abdeckt. Und wir brauchen diese und jene Infrastruktur." Das muss dann in einem kooperativen Verfahren gemeinsam geplant werden, bei dem alle Shareholder und Stakehol-

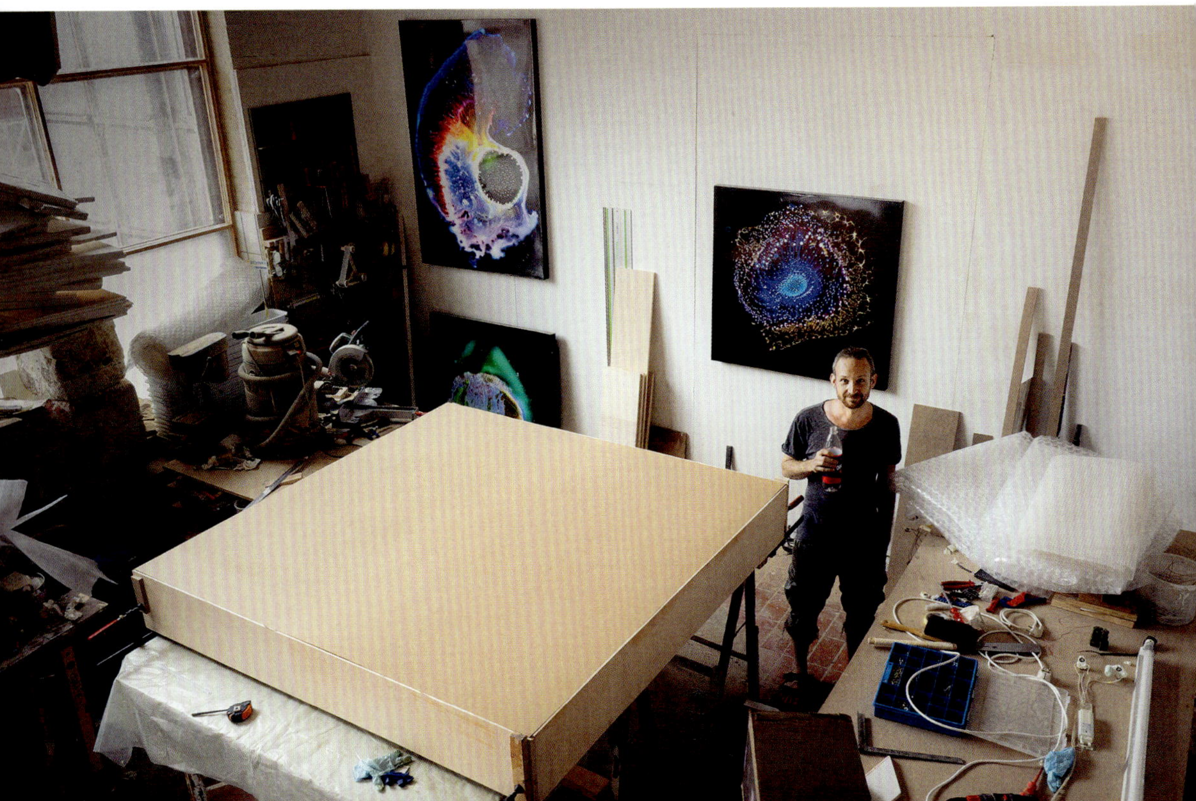

der, der Bezirk, die Nutzer*innen und die Nachbarschaft mitwirken. Die Regeln für so ein **Bebauungsplanverfahren** müsste man an dieser Stelle adaptieren. Beim Haus der Statistik haben wir das Setting dafür tatsächlich selbst kreiert. Wir als Initiative haben die Vorschläge gemacht und mit den Partner*innen zusammen ein dialogisches, integratives Verfahren entwickelt. Wir hatten allerdings auch ‚nur' städtische Partner. Bei den Uferhallen müsste man argumentieren können, dass das Areal heute zwar privat ist, wir es aber immer noch in einer öffentlichen Funktion sehen. Es muss ein übergeordnetes Interesse erfüllen. Das ist ein wichtiger Punkt, weil es zur Enteignung übergehen kann, wie bei Flughäfen oder Autobahnen. So eine Einigung dauert natürlich Jahre, aber das könnte uns in die Karten spielen. Vielleicht ändern sich die Zeiten und die Bundesgesetze. Die Zeichen stehen ja gerade auf Wandel.

Martin Schwegmann: Ein solches übergeordnetes Interesse lässt sich hier am Standort auch schlüssiger formulieren, wenn man – wie vorhin schon angesprochen – die Uferhallen eingebunden in ein größeres Ganzes sieht, wie zum Beispiel in der Konzeption zu einem Kulturzug Panketal. Hier müsste dann auf mehreren Ebenen kooperiert werden, um tatsächlich so etwas wie ein Kulturmilieuschutzgebiet zu etablieren. Ob das ein eigenes Instrument werden muss oder bestehende Instrumente sinnvoll ergänzt, wäre eine spannende Frage.

Daniela Brahm: Ein Bebauungsplanverfahren wäre eine echte Chance für eine größere und auch öffentliche Diskussion. Ein Beispiel für einen erfolgreichen Bebauungsplanprozess ist die **PlanBude** in Hamburg, die in einer Dreieckskonstellation zwischen privatem Eigentümer, Bezirk und engagierter Zivilgesellschaft die Rahmenbedingungen für die Bebauung und deren zukünftiger Nutzung ausgehandelt haben. So einen Prozess auf Augenhöhe zu etablieren, ist schon irre und sehr ermutigend.

Heiner Franzen: Es gibt unter Architekt*innen der ETH Zürich, an der ich zurzeit unterrichte, eine intensive Auseinandersetzung mit Googles ‚Smart-City'-Konzep-

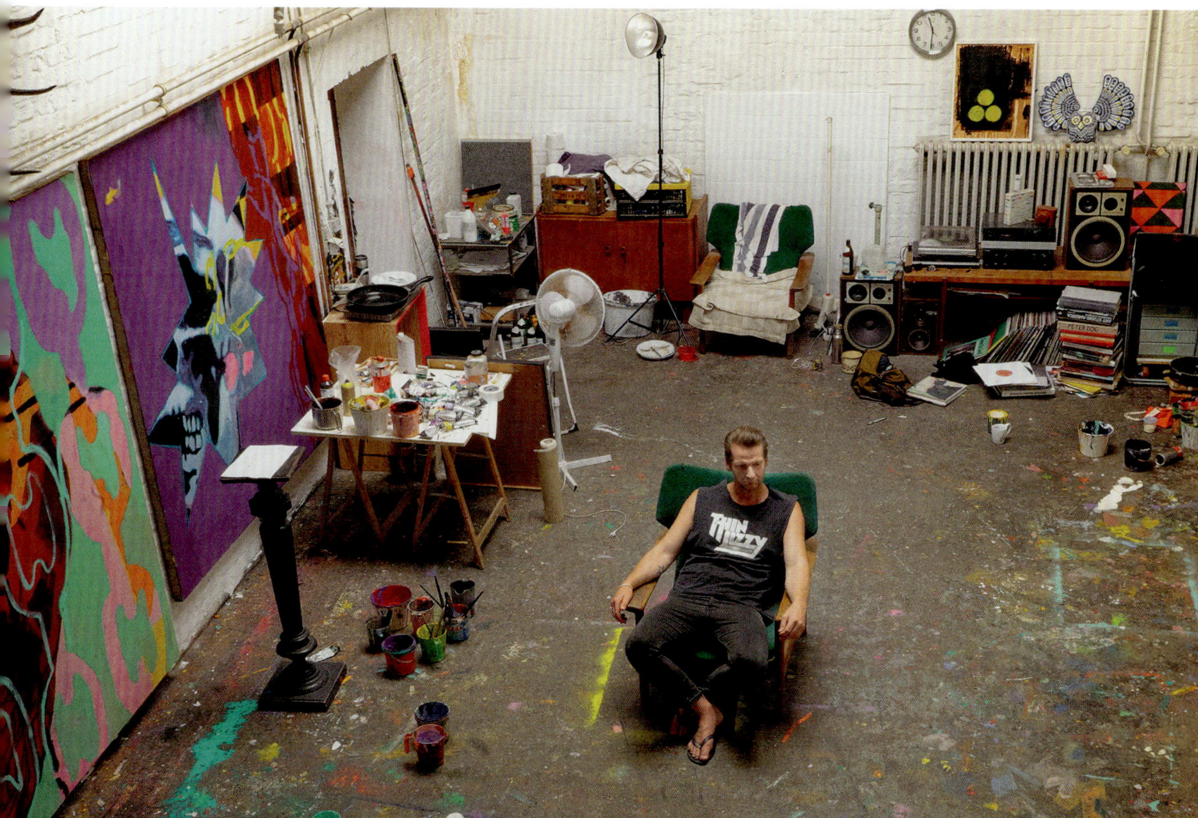

Pete Wheeler

ten. Das sind sozusagen Programme zur vollautomatisierten und weltumspannenden Stadtfertigung. Das ist schrecklich, wird aber passieren. Eine Stadtverwaltung könnte mit solchen Konzepten ganz anders umgehen. Etwa indem Bauszenarien, Gebietsentwicklung, Einkommensverläufe, Mietspiegel, Zu- und Abwanderungen und so weiter mithilfe von Programmierer*innen solcher Modelle durchgespielt werden.

Harry Sachs: Es wäre super, wenn wir den sozialen Wandel und die Wertschöpfungen, die sich in einer Stadt ergeben, so abbilden könnten. Entscheidend ist, wer mit welcher Intention hinter einem solchen Programm steckt. Sind es Immobilienentwickler*innen oder die Stadt selbst, vielleicht die Senatskulturverwaltung? Wir könnten unseren eigenen städtischen Bedarf im Zentrum genau abbilden. Das ist gar nicht so unrealistisch, denn am Ende braucht's nur ein paar schlaue Programmierer*innen hin zu einem großen evolutionären Umdenken ...

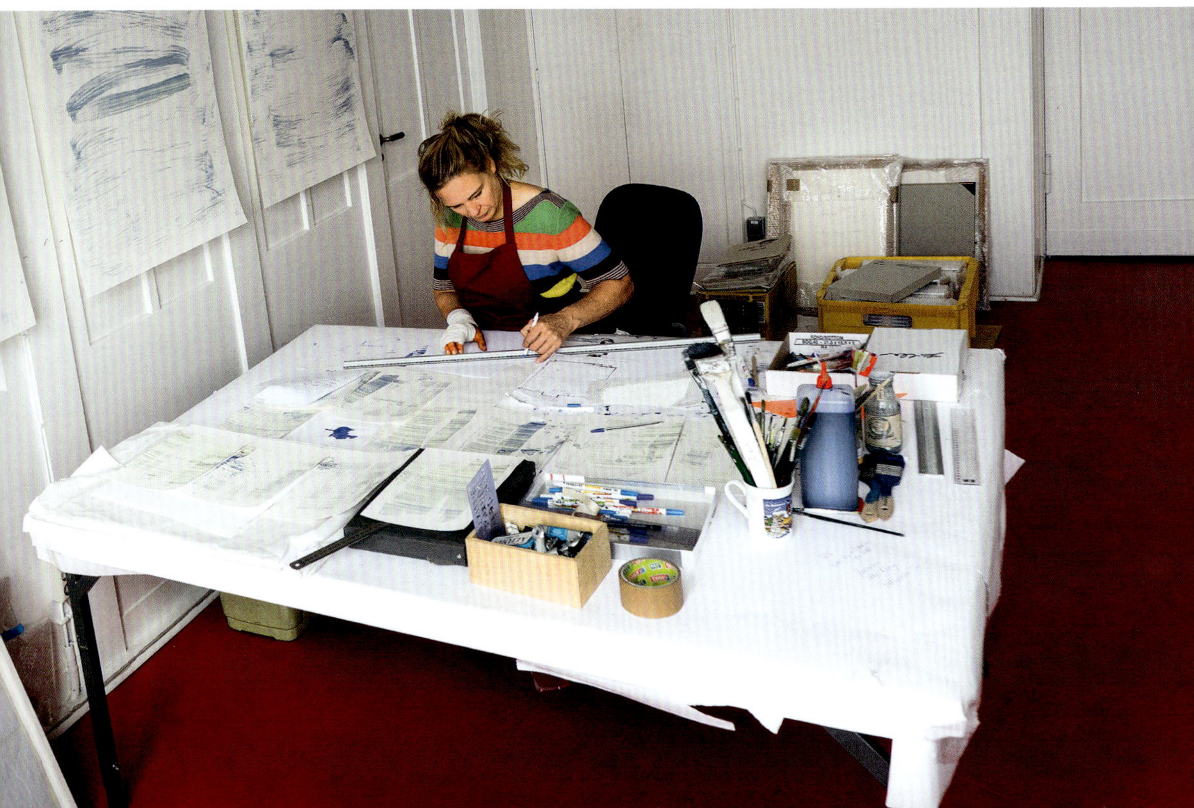

119 Kerstin Gottschalk

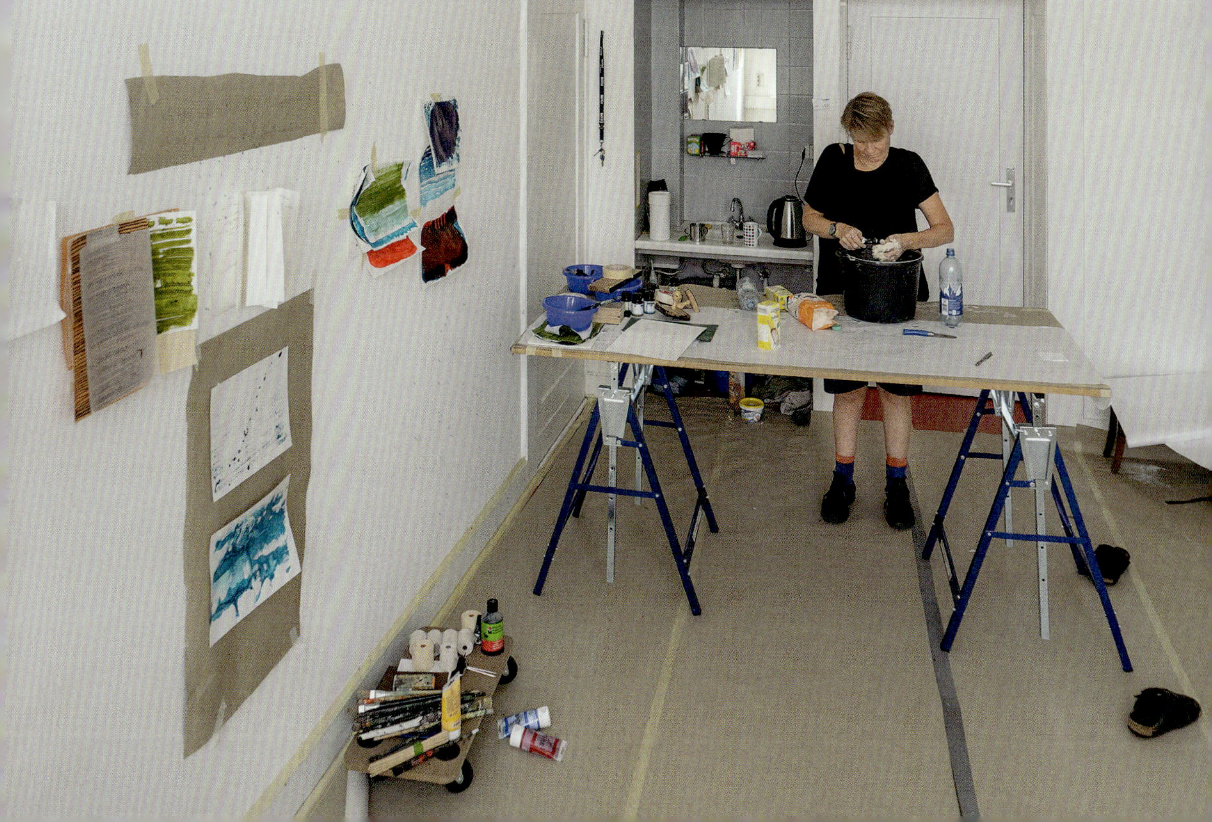

Isabelle Meiffert
In conversation with:

Heiner Franzen
Ephraim Gothe
Martin Schwegmann
Heidi Sill
Peter Klare
Daniela Brahm
Harry Sachs

Uferhallen: Free Space or Object of Speculation?

Isabelle Meiffert
curator of the exhibition *Eigenbedarf*

Heiner Franzen
artist with a studio at the Uferhallen

Ephraim Gothe
Deputy District Mayor and
District City Councilor in the Mitte District

Martin Schwegmann
architect, urban planner, and commissioner of Berlin studios for the **bbk berlin**'s kulturwerk

Heidi Sill
artist and spokesperson for the **bbk berlin**

Peter Klare
artist with a studio at the Uferhallen

Daniela Brahm
artist and co-founder of **ExRotaprint**

Harry Sachs
artist and board member of the **ZK/U** and the **Haus der Statistik**

bbk berlin e.V.

The bbk berlin e.V. (Professional Association of Visual Artists Berlin) was founded in 1950 and today counts approximately 2,400 members. The Association offers structural support to visual artists by providing infrastructure and production means for their artistic work through its two non-profit subsidiaries, Kulturwerk (studios, workshops, funding structures) and Bildungswerk (educational projects). The Association is active in developing cultural policy and is committed to fostering open and permeable structures in the art establishment; it defends the cultural, economic, legal, and social interests of artists in the public and political realms.

bbk-berlin.de

ExRotaprint

ExRotaprint is a model for urban development that rejects financial profit from ownership and establishes a heterogeneous, open environment for all parts of the community. The former site of the Rotaprint AG printing press factory dates from the 1950s and is located in Berlin's Wedding district. In 2004, visual artists Daniela Brahm and Les Schliesser formulated a concept for onsite tenants to take over the property. Their goal was to develop the location to serve a heterogeneous mix of uses for *Arbeit, Kunst, Soziales* (work, art, community) and to achieve affordable rents for all. Since 2007 and based on a 99-year heritable building right, the tenant-founded, non-profit

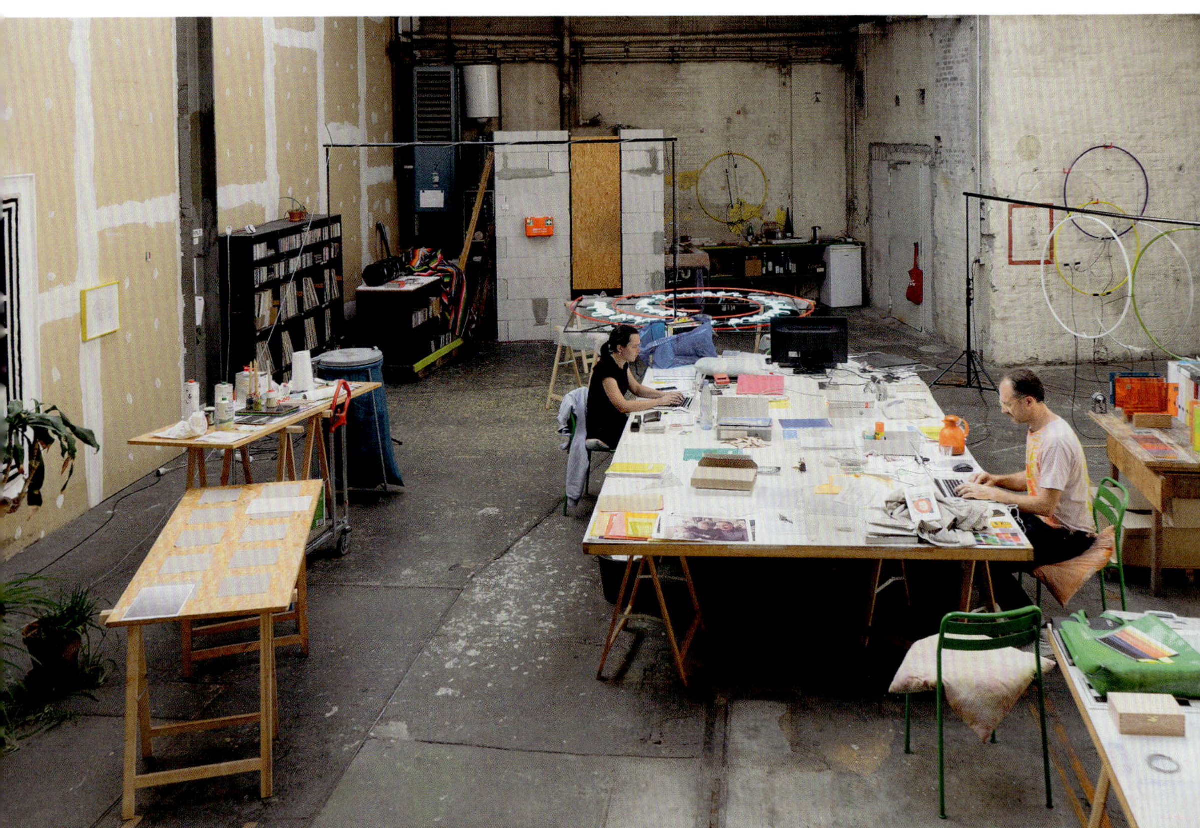

In the period following German reunification, various utopias evolved in Berlin, most of which never came to fruition. The open spaces of the 1990s no longer exist; a majority of the empty lots have been developed, while the last ones remaining—such as the site adjacent to the Uferhallen—have become objects of real-estate speculation. Many of the buildings that used to be empty have been sold to investors. The Uferhallen site itself was sold by the Senate in the early 2000s, and in 2017 it was resold to a group of investors, with Alexander Samwer as the main player. Some of you are firsthand witnesses to the changes the city has undergone since the fall of the Berlin Wall. Where do we stand today?

Heiner Franzen: I moved to Berlin in mid-1989. No one thought the city would take off the way it did, especially not in those first years after the Wall fell. Berlin was like a kind of melting cheese with these open spaces that were used differently from week to week. I don't know how many project spaces opened up and disappeared again in 1990 alone. Then came the young new galleries with their little gold-digger stories, but they didn't seem to be able to find any real economic footing in the city. There was cheap space and an abundance of production. The gradual disappearance of affordable living and working space happened so slowly that we didn't really notice.
Ephraim Gothe: I'd like to remind everyone that in 2001 we had a situation here where 120,000 apartments were empty and we actually started tearing down the first buildings in Marzahn, which was what they were doing everywhere in the east. Luckily, we stopped that pretty quickly, but even so, the housing market was a completely different story back then. Nobody was willing to build residential housing voluntarily. That only started around 2008. The first project to become a symbol of gentrification was called Choriner Höfe, I believe, and it was at this point that someone said, "I want to start building apartments in the inner city again." The unforeseen population growth began in 2011. Just a few years later, 40,000, 50,000, 60,000, and then 70,000 people

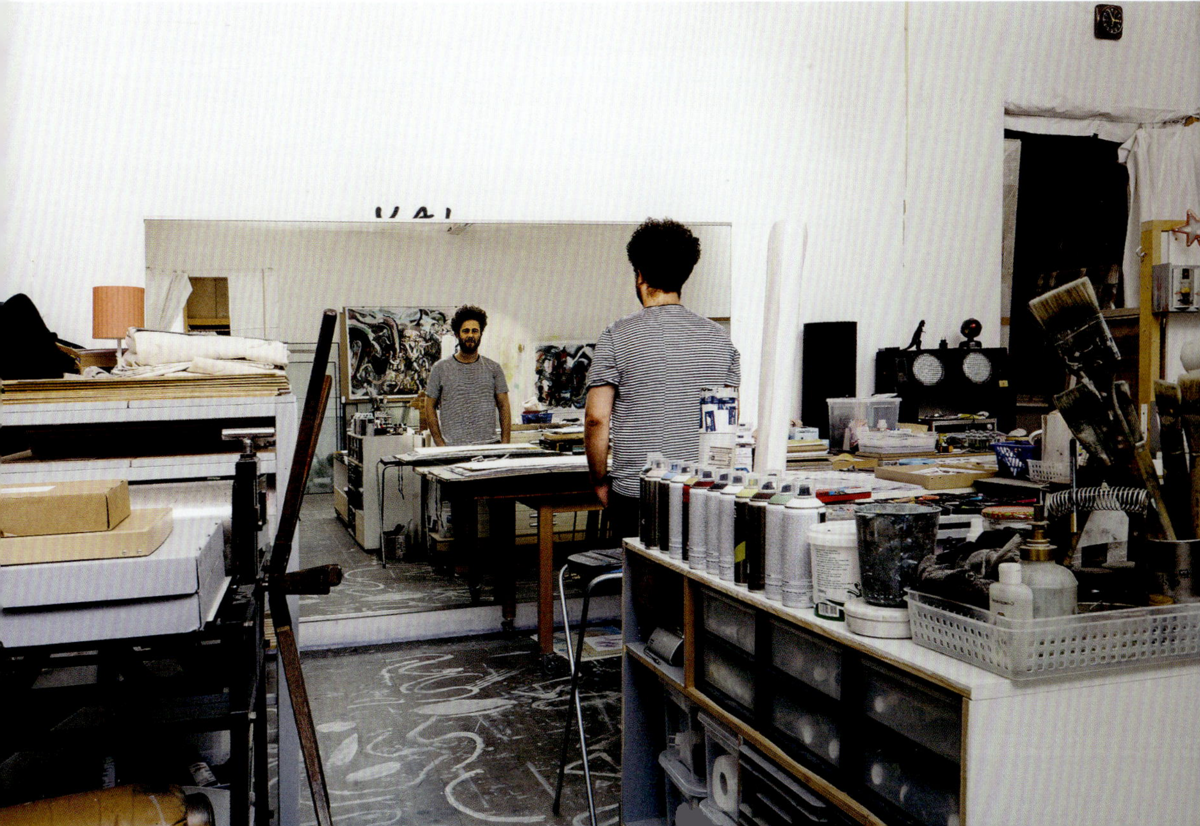

were coming to Berlin annually. It's interesting to note that in the 1990s all the city planners, politicians, and planning offices were still so inspired by the 1987 IBA exhibitions for turn-of-the-century and post-war buildings and were saying that the city center was the right place to live. But none of the investors believed it. All we ever had was this exodus to the wealthier suburbs. Every year 10,000 people moved away, and in 2008, a lot of people suddenly decided that Berlin's city center was a great place to live. This brought a lot of movement. And so the history after the fall of the Berlin Wall is comprised of very different phases. **Daniela Brahm:** Berlin's cultural scene is closely interwoven with post-reunification history. When Berlin became the country's capital, government officials expected that all the politicians, staff, and investors in Bonn would move here. We artists, creative people, and other hedonists continued squatting in buildings and storefronts and using them as venues, and in most cases, we even succeeded in making the occupation legal. For a long time, nothing happened—there was no "run" on the city and the cultural scene grew accustomed to having all kinds of available space. In retrospect, this was the most paradoxical moment of all, because we just didn't see the threat. And then the big turning point came in 2002, when the Liegenschaftsfonds (property fund) was founded

ExRotaprint gGmbH has been dedicated to the restoration and development of the 10,000-square-meter property. Secured in the long term from property speculation, ExRotaprint today hosts about 120 social initiatives, businesses, and spaces for independent artists and others working in the creative sector.

exrotaprint.de

ZK/U–Zentrum für Kunst und Urbanistik

The ZK/U Berlin combines global discourses with local proposals for action. It examines the complex dynamics of urban spaces at the interface of art, research, and everyday life, and develops experimental formats and projects that take on a model character. The ZK/U is run by the artist collective KUNSTrePUBLIK, consisting of Matthias Einhoff, Philip Horst, and Harry Sachs. In addition to working at the ZK/U, the collective is committed to the creation of spatial infrastructure in Berlin. It is a founding member of the **Initiative Haus der Statistik** (House of Statistics Initiative), which creates hybrid spaces for refugees, artists, social initiatives, and the model project *ZusammenKUNFT* (Together).

zku-berlin.org
hausderstatistik.org

Heritable Building Right

Introduced in 1919 (§1 ErbbauRG), the German heritable building law grants a builder the right to build or maintain a building on

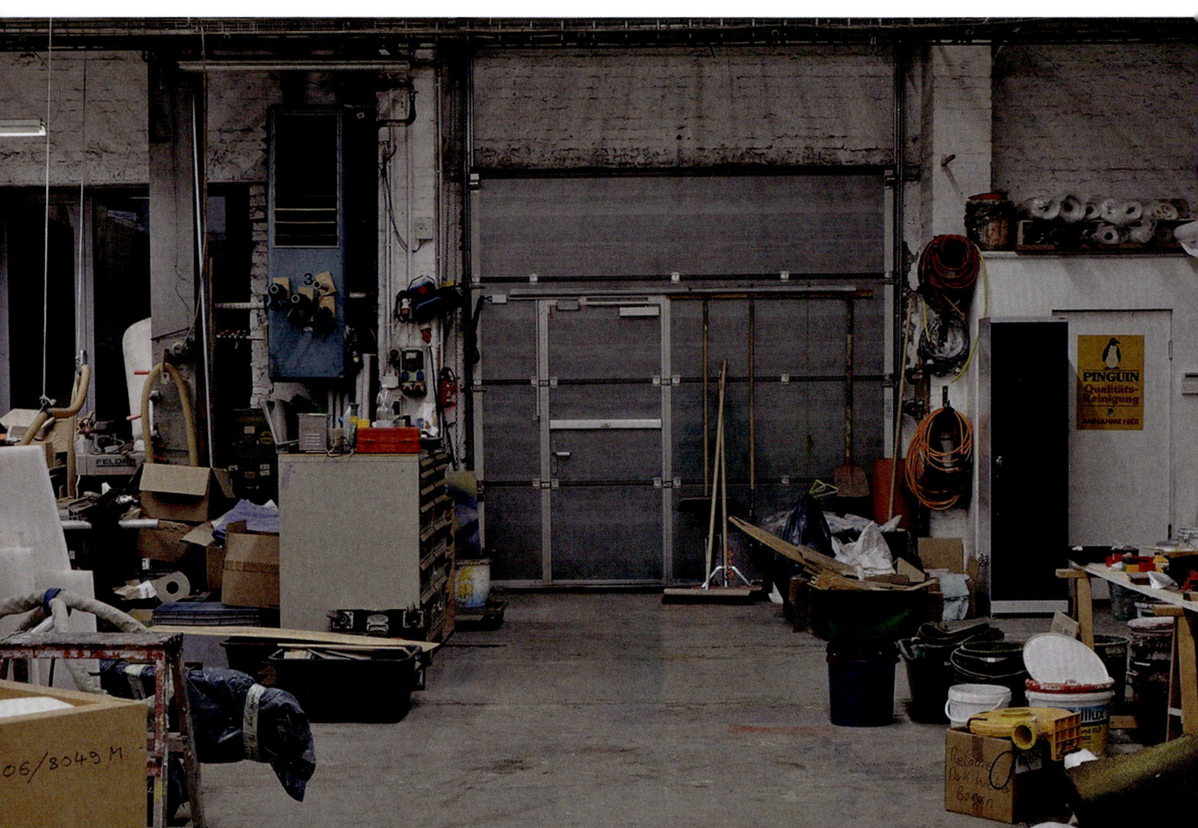

and they started selling state-owned land. That was the moment Berlin missed out on a historical opportunity. And we—the cultural scene—didn't take advantage of it either: we failed by not acquiring property and taking this potential for space into our own hands. At ExRotaprint, which I founded with Les Schliesser back in 2004, we were confronted with the new sell-out policy at a very early stage, were able to respond to it and negotiate the purchase. Today you'd say that many more tenants should have joined forces and bought "their" buildings and lots. But this strategy—selling to the users—was not on politicians' agenda at all. They wanted to sell to investors—just as they did in the '90s via Treuhand (trust agency)—and it seemed that the city's portfolio was filled with an endless number of apartments, vacant properties, and empty lots. Apart from this, Berlin, heavily in debt at the time, was under pressure from the West German so-called "donor states." After years of subsidies and a banking scandal, the cash-strapped capital was seen as the black sheep of the republic. We should have taken far more advantage of the 2000s to prevent precisely what we're seeing now.
Martin Schwegmann: The situation in Berlin was special, and part of our identity was to remain mobile, not to get bogged down in concrete, but to constantly reinvent ourselves. I remember all the clubs that kept moving from place to place. It was fun. Nobody thought about the fact that they were constantly being thrown out—the WMF, for example. That was a part of it all, a part of the spirit. That it could ever come to an end at some point was something I didn't believe myself for a long time, and sometimes I still can't believe it.
Heidi Sill: I think we all had this experience. From 2010/11 on it became clear to a lot of people that something had to happen, especially at the political level—that you can't keep selling real estate at throwaway prices. This, at the very latest, was when artists began wondering: "The city of Berlin uses us in a big way to advertise itself. But what's going to happen to us?" It's 2020 now, and political leaders have done far too little over the past several decades in terms of finding alternatives to the city

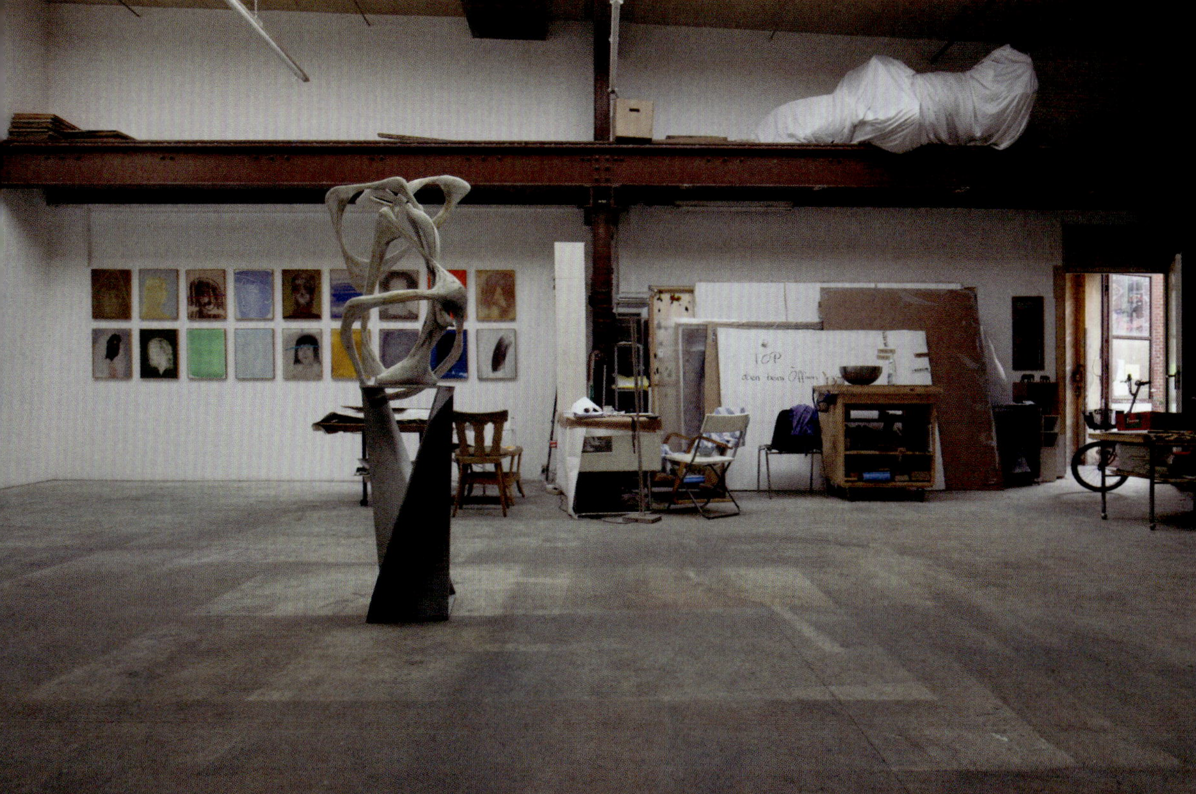

sellout. On the contrary, the question of space has become even more urgent, while the situation artists face remains difficult.
Peter Klare: In many countries, for instance England, Denmark, and Spain, it's possible and quite common to buy apartments or studios. It's different in Germany. For a long time, people had confidence in the real estate business: apartment building owners behaved like a part of society and took it upon themselves to keep apartments or commercial spaces available for the general public, just like a baker bakes bread for the people in the neighborhood. Buying was simply not necessary. Today it's a speculative business. Besides, buying is out of the question for many artists—because trying to get a loan as an artist is completely absurd.
Daniela Brahm: Instead of buying, we need to strengthen tenants' rights! I firmly believe that renting, if it's regulated accordingly, is a principle of solidarity.

The city is watching the Uferhallen. Their future—depending on how it turns out—could serve as a model for investors or even for cultural workers.

Heiner Franzen: The Uferhallen site does indeed seem to reflect current developments in miniature. If the new owners' plans are realized—a concentration of up to 19,000 m² of living space into the existing 8,000 m²

or beneath the surface of a plot in return for payment of a ground rent. While the land remains the property of the owner, the structure belongs to the contractor for a certain period of time, usually 99 years. The heritable building right is entered into both the land register as well as a hereditary building land register and can be sold, inherited, and encumbered; it remains intact even when the property is foreclosed. The leaseholder, whose rights are equivalent to that of a landowner, must also pay property tax. The ground rent is based on the land value at the beginning of the term or, if cultivated, on the land's yield, and is specified in the ground lease contract. If a breach of contract or bankruptcy results in so-called reversion, the transfer of the right granted to the original rights holder, the owner must offer at least partial compensation for the building's value. When the heritable building right comes to term, the land and buildings merge again into a single economic unit.

Source: Bauwelt 107th year (2016), p. 43

Community Land Trust

A Community Land Trust (CLT) is a non-profit that acquires land to develop, build, and manage low-cost housing and other common properties. The separation of land ownership, which remains with the CLT and is only granted as a heritable building right, from home ownership is intended to make land accessible to underprivileged social groups. The sale of real estate on CLT land is subject to a fixed resale formula and grants CLT the right of pre-emption.

Philipp Lachenmann (rechts / right) mit / with Matthias Held

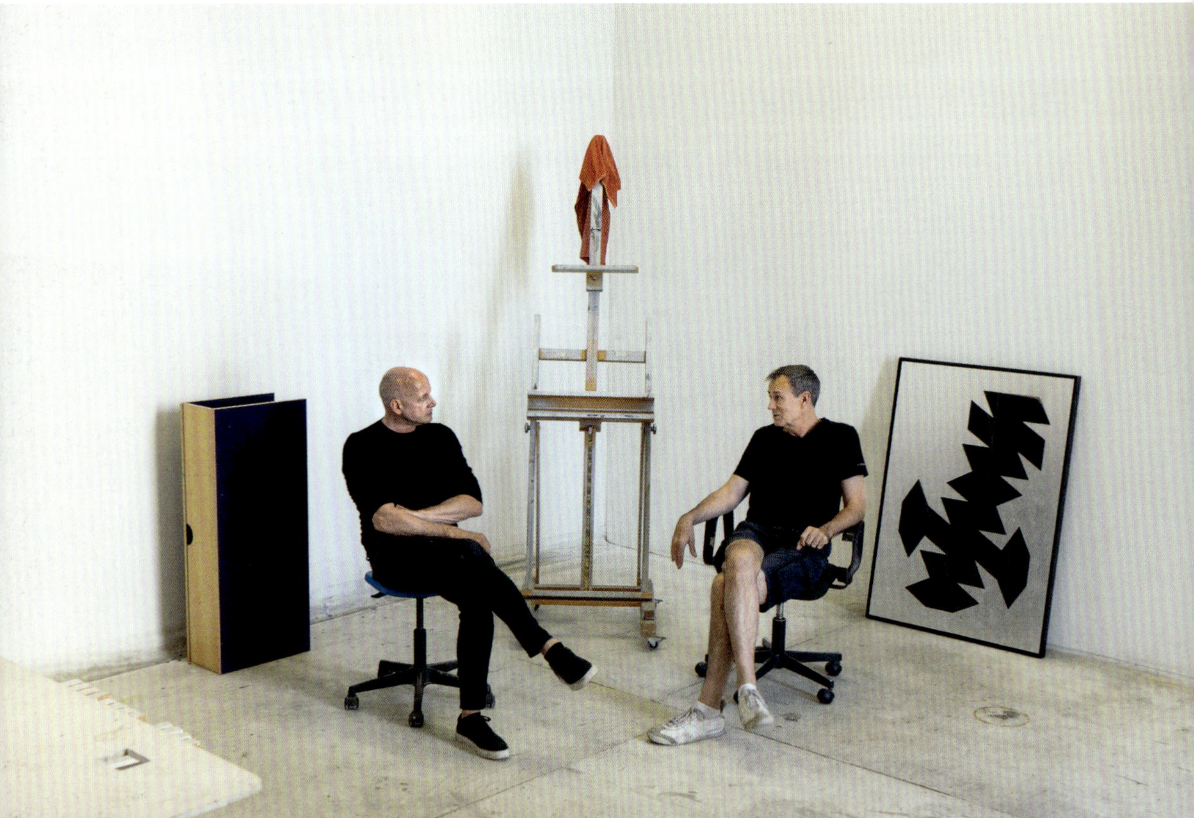

studio space–then even with a moderate rent increase, we'd have to pack our bags pretty quickly. That's why we proposed dividing the grounds, with the artists managing the studio section on the basis of a **heritable building right.**

Peter Klare: We need to think in terms of society as a whole, include others. The investors have made us a proposal for a 20-year lease, and they're calling that "long-term." That's a "me me me me" way of thinking. We demand a 188-year building lease. Of course, I'm not only thinking of myself, because I don't expect to be standing here in the Uferhallen studio painting pictures at the age of 220.

What makes this place so special for you?

Peter Klare: I've only been in the Uferhallen since 2015. Before that, I worked for a long time in a separate studio nearby. I thought to myself, "Okay, that's the way it is." As an artist you're somehow a lone fighter. It's about developing your own views in seclusion. That's why I always had a certain aversion to artists' enclaves. But when you come here, you're not some weirdo hiding out with other "strange artists" in a romantic courtyard. No, you enter a factory site. After we pass the Café Pförtner, one of us goes to the former sawmill or the horse stable and someone else goes to the engine test stand or the canteen. Everybody works by themselves on different things, or even very similar things. But everyone knows each other and grows familiar with each other. You can help out, but above all you support each other because it's natural that you're there, engaging in your artistic practice. You see your actions confirmed in the other. This feeling of social integration is pretty great.

Martin, as the city's studio commissioner, you deal with a large number of different studio locations. What do you think makes the Uferhallen special?

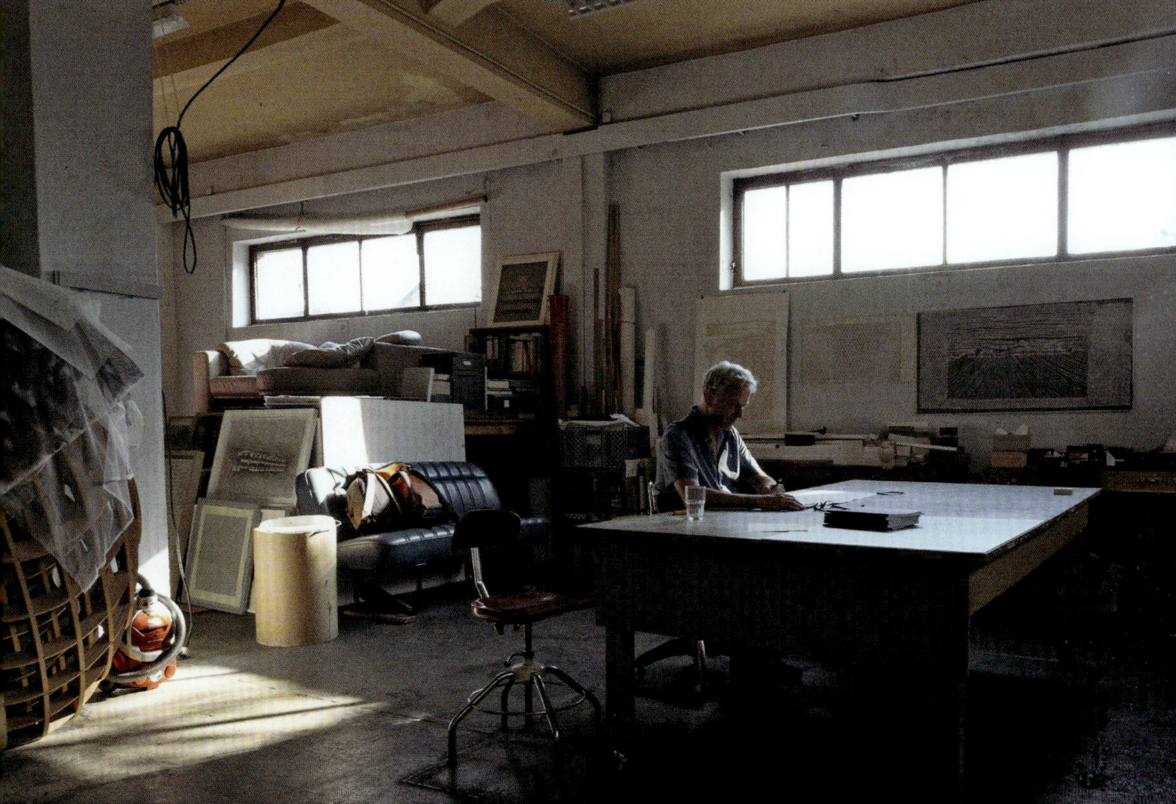

Martin Schwegmann: The size of the place, the number of studios, and the central location. But the most interesting thing for me is this mixture between studios and workshops, several presentation locations, and the Piano Salon Christophori. This makes it a really exciting location for the city. There's a greater diversity here than in other places, as well as a certain openness, which is already inherent in the architecture. I also find the dual theme of Uferstudios und Uferhallen (riverside studios and riverside halls) unique and particularly worthy of protection. About two years ago, Florian Schöttle, who was the studio commissioner for many years, and I drew up a written concept called Kulturzug Panketal. There are many cultural sites along the Panke that are worthy of protection and that should be included in a cultural milieu conservation proposal. In this respect, the Uferhallen are one pearl on a whole string of pearls that deserves protection. Their importance is as part of a larger cultural area that should be preserved.

The Uferstudios you mention, which belong to the Uferhallen ensemble and are located on the southeastern side of the Uferstrasse, are a cultural and event location for contemporary dance. This part of the site has been sold, but our colleagues succeeded in negotiating a 200-year lease several years ago. What does this mean? And what other instruments

The selling price is capped to prevent speculation.

Source: Bauwelt 107th year (2016), p. 43

Mietshäuser Syndikat

Founded in 1999, The Mietshäuser Syndikat GmbH is a non-commercial investment firm that acquires real estate in order to transfer it to common ownership. It aims to create long-term affordable housing and initiatives to support the common good. Its advantage lies in the mutual checks and balances between its partners. The buildings are owned by a limited liability housing ownership company consisting of two partners: the building association, which is made up of all the building's residents and is self-managed, and the umbrella organization Mietshäuser Syndikat GmbH, which prevents the buildings from being privatized. The two partners have equal votes in the limited liability housing ownership company, so that a sale or conversion is only possible by mutual agreement. All other decisions, such as rent, financing, and housing allocation, are the responsibility of the building association.

Source: Bauwelt 107th year (2016), p. 44

Housing Cooperative

Along with owner-occupied residential property and rentals, housing cooperatives are the third pillar of housing supply in Germany, accounting for around 6% of residences. The legal form of the regis-

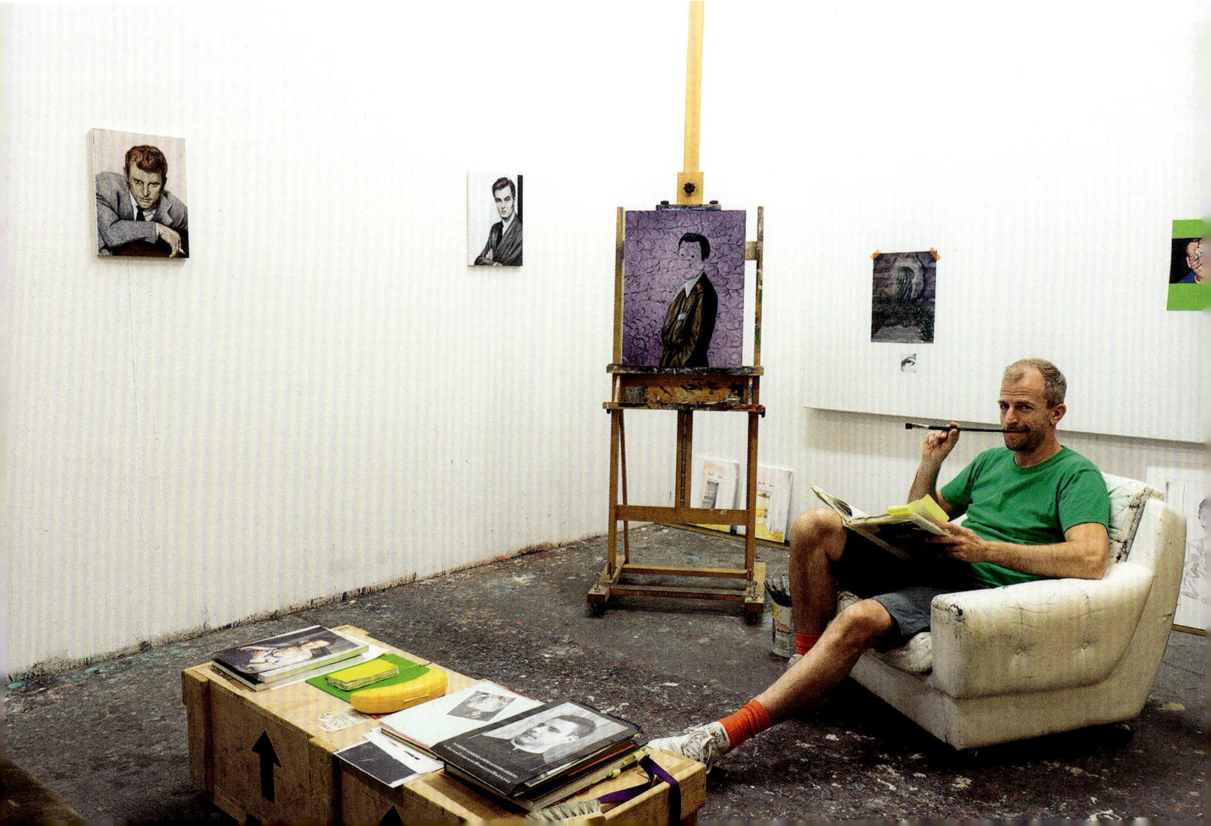

and possibilities exist to prevent real estate speculation in order to secure cultural locations with established structures in the long term?

Daniela Brahm: A hundred years ago, in 1919, heritable building rights were established with the aim of making a different approach to land ownership possible. The heritable building rights law provides that owners can demand that the right to use a plot of land be earmarked for a specific purpose. For example, cultural or social use or social housing can be stipulated for the entire duration of the heritable building rights lease. In this way, the finite good of land is bound to the needs of the community and to its use and is not left up to the market. It's the use—and not the investment—that's key here. In terms of how we deal with space, this is the decisive shift in thinking, the decisive cultural change.

Harry Sachs: But heritable building rights apply to less than 1% of the overall urban area. Instead, the actual utility value of a space is no longer reflected in the prices being negotiated today, not at all. Nobody knows where to put all the money anymore. At the end of the day, this huge financial bubble turns into concrete and triggers dynamics that are completely detached from the actual utility value. In the past, for example, a building used to be appraised at 20 annual rents plus maintenance costs, and so on. The price was in proportion to the rents. Today, real estate is a financial product, and in the course of this financialization, investors have sometimes become completely indifferent to the current ratio of purchase price to utility value. They speculate on how much they can resell the property for ten years in the future. In London, entire office towers are deliberately left empty because that makes them much easier to resell in five years' time. In other words, the limited resource of space has become an absurd commodity whose actual usefulness is of no consequence. But space cannot be regarded as a commodity separate from its users. It has to be regarded in an integrative manner. The crucial question is: how can the utility value

129 Rainer Neumeier

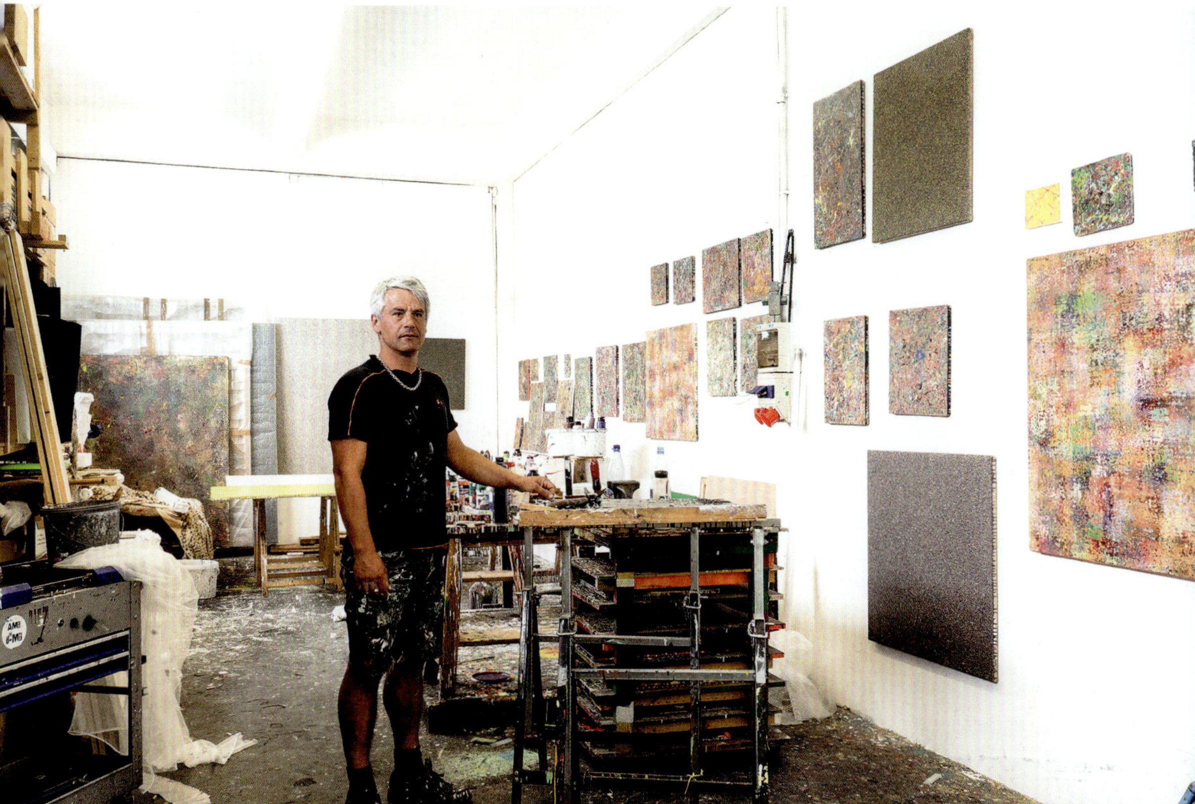

be reconciled with the monetary value? This brings us to the question of ownership and property rights. Here, every speculator and owner says: "I can do what I want with my property." But that would have to work within a certain framework. Perhaps the cultural and social capital, the capital of the users who make up society, could also become part of this property. The users would then also be involved in the resale. We still need the right tools. Then all the artists and their cultural capital would be part of the site here at the Uferhallen. They would be co-shareholders per se and could have a say in the decision-making process. Without the users, these properties could no longer be sold and commodified so easily. Property rights have to be reformed. The idea of space as a fundamental resource for society as a whole must be built into property rights with relevant criteria of usage.

Daniela Brahm: What you describe is what makes up the principle of the **Community Land Trust.** In this model, it's not only the users, but also the neighborhood and other socially relevant groups that jointly decide what happens with the land and its assets. The question of ownership becomes irrelevant, because the land belongs to the trust in perpetuity and is passed on to users by means of a heritable building right. Only those directly involved make decisions. When a person moves away, they don't take a

tered cooperative (eG) is based on the principles of self aid, self determination, and self-administration. While voting rights in other types of companies depend on capital investment, in cooperatives each member has an equal vote. Housing cooperatives allow members to purchase business shares to acquire a lifelong right to use a cooperative apartment. They are both tenants and shareholders of the housing cooperative.

Source: Bauwelt 107th year (2016), p. 43

Foundation

Under civil law, a legal foundation serves charitable aims and enjoys tax privileges. In connection with the land issue, some foundations are specifically opposed to land speculation and are devoted to the sustainable use of land as well as to innovative, communal forms of living. Their aim is to remove land from the flow of goods and inheritance claims and to make it, in a dialogue with owners and users, permanently available for projects that serve the common good.

Source: Bauwelt 107th year (2016), p. 45

Non-profit limited liability company

The non-profit limited liability company (gGmbH) is a corporation oriented towards the common good. It enjoys certain tax privileges, but is for the most part legally and structurally identical to the GmbH (limited liability company).

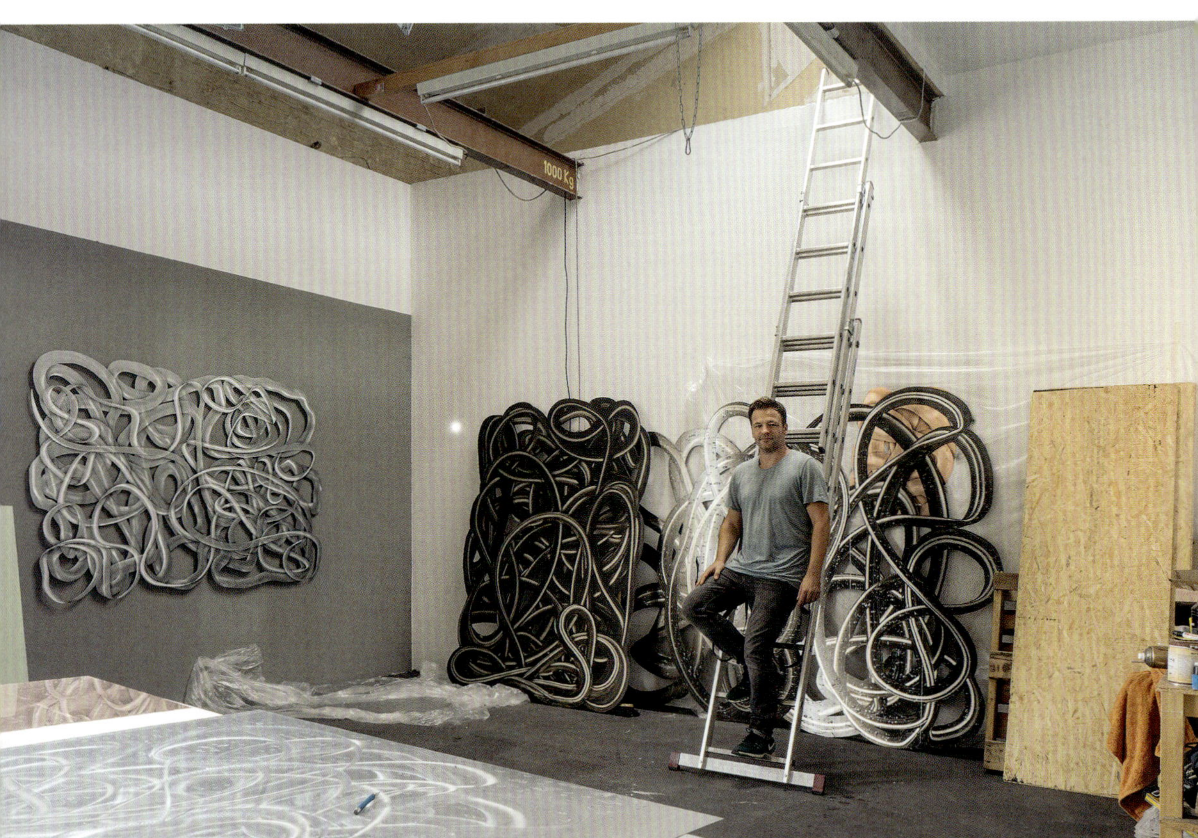

piece of the property with them. By the way, the **Mietshäuser Syndikat** follows this principle as well. And there are other private-sector models, such as **cooperatives** and **foundations.** We at ExRotaprint founded a **non-profit limited liability company.**
Ephraim Gothe: We drew up a general map of the ownership situation in the district of Mitte and discovered that the city of Berlin owns more than 55 % of the area here. That's why I think Community Land Trust models are great. The amount of space we have is gigantic. You just have to take a closer look at what kind of areas they are: street spaces, for example, and everything you need to make a city work. Then there are the green areas, which we naturally don't want to build on or use for other purposes; and the areas of social infrastructure, which we actually have far too little of at present because we have to build more schools. Nevertheless, there are still treasures to be found.

So some of the instruments and possibilities for self-organization have already been tested. How do we proceed in concrete terms?

Daniela Brahm: In order to reorient the land question, we first have to get past the accusation of socialism. Treating land ownership differently from other forms of property has to do with its social relevance. This is not even particularly left-wing, and it's always occupied conservative minds, too. The churches are a good example. But of course, interests collide here and get politically instrumentalized. This prevents a change in thinking. It's very important to clarify the issue of retirement planning, so as not to endanger the security of those who bought homes for their old age. Home ownership and retirement planning would have to be separated at some point, but at the moment the political will isn't there. Land reform already failed once in the '70s due to the resistance of small owners. Hans-Jochen Vogel, who was the driving force at that time, recently wrote a great book about this called *Mehr Gerechtigkeit!* (More Justice!). Today, the problem has become more acute: big domestic and foreign

131 Asta Gröting

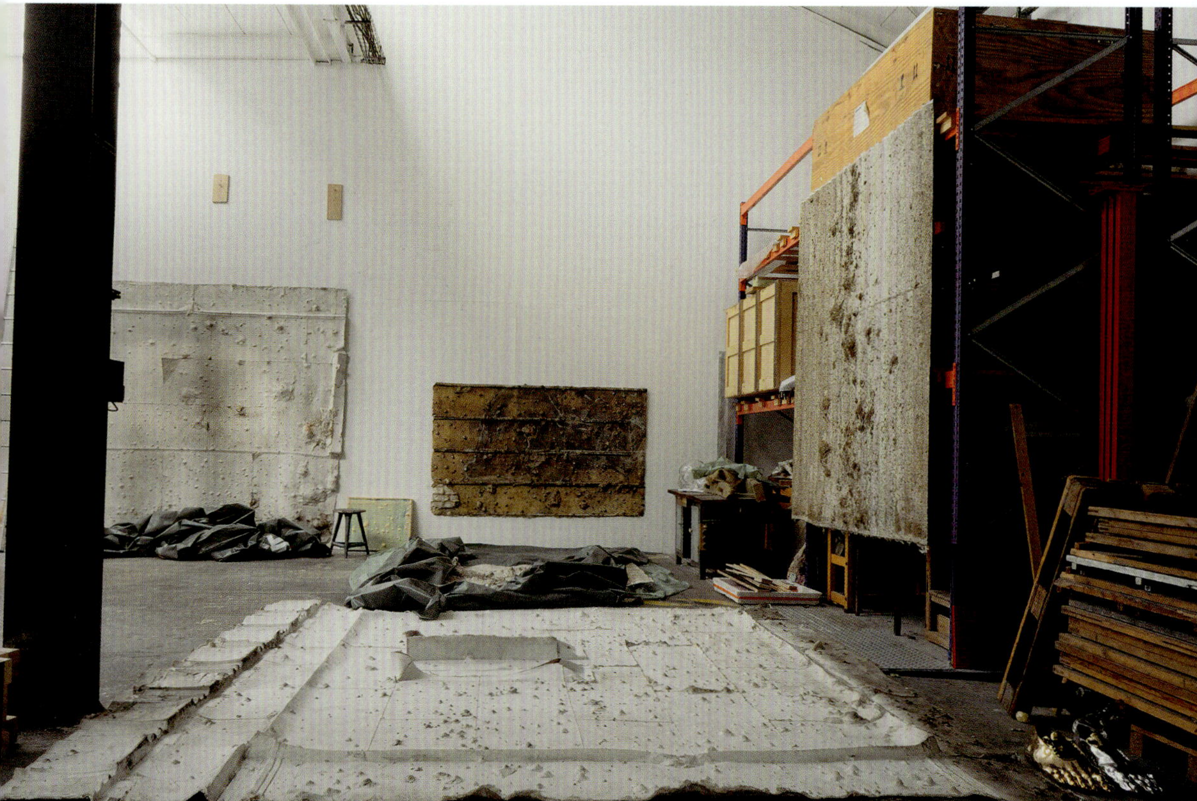

investors are infiltrating the country, often with unfair means. The financialization has made the land question even more urgent. For Germans, however, having a home with unlimited ownership is still "sacred." But it's precisely this right to property that's unscrupulously exploited by other financial actors, who often remain anonymous. Making this clear is a balancing act.
Harry Sachs: The interesting question is at what level you can get back into Berlin. Property issues can only be discussed at the federal level. A change in the relevant laws requires political majorities that often do not exist. Despite this, I believe that cities can, in certain respects, take a different path from the federal government. And why shouldn't cities be much more closely connected with each other? That could also happen across national borders in order to find new solutions to urgent questions in explicitly urban areas. In Berlin, the rent cap is an interesting example. Two years ago, I wouldn't have thought it could work legally, and yet they've passed it. Then they said that it would never have any legal certainty. But, in fact, some courts have recently confirmed the law's text …

And the socialism allegation Daniela mentioned?

Harry Sachs: You'd really have to pick that apart. Because even if you think completely economically

Netzwerk Immovielien
netzwerk-immovielien.de

Stadtbodenstiftung

This initiative is inspired by the Community Land Trust model and is in the process of being founded. It aims to create a counterpoint to the spiral of speculation in Berlin by removing land from the profit-oriented market and securing management for the common good. It seeks to preserve or create what is needed in the respective neighborhoods: affordable residences and commercial, social, or cultural spaces–from neighborhood centers and commercial courts to community gardens.

Stadtbodenstiftung.de

Development Plan Procedure (DPP)

A legally binding development plan enables the desired or undisputed use of a property, but can also result in planning that fails to consider the interests of the individuals involved, runs counter to them, or even deliberately excludes them and thus interferes with their constitutionally protected rights. The Building Code (BauGB) consequently includes clear regulations and specifications (BauGB) on how a development plan procedure should be carried out. It requires that citizens be solicited for their input and suggestions during various procedural steps. A two-stage model of participation laid out in §3 BauGB provides for, first, informing the

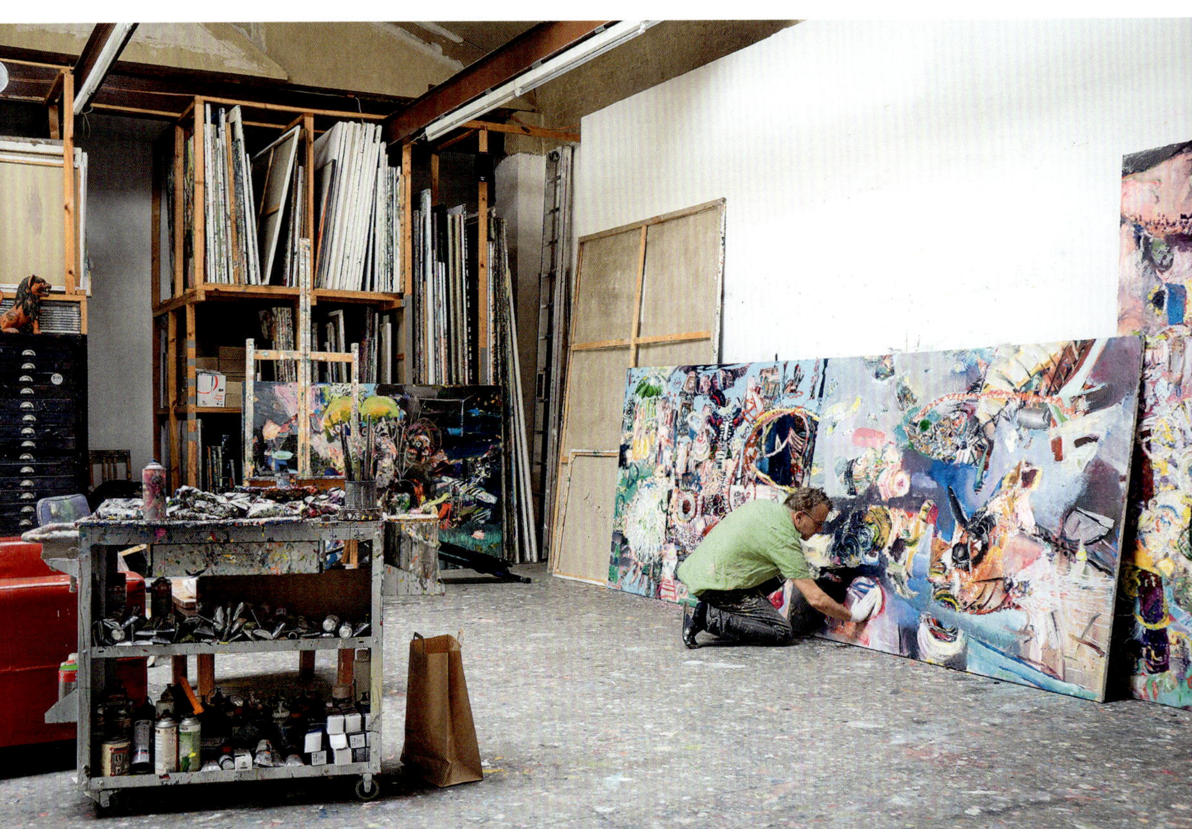

and look at the entire social value chain, it makes a lot of sense as an economy to invest in infrastructure. So it makes sense to take certain things out of the dynamics of a market economy because no real value is produced there, it's only the fictitious value on the financial market that increases. People already noticed this during the financial crisis. Money is being pumped into the market to stimulate the economy, but the real economy has not been stimulated at all. Basically, values are merely being shifted around on the capital market. In an economic sense, this has had no effect. And so you could certainly argue economically about what's actually needed. Today, after decades of ecological education, the political mainstream is finally debating a CO_2 tax. The next chapter to be discussed should be a kind of capital levy. At what point does financial capital leave a negative imprint? It is possible to observe and closely analyze the negative social impact left behind when—as here—a multi-million-dollar investor enters the market? In fact, this has a great many negative effects—not only on a society, but also on the economy. When artists are unemployed and people displaced, when the local industry can no longer survive, when day-care centers and social infrastructures are forced to charge higher fees, when housing benefit rates rise—these are all negative effects of capital. This could be presented in economic terms, and in certain points it could even convince a conservative business elite of the importance of not leaving the usage of space completely up to market logic. The usage must be closely controlled and managed. It can only happen within a certain framework. And then at some point it wouldn't matter whether you were the owner or not. After all, you only have very limited possibilities for exploitation in any case: fixed rent, limited possibilities for development, limited conditions for sale, for example. Then at some point space becomes devalued, but in a positive sense. If you're only allowed to use the premises under certain conditions, suddenly it's no longer a commodity. Then it's as if you were buying a plot in a forest that you're not allowed to cut down or fence in. This is no longer of great value to the owners,

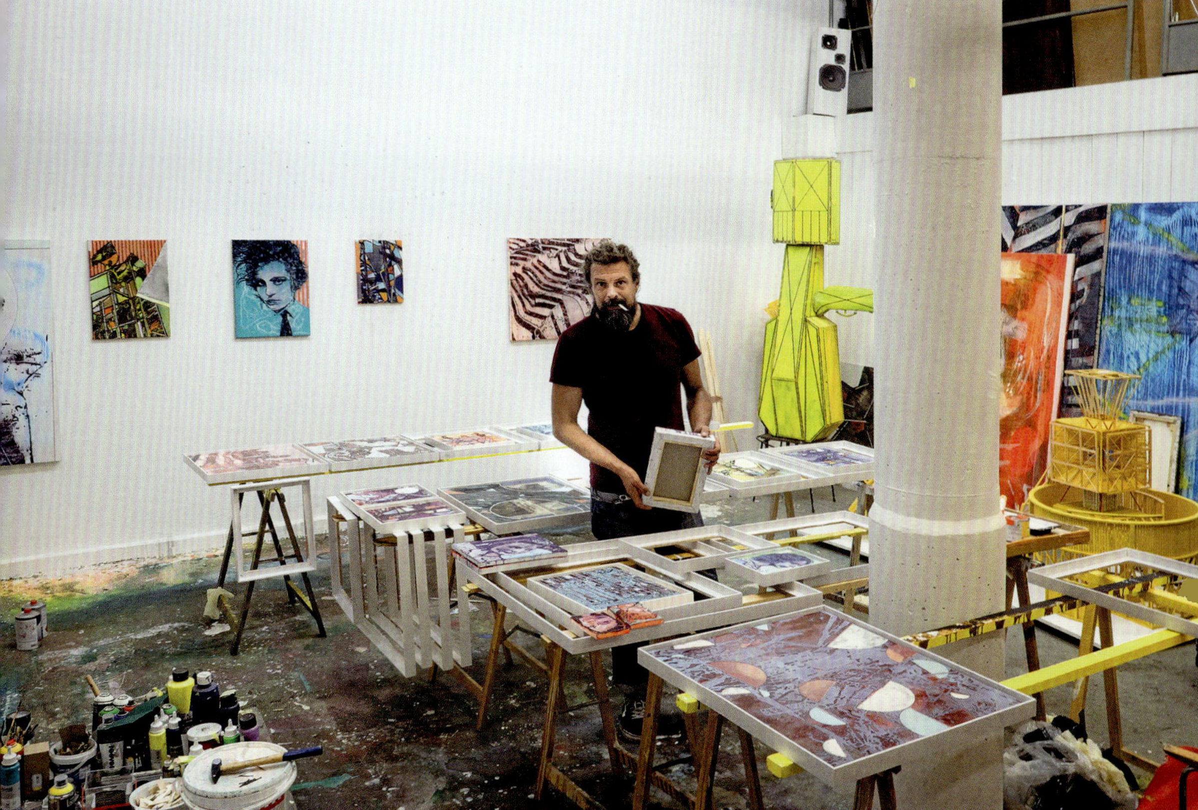

but it's of great value to the forest ecosystem and its users. This is the point we have to get to, so that the city becomes a sociotope again and different social dynamics can evolve; so that people are not simply erased and pushed to the outskirts of the city—and what remains is a cemented monotony devoid of content.
Peter Klare: You put that very well. We have to make sure the city becomes a home again, that is, a place for people to come together. As a society, you look for a place where you can live together, because it's all about sociability. As far as I'm concerned, there could be a marketplace in the middle of that. But if the marketplace expands to such an extent that it infiltrates everything else and every home is suddenly located in this "earthquake zone," the "homey feeling" is no longer there.
Heidi Sill: I thought your remarks were super important too, Harry. The positive thing is that there's a change in awareness taking place. Even if artists don't directly express themselves politically in their work, many people today can't help but get involved socially, and therefore politically—this has become very clear in recent years. That's a great advantage in this city, in this metropolitan area. You can no longer ignore it. There's an increasing solidarity—not only among ourselves, but parliamentary speakers are beginning to

public early of the intended use of the land, and second for their involvement in the formal interpretation of the draft plan. During this process, citizens can address their concerns to the administration, which must then respond in a spirit of dialogue.

Source: District Office of Spandau in Berlin; Krautzberger in EZBK / Krautzberger, 136th EL October 2019, BauGB §3 marginal no. 1.8)

PlanBude
planbude.de

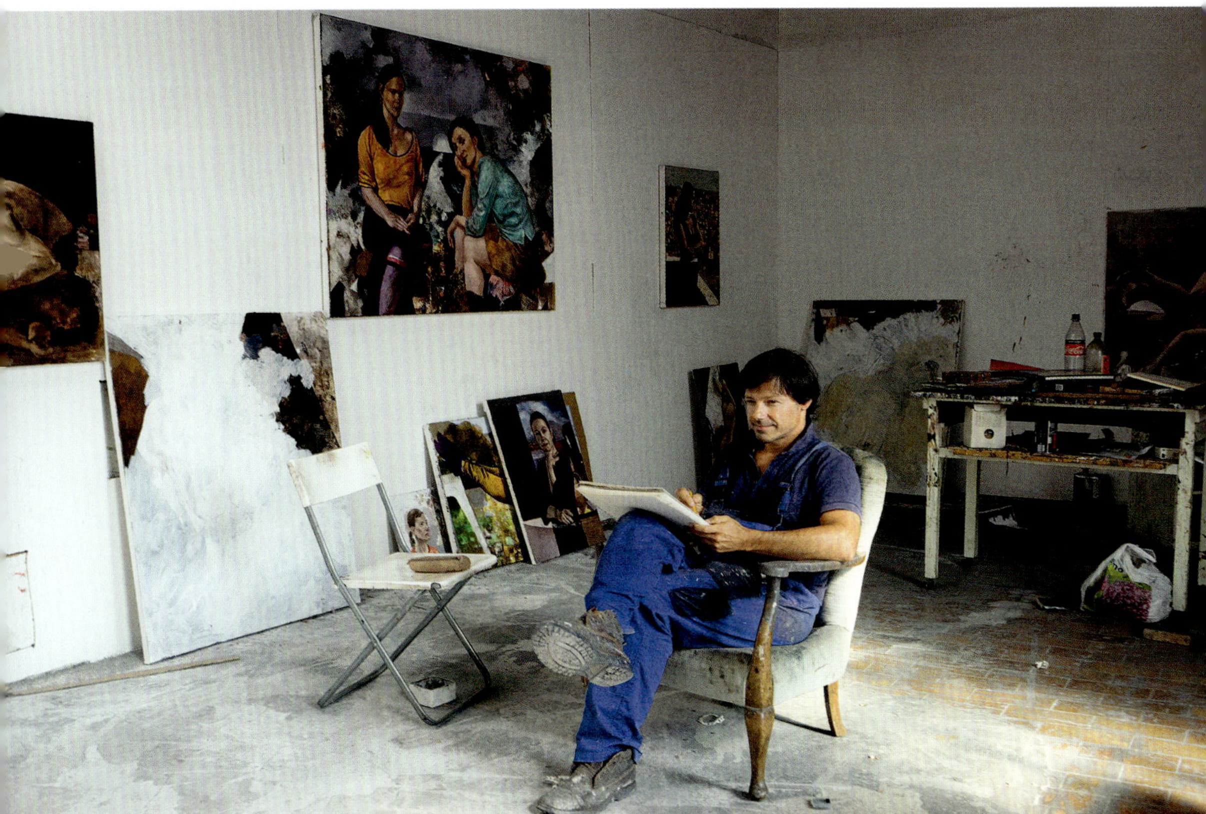

understand the situation, too, because too many people are affected. This will also have to lead to real political consequences.
Martin Schwegmann: I wanted to say three things about this. First, I think that this very economic view is extremely important. Investing in real estate is completely unproductive. New products, services, innovations, even against the backdrop of socio-technical change, can help an economy, but real estate cannot. Properties don't grow, they can't do anything, they just stand around and the whole thing becomes a swap meet—a bet, basically. Second, I find it essential to cushion extreme paradigm shifts, i.e. not to swing from one extreme to the other, for example from neoliberalism to neostatism. In Berlin, there's a great deal of skepticism or a lack of discernment in the perception of what's private among certain administrations and politicians. For example, when users buy their building and organize themselves collectively, as a cooperative, they talk about tenant privatization. So projects that are user-based and oriented towards the common good are also observed with suspicion. But these are the projects that have the potential to survive and work in the long run, well beyond political cycles. And third, I believe that the closer a development is to the users, the better. Those who want to use a property in the long term know best what they need. And I agree with you, Heidi, that an exciting landscape of players is currently taking shape in Berlin and trying to move in that direction. There are various new institutions—we've already mentioned Community Land Trust—coming from above and below. You have to bring them together, but it seems very difficult to mobilize the actors enough politically—and this goes for the artistic community, too. We see this every day.
Peter Klare: Why is this so damned hard?
Daniela Brahm: There's a network called Immovielien, a German wordplay on "real estate of the many for the many." The idea behind it is to establish a lobby organization for alternative housing and urban development projects. The network is based in Berlin and operates nationwide, and ExRotaprint is also a member. Organized lobbying

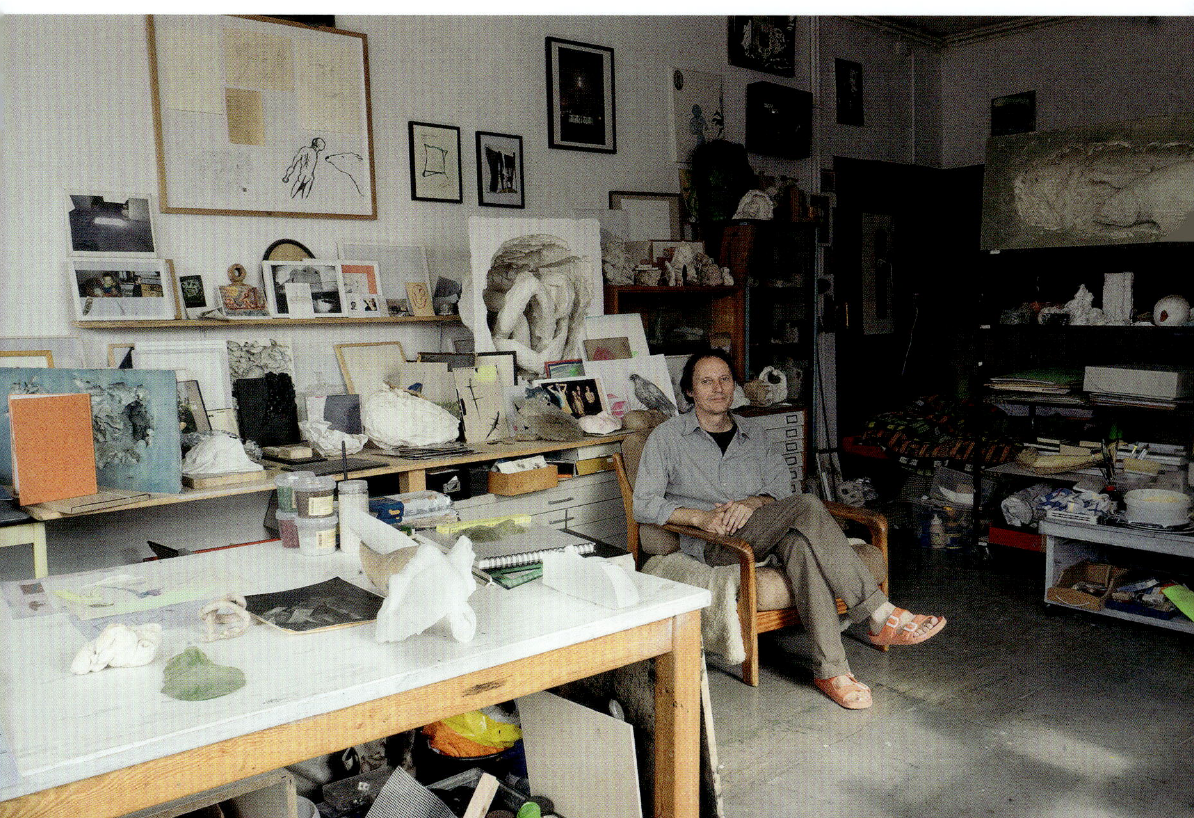

is an important step towards exerting influence on legislation, funding mechanisms, and structures that promote a public-interest approach to land and property and make self-governed projects easier. You have no idea how many real estate lobbyists influence politicians on a daily basis. The network tries to counteract this. The spearhead of a real renewal, and I agree with you here, is clearly the private actors and their projects: Haus der Statistik, ZK/U, ExRotaprint, the Stadtbodenstiftung, which is in the process of being founded, the Kindl Areal, and others. We're all pursuing a different definition of ownership and creating legally resilient and economically viable structures for it.

Why are these strategies so important for Berlin today? What would happen if the approximately 90 artists at the Uferhallen lost their studios? What situation would they currently face in Berlin?

Heidi Sill: I'm looking for a studio space right now and it's incredibly difficult, actually impossible, if you consider the financial means of most artists. With a normal business, you can't get in under 12 Euros per square meter, plus maintenance fees. I live on Potsdamer Strasse, where a commercial space costs between 30 and 40 Euros per square meter. Artists have an average annual income of 12,000 euros (according to the artists' social security fund), and of course they still have to pay rent for their apartments. How are they supposed to keep up with such high commercial rents?
Martin Schwegmann: Today, if you lose your studio, it means you either have to leave Berlin or look for a studio outside the city. But how are you supposed to relocate the center of your life if you have children, for example? Also, it's not much help to have an affordable studio that's far away from the social networks, from your day job. Ninety percent of all visual artists have to earn a living outside their art. This doesn't mean that they're not professional or successful. Furthermore, since the number of galleries is also going down, the studio becomes important as a place of

136 Heiner Franzen

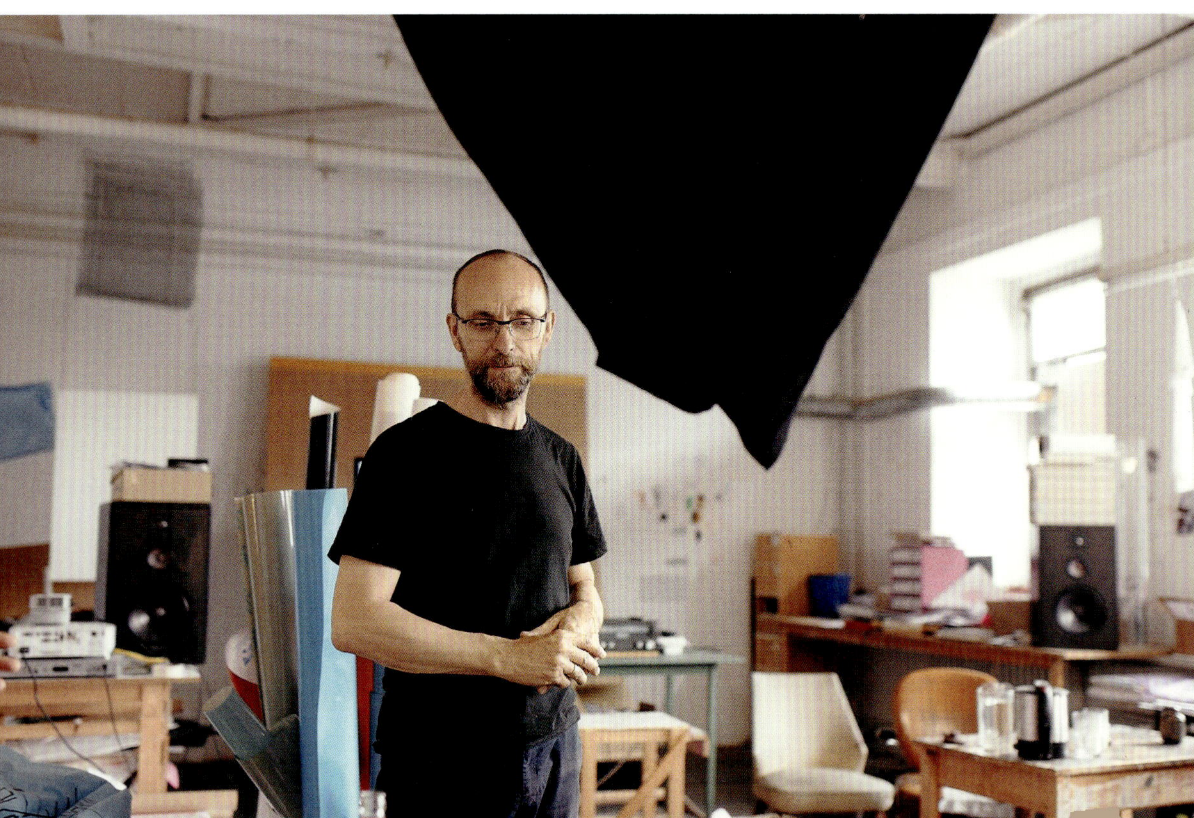

presentation. If it's too far away, no one comes. So if the distances you have to travel are too far, it amounts to a very real threat to your ability to practice your profession.
Heidi Sill: Recently a politician told me: "Artists shouldn't carry on like that, they don't always have to work in the city center, they can move out a bit." But it's not only that the outskirts are already expensive. As Martin says, it's a big danger: I lose my contacts, I can no longer live in my network, I'm not available for potential clients. All this is essential for my work. Professional exchange is the most important thing for artists. Another thing I ask myself: Why is it always the people who don't have money that have to leave the city? Why should the city center be reserved for those who can put a lot of money on the table?
Harry Sachs: I think that's a crazy thought, too, because the interesting social innovations are actually taking place in the cities, in other words, where people live together in a very confined space. And if we understand cultural production as part of social innovation, it's absolutely essential that we have maximum diversity in the heart of our cities. And those who demand the opposite are advocating for a new society that's stagnating and impoverished, and with it an empty inner city surrounded by an ugly suburban belt. I find the question almost criminal, because what it really means is: how do we abolish our society in the long term?
Martin Schwegmann: I have another question. Harry and Daniela, you've become professionals with your projects. Do you regret that you constantly have to deal with this real estate issue? Of course I know that it's connected with your art and your artmaking.
Daniela Brahm: It's great to be part of such a process. Les Schliesser and I both have an expanded concept of art. The question is: do I want to talk about the city within the gallery discourse, or do I really want to be active in urban space? The social heterogeneity that we've established at ExRotaprint is a place of daily experience. Its structural framework makes it a much larger and more relevant space for us to create things.

137 Valérie Favre

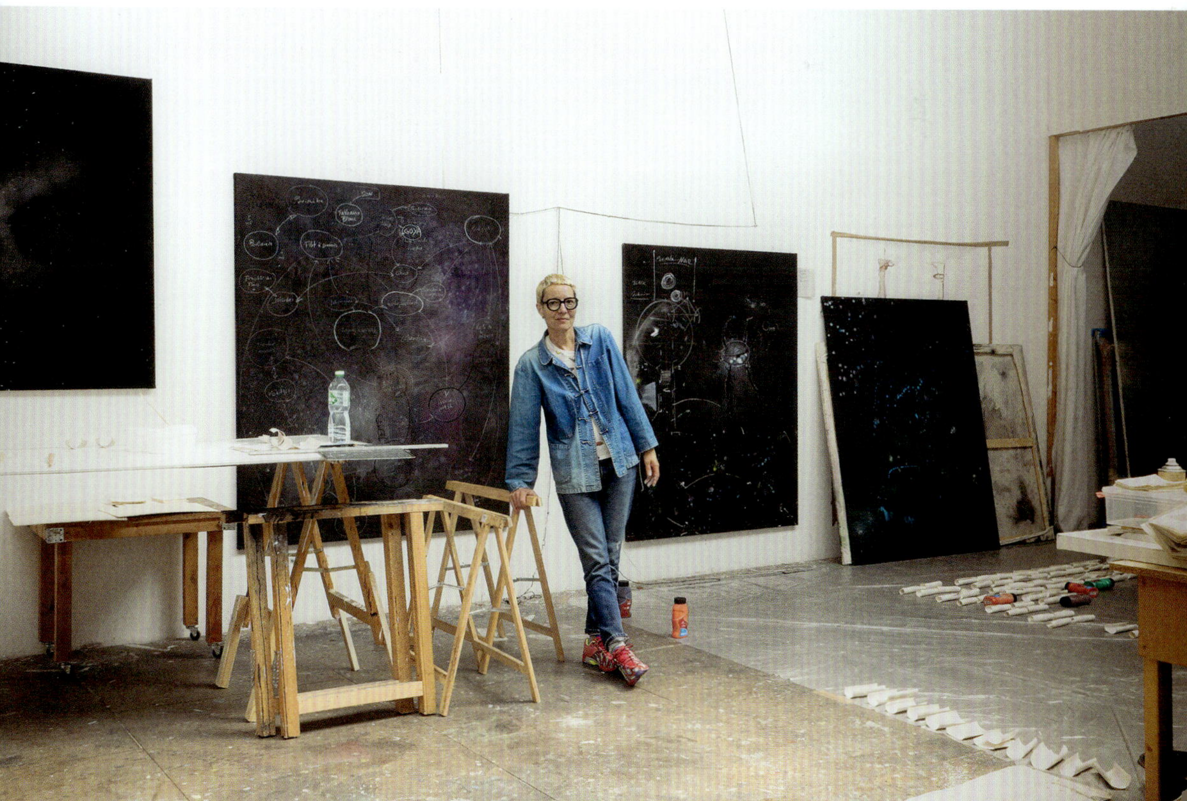

Harry Sachs: At that time, we moved from individual studios to a group studio. And at some point, we had to take over the whole building, otherwise everyone would have had to leave. Then you wander from one empty building to another with all your colleagues and realize that things can't go on this way much longer—either you create a long-term infrastructure or the day after tomorrow you'll all be homeless. In the course of this, we created the ZK/U. And if you can have your own infrastructure where you make your own decisions, you can work with it. We use this place and have a long-term, open, experimental program. We wouldn't be able to do that if we had a rental contract and at the same time had to set up an economic business and generate income for a rent that keeps going up. In this respect, it's tragic that we've gotten to the point that models like these can no longer be reproduced at will in Berlin. But the concept could be copied elsewhere.

At the Uferhallen, you currently have a small group of about seven or eight very committed artists. The dilemma is that you can hardly find time for your own artistic practice and often have to earn money elsewhere. How would it be if you viewed the work you invest in the Uferhallen project as your artistic practice?

Harry Sachs: It's the only way. Either you mobilize more of your own people, who then see this project as their artistic practice, or you bring in external people who are interested. There are many artistic positions interested in doing something in a location like this, with this neighborhood—I'm sure of it. This way, the tasks here wouldn't be an extra burden, but part of the artistic practice. Otherwise you won't get anywhere.
Heidi Sill: I now see my work as co-spokesperson of the bbk berlin as part of my artistic work. Ever since I made this decision, I've been able to deal with my social commitment much better. Everyone knows or can imagine how much time and energy goes into this work. Of course, I miss the time for artistic work, and so my situation as an

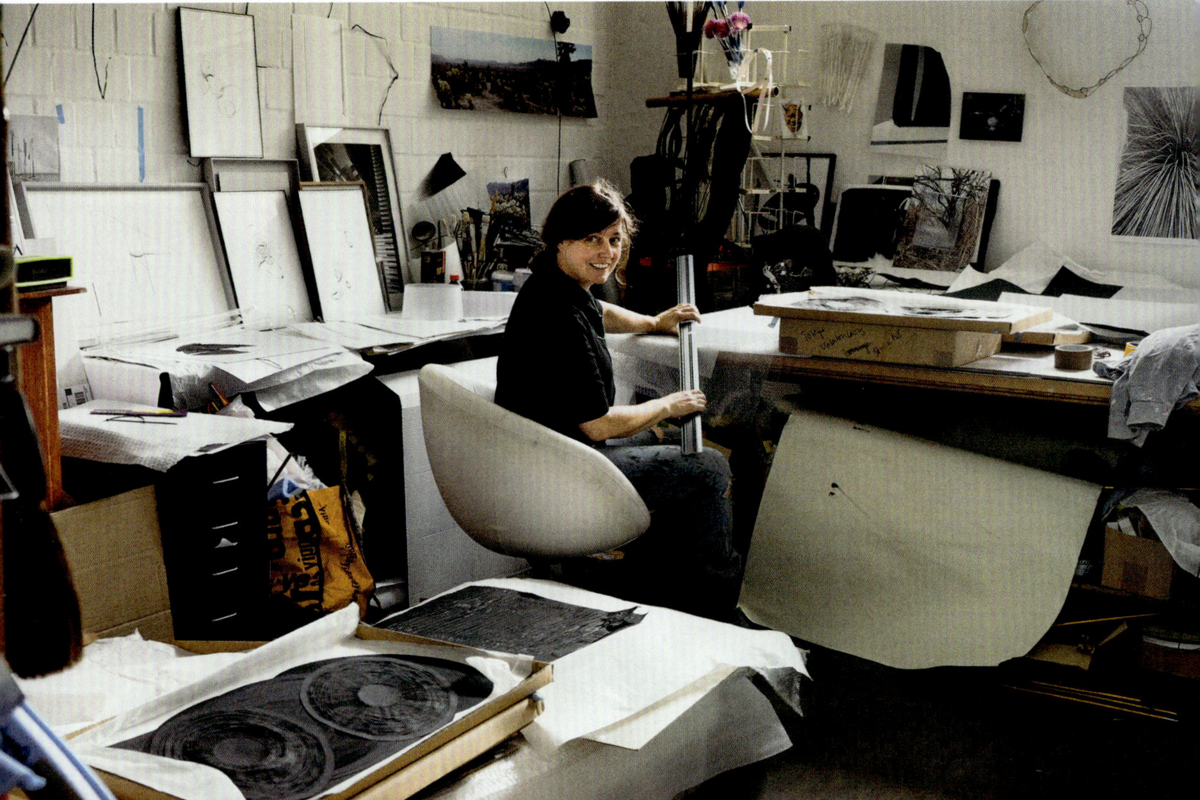

artist is somewhat weakened. But on the other hand, I notice that I can reach out and mobilize many people. This is very important to me and I feel like it's up to me to contribute something to improve the situation for all artists, on the one hand, because I want to continue living and working in this city, and on the other because I'm part of our urban society and cultural-political commitment has become a must for me.
Daniela Brahm: Studio work legitimizes you as an artist, this is how many people see it. When we started out with ExRotaprint, an acquaintance said to me: "Actually, all you've really done with this project is secure your studios." That bothered me, because we did a lot more. Les and I managed a complex process, we became professionals and brought all our assets as artists into the project. Later on, we also transferred some of the project work into our art. This is a conceptual approach and gave us the encouragement to stop distinguishing between our studio work and the work we do for ExRotaprint.
Heiner Franzen: If you showed it at the documenta, ExRotaprint would be recognized as a work of art.
Daniela Brahm: But as we all know, you can't just decide that. (*laughs*) ExRotaprint has been around for almost 13 years, and if we include the time until the takeover, we're talking about 16 years. ExRotaprint is reflected in urban political contexts worldwide and gets invited to hold lectures and workshops and to exchange information and experience. But the art scene is hesitant. To roughly quote Liam Gillick, you could say that ExRotaprint is not a "What if?" scenario, but an "It is!" This is why the 11th Berlin Biennale is now renting out our space for the first time.
Harry Sachs: The important takeaway is that some things only work in a group. None of these projects are run by an individual; there's always a core group of at least three to seven people behind them. In this respect, I think it's important to build a cooperative that doesn't just focus on its own individual artists. You need a collective spirit and a group that wants to achieve more than just active solidarity. This

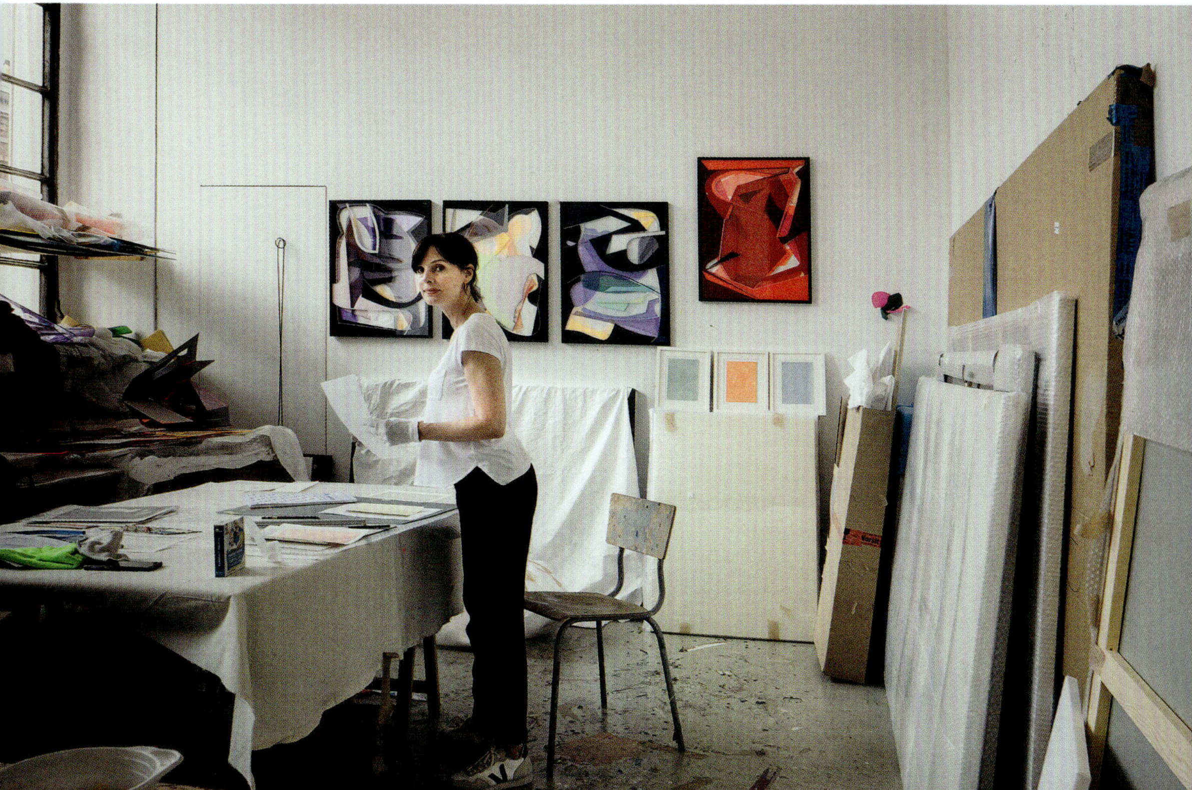

would be good for the Uferhallen in the coming phases of development, because you need a lot of patience. We're talking about a process that takes several years.
Daniela Brahm: You got off to a great start with the Uferhallen project—also in terms of your understanding of yourselves as artists. You've gotten the ball rolling. This is an important moment. It's private property, and actually, the horse has already left the barn. There's little room for maneuver. To propose now to remove a part of the property would go against the set limits. If a sustainable concept is realized, this could become an example for other places. Artists are particularly good at navigating supposedly hopeless situations. That's what's really interesting about the role and sometimes makes it possible to find new paths ...

In addition to this, I think networking is extremely important—with other active artists, like the Kulturzug Panketal Martin mentioned, but also with the neighborhood. Most people in the area are not yet familiar with the plans for the Uferhallen and their ramifications, which would directly affect them.

Harry Sachs: Have you thought about formats that integrate local neighbors? To what extent could you create something from the cultural scene that actively integrates the immediate neighborhood? That could give you additional power. Then you're not only a group of 90 artists, but you'd also be a key anchor in the neighborhood. Of course, this requires a clear profile of the future area, with an unequivocal statement of what needs to be preserved and what non-negotiable potential and resources are available.

The owners plan to greatly increase the density of the Uferhallen site. In some cases, there're talking about tripling the built-up area.

Antje Blumenstein

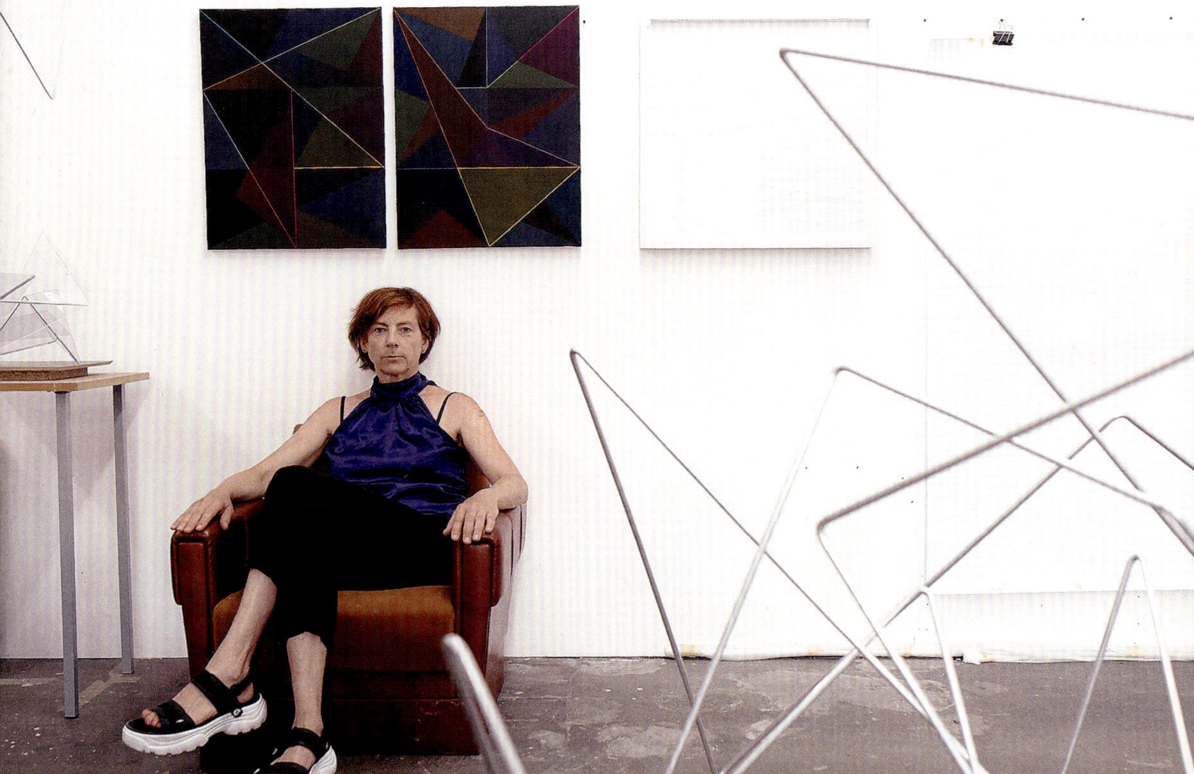

Daniela Brahm: The announcement of a large construction site on the Uferhallen grounds will mobilize people. Communication, including with the neighborhood, is key. When people are directly affected, it makes them stronger—many other places have already shown this.
Peter Klare: In the Soldiner neighborhood, which for a long time was considered Berlin's most critical district—it has the lowest income, highest unemployment rate, and so on—80 medium-standard condominiums have just been built. One square meter costs at least 6,000 euros. Maybe you really have to say that straight out. You can imagine what impact the construction on the Uferhallen site will have on the neighborhood. What a horror. Harry, you took a different approach.
Harry Sachs: The question is how far you can go when you say, "Here is an overriding interest. You can build homes, but it has to be social housing that meets the immense need for affordable apartments. And we need this infrastructure and that infrastructure." This has to be planned jointly in a cooperative process involving all shareholders and stakeholders, the district, the users, and the neighborhood. The rules for such a **Development Plan Procedure (DPP)** would have to be adapted at this point. At Haus der Statistik, we actually created the setting for the DPP ourselves. Our initiative made the proposals and developed a dialogue-based, integrative procedure in concert with our partners—but we "only" had municipal partners. In the Uferhallen's case, we'd have to be able to argue that although the site has been privatized, we still see it in a public role. It has to serve an overriding interest because only then, as in the case of an airport or motorway, can the DPP lead to expropriation. Such an agreement takes years, of course, but that could play into our hands. Perhaps times and federal laws will change. The signs are pointing to change.
Martin Schwegmann: An overriding interest of this kind can also be formulated more succinctly here at the site if—as we talked about earlier—the Uferhallen are seen as part of a larger whole, for example as part of the Kulturzug Panketal concept. In

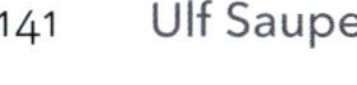

Ulf Saupe

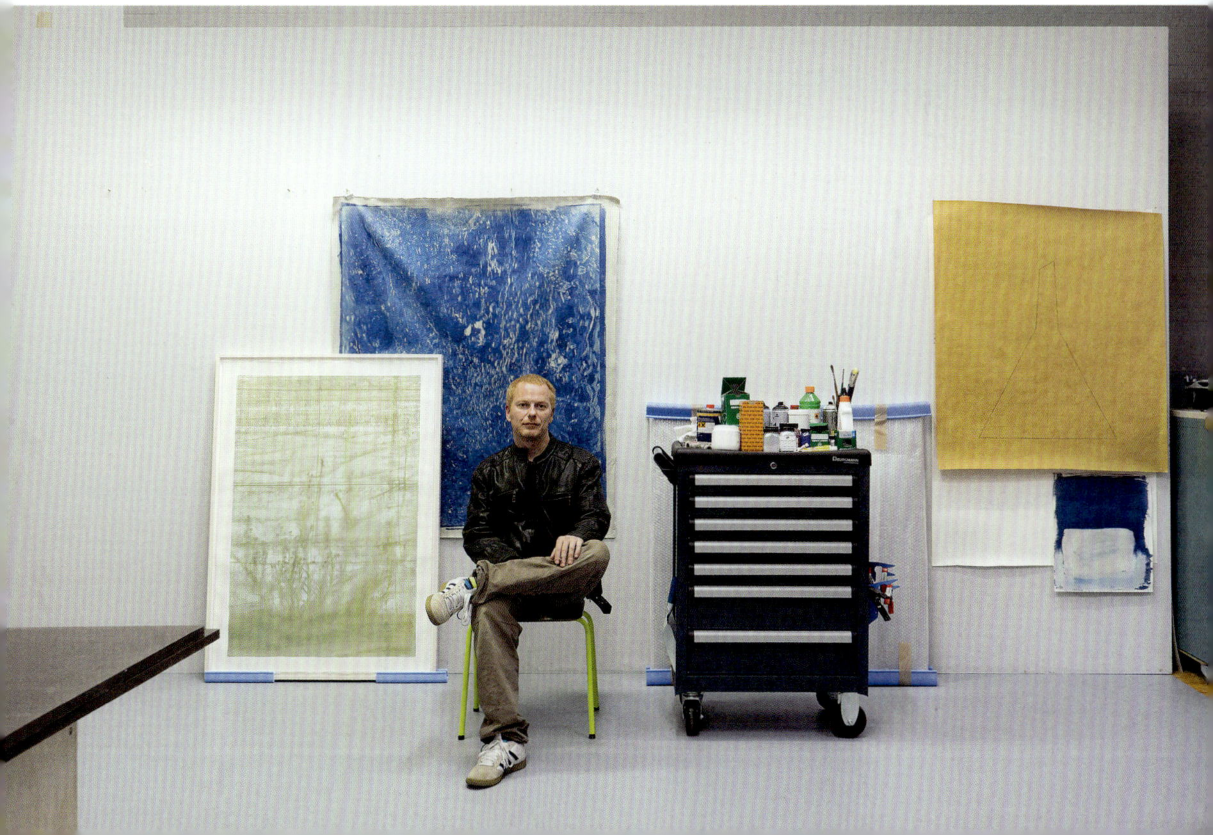

this regard, there would have to be cooperation on several levels in order to actually establish something like cultural milieu preservation. Whether this would have to become an instrument in its own right or whether it would complement existing instruments in a meaningful way would be an interesting question.
Daniela Brahm: A DPP would offer a real opportunity for a larger discussion that's also public. One example of a successful development plan process is the **PlanBude** in Hamburg, which negotiated the conditions for the development and future use in a triangular constellation between private owner, district, and committed civil society. Establishing a process like this, among equals, is already pretty amazing and very encouraging.
Heiner Franzen: Architects at the ETH Zurich, where I currently teach, are engaged in an intensive discussion over Google's "Smart City" concepts. These are, so to speak, programs for fully automated global urban production. It's terrible, but it's going to happen. A city administration could approach concepts like these in a very different way. For example, by using programmers to run through building scenarios, regional development, income trends, rent indexes, immigration and emigration, and so on.
Harry Sachs: It would be great if we could depict the social change and the added value that occurs in a city in this way. The crucial factor is who's behind such a program, what's their intention. Is it property developers or the city itself, perhaps the Senate cultural administration? We could very precisely draw up our own urban needs for the center. That's not at all unrealistic, because in the end all that's needed are a few smart programmers for a major evolutionary rethink …

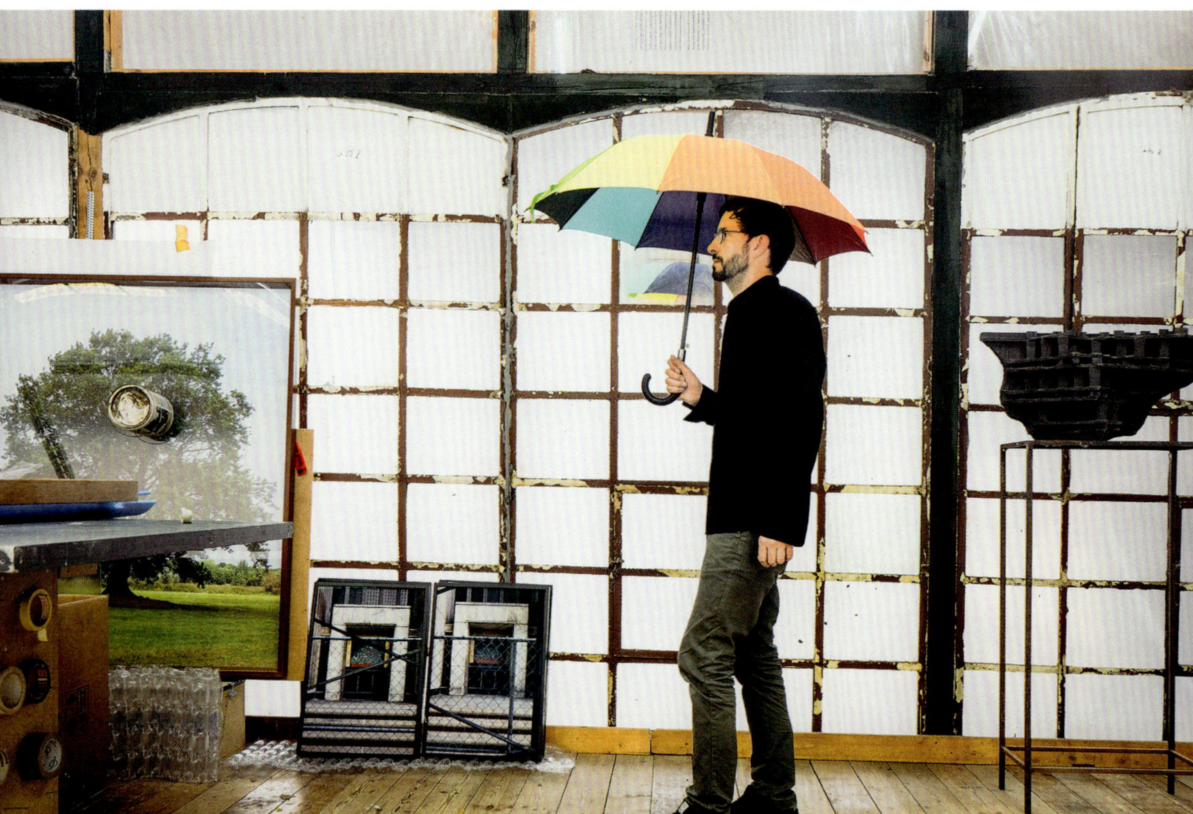

143 Sven Drühl

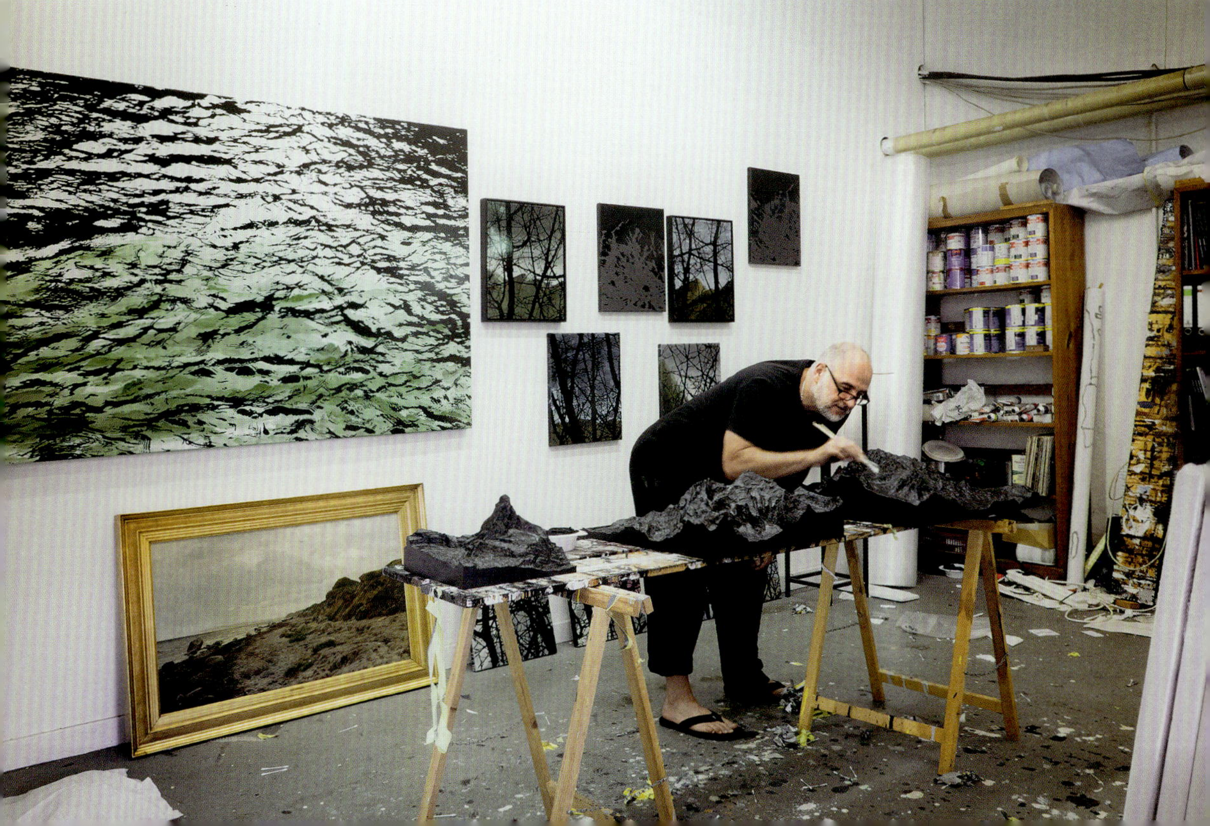

144 Uferhallen

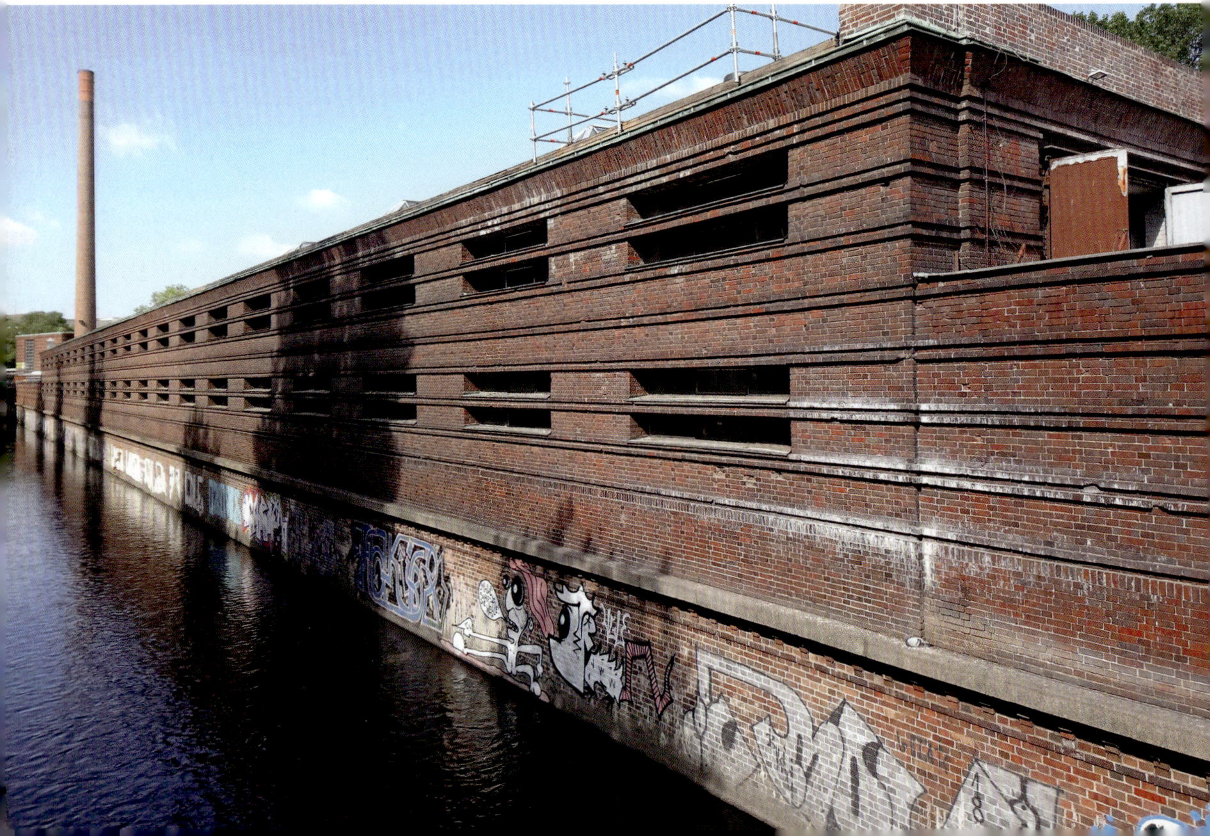

Die Uferhallen sind ein Ort der Transformation. Im Laufe seiner wechselnden Nutzungsgeschichte wurde das Gelände mehrfach den veränderten Anforderungen des Berliner Verkehrswesens angepasst. Dabei ist die Bezeichnung ‚Uferhallen' vergleichsweise jung. Sie existiert erst seit 2007, als das Land Berlin das Grundstück der Berliner Verkehrsbetriebe (BVG) an die Uferhallen AG verkaufte. Seitdem entwickelte sich ein einzigartiger Kulturstandort. Ungewiss ist, wofür der Name ‚Uferhallen' in Zukunft stehen wird. Was auf dem Spiel steht, zeigt ein Blick auf Gebäude, Gelände und Geschichte.

Von 1873 bis 2007, also über einen Zeitraum von 134 Jahren, war dieser Ort von zentraler Bedeutung für die Berliner Verkehrsgeschichte. Noch heute kann man entlang der Gebäude die technische Entwicklung von der Pferdestraßenbahn zu den elektrischen Triebwagen und weiter zum motorisierten Straßenverkehr ablesen. Die Berliner Verkehrsbetriebe machten den Betriebshof von 1961 an zur Hauptwerkstatt für ihre Omnibusse.

Man sollte sich ausreichend Zeit nehmen für den Rundgang durch die verschiedenen Höfe, der eine Vorstellung von den arbeits- und produktionstechnischen Zusammenhängen vermittelt. Alles ist noch vorhanden: Schlosserei, Holzwerkstatt, Sägewerk, Lager, Kantine, Verwaltung. Sogar manche Innenräume haben sich kaum verändert. Überall, in den Hallen, Werkstätten und Höfen, finden sich bündig im Boden eingepflasterte oder einzementierte Reste von Straßenbahnschienen.

Beeindruckend ist die komplexe Raumabfolge des Geländes. Immer wieder überraschen die Backsteinbauten und Dachformen durch das Ineinandergreifen von bebauter und unbebauter Fläche, Hallen und Höfen, Baukörpern und Freiräumen. Jeder*m interessierten Besucher*in ist dieser Ort zugänglich. Die Vergangenheit

Uferhallen: Raumerlebnis und elektrische Ikone

Hansjörg Schneider

dieses Denkmals zeigt sich im Kontext einer lebendigen Gegenwart und einer respektvollen Nutzung durch Künstler*innen und kunstnahes Gewerbe.

Ein geschichtsträchtiger Ort: Der Ausbau des Schienennetzes nahm hier seinen Anfang, die erste von Pferden gezogene Straßenbahnlinie verkehrte vom Gesundbrunnen bis zum Rosenthaler Tor, die erste elektrische Straßenbahn fuhr zwischen Gesundbrunnen und Pankow. Die Große Berliner Pferde-Eisenbahn-Actien-Gesellschaft errichtete ihren Betriebshof 1873 auf dem südlichen Teil der Pankeinsel. Von 1890 an erweiterte man das Areal um die Grundstücke zwischen Uferstraße und Gottschedstraße, verfüllte das nördliche Pankebett. Seitdem trennt die Uferstraße das Areal in der heutigen Form. 1891 entstand der dreistöckige Etagen-Pferdestall, 1898 das Portiergebäude, erweitert 1910 (heute Café Pförtner), 1898 baute Joseph Fischer-Dick die zentrale Sheddachhalle, 1906 kam das Kesselhaus (an die Gottschedstraße grenzend) dazu.[1]

1 Vgl. Klaus Konrad Weber: *Betriebshöfe und Werkstätten*, in: ders.: *Berlin und seine Bauten*, Teil X Band B (1), Berlin, München, Düsseldorf 1979, S. 238.

Die umfangreichen Um-, Erweiterungs- und Neubauten zwischen den Jahren 1926 bis 1931 tragen deutlich erkennbar die Handschrift des Architekten Jean Krämer. Auf der ehemaligen Pankeinsel schuf der Hausarchitekt der Straßenbahngesellschaft ein Ensemble aus blockhaften Baukörpern mit umlaufenden, paarweise vorgezogenen Ziegelschichten vor geklinkerten Wandvorlagen. Schmiegengesimse schließen zur Dachkante ab, erhöhen die Eleganz und Dynamik. Der rötlich-braune Klinkerton wirkt streng und lebendig zugleich. Diese Gebäude stellen, wie Klaus Konrad Weber schrieb, „vielleicht das Schönste dar [...], was er [Krämer] geschaffen hat"[2].

2 Ebd., p. 239.

Das Gebäudeensemble aus Werkstatthallen, Heizhaus, Lager- und Personalgebäuden formt den lang gezogenen, halboffenen Hof der heutigen Uferstudios. Die freie Fläche verengt sich in Richtung Badstraße zu einer schmalen, eingefassten Gasse – einer
146 gestalteten Straße als Teil einer großen Anlage.

Steht man auf der Badstraßenbrücke und richtet den Blick auf die lange, Front am Pankekanal, verdoppelt sich die Ansicht auf der spiegelnden Wasseroberfläche. Die straffe Anordnung der Klinkerlagen vor quer liegenden Fensterschlitzen fluchtet in die Tiefe, erzielt ein genau konstruiertes Bild von formaler Konsequenz und geometrischer Präzision.

Die gebaute Energie bündelt sich in einem niedrigen, runden Turmbau, der Umformerstation an der Südspitze des Geländes. Das massive Heizhaus schließt sich an, daneben der 60 Meter hohe Schornstein. Die waagerechten Bänder legen sich um den zylindrischen Bau, verteilen sich auf der Fassade des Kesselhauses, die durch eine mächtige Fensterfront durchbrochen wird.

Auf der gegenüberliegenden Straßenseite öffnet sich der breite Hof mit dem Blick auf die Eingangsfront der zentralen Halle. Diese Tore waren groß genug für ein- und ausfahrende Doppeldecker. Zu beiden Seiten der Halle erschließen zwei tiefe Höfe das Gelände. Wer sich nach rechts wendet, passiert die schräge Enge zwischen der Halle und dem Verwaltungsgebäude, bevor er den Hof betritt, dessen unsymmetrischer Verlauf an natürliche Landschaftsformationen denken lässt. An den Fassaden der 20er Jahre, am Verwaltungsgebäude mit weit überstehendem Flachdach und den Werkstätten wechseln sich horizontale Streifen aus Backstein und Kieselputz ab. Hier ist die Farbe der Backsteine heller. Die Gestaltung beruhigt und vereinheitlicht die verwinkelten Einzelbauten, gibt ihnen eine ornamentale und neusachliche Textur, die sich von der Expressivität der anderen Straßenseite deutlich unterscheidet. Eine weitere Variante der Fassadengliederung durch Gesimse aus Betonwerkstein befindet sich an der ehemaligen Holzlagerhalle. An den Brüchen im Mauerwerk ist abzulesen, wo man Kriegsschäden bis in die späten 60er Jahre ausbesserte oder ergänzte. Die Übergänge dokumentieren das Zeitgeschehen, zeugen von der Absicht, das Bauwerk als Ganzes zu bewahren.

Trotz ihrer Verschiedenheit bilden beide Seiten der Uferstraße einen räumlichen und historischen Zusammenhang. Die Umbauten durch Jean Krämer haben dem damaligen Straßenbahnbetriebshof Gesundbrunnen auf beiden Straßenseiten eine markante, moderne Gestalt von archetypischem Charakter verliehen, die auch ein genuiner Ausdruck der 20er Jahre war. Wie eine Grundlinie durchzieht die dominante Horizontale das gesamte Ensemble. Es ging um Verkehr und Mobilität, um das Elektrische und um *die* Elektrische, das heißt um die Straßenbahn und um Elektrizität, welche nicht nur die nächtlichen Straßen illuminierte, sondern die gesamte Stadt antrieb und in Bewegung versetzte.

Der Schriftsteller Alfred Döblin beschrieb die Veränderungen der Zeit: „Berlin ist wundervoll. Die Pferdebahnen gingen ein, über die Straßen wurden elektrische Drähte gezogen, die Stadt lag unter einem schwingenden, geladenen Netz."[3] Gemeint waren nicht nur die Oberleitungen der Straßenbahn, sondern das allgemeine Lebensgefühl und die nervös aufgeladenen sozialen Beziehungen der Stadtmenschen. In die kollektive Begeisterung für den technischen Fortschritt mischte sich ein ambivalenter, bedrohlicher Unterton.

3 Alfred Döblin: *Berlin und die Künstler. Hemmt oder beeinträchtigt Berlin wirklich das künstlerische Schaffen?*, in: ders.: *Schriften zu Leben und Werk*, Olten 1986, S. 39.

Klaus Konrad Weber klagte in seinem Beitrag über die Architektur der Straßenbahnhöfe Berlins, dass über den Umbau des Betriebshofes Gesundbrunnen durch Jean Krämer keinerlei Schrifttum vorhanden sei.[4] Schlägt man gängige Architekturführer über Berlin auf, stellt man fest, dass der Betriebshof in der Uferstraße nicht erwähnt wird. In der Nachkriegszeit vergaß man Jean Krämer. Über die Gründe gibt die Biografie von Stanford Anderson, Karen Grunow und Carsten Krohn[5] und insbesondere der Text von Inge Fernando[6], der Tochter von Jean Krämer, Aufschluss. Doch leider hat der spät gehobene biografische Fund, auf den sich dieses Buch stützt, kein Material über Krämers selbstständige Tätigkeit für die Große Berliner Straßenbahn Actien-Gesellschaft zutage gefördert. Fast 100 Jahre nach dem spektakulären Umbau der Uferhallen durch Jean Krämer stellt sich die Frage, warum diese Leistung bisher nicht in angemessener Form gewürdigt wurde.

4 Vgl. Klaus Konrad Weber: *Betriebshöfe und Werkstätten*, in: ders.: *Berlin und seine Bauten*, Teil X Band B (1), Berlin, München, Düsseldorf 1979, S. 239.

5 Vgl. Stanford Anderson/Karen Grunow/Carsten Krohn: *Jean Krämer – Architekt und das Atelier von Peter Behrens*, Weimar 2015.

6 Vgl. Inge Fernando: *Erinnerungen an Jean Krämer*, in: Anderson (et. al.): *Jean Krämer – Architekt und das Atelier von Peter Behrens*, Wiesbaden 2015, S. 14–23.

Die Uferhallen sind ein Ort der Transformation. Sie waren es für den Berliner Verkehr, sie sind es, wenn auch auf andere Weise, in der Folgezeit als Kulturstandort. Die Produktionsstätten der Künstler*innen sind Werkstätten für ästhetische, interdisziplinäre Prozesse, Räume des gesellschaftlichen Austauschs und des Diskurses, pulsierende und hochproduktive Zentren im Herzen der Stadt.

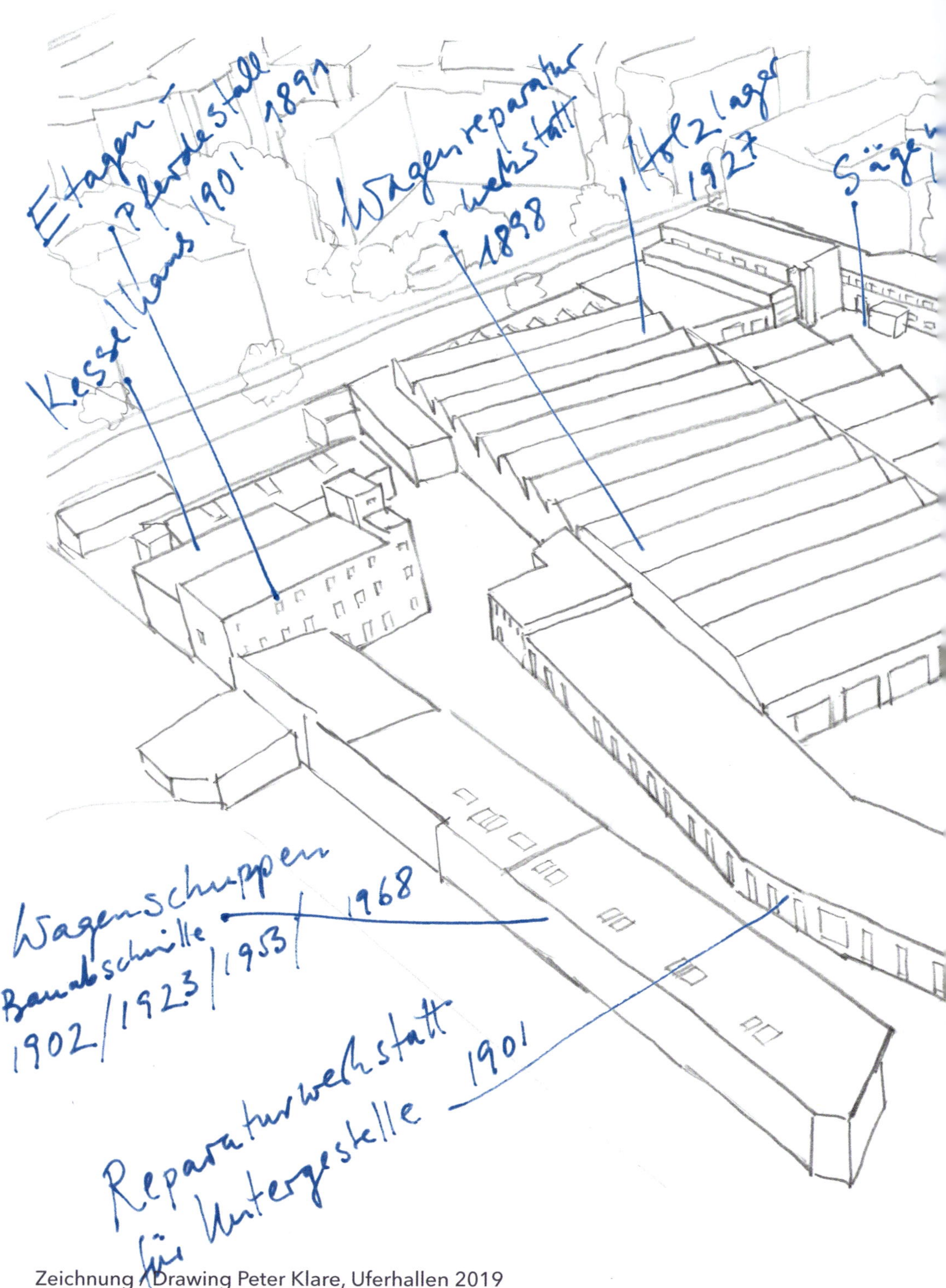

Zeichnung / Drawing Peter Klare, Uferhallen 2019

Story horse stable 1891
Boiler house 1901
Wagon repair workshop 1898
Timber warehouse 1927
Sawmill 1927

Wagon shed
Construction phases 1902/1923/1953/1968
Repair workshop for underframes 1901

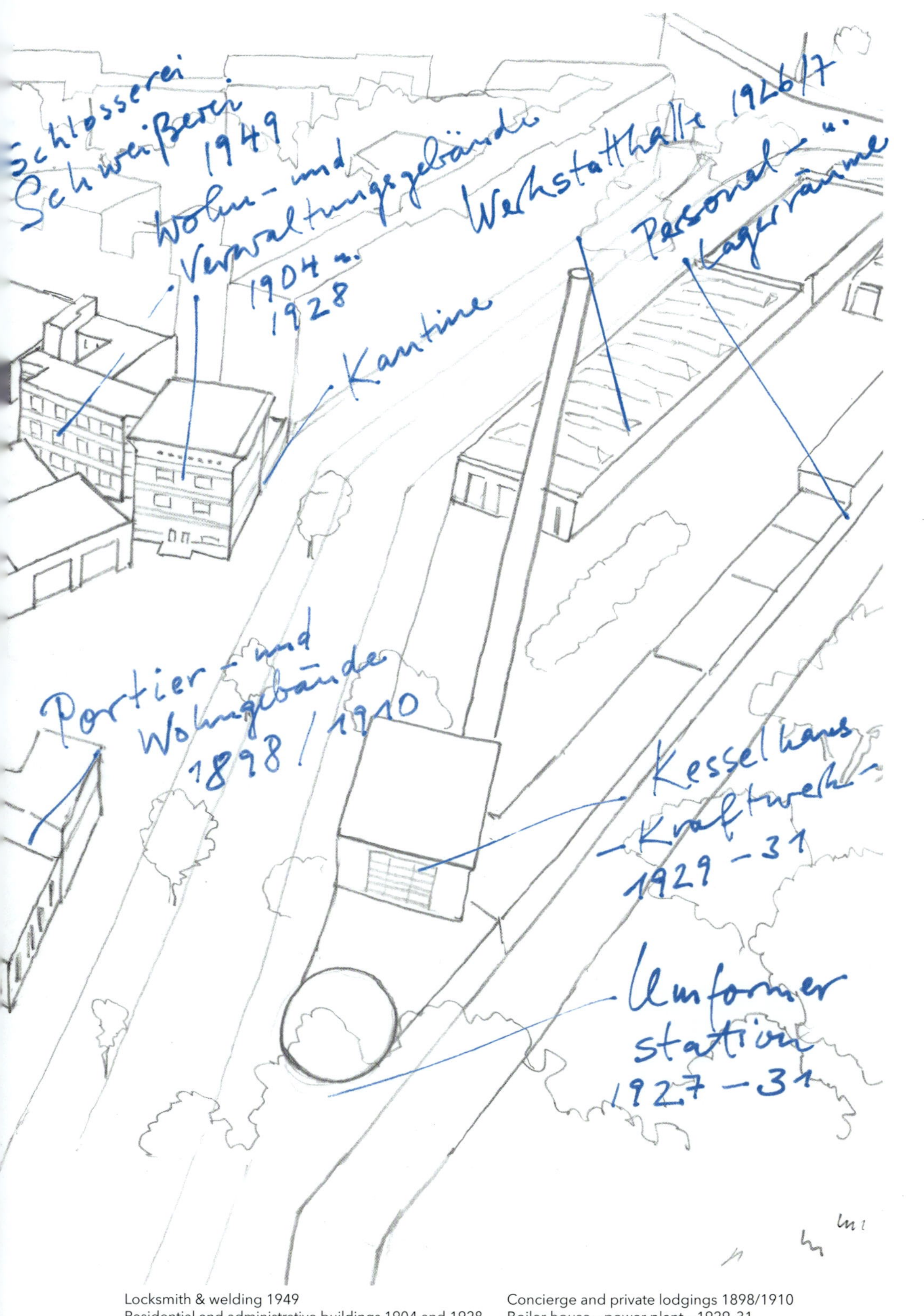

Locksmith & welding 1949
Residential and administrative buildings 1904 and 1928
Cafeteria
Workshop hall 1926/7
Personnel and storage rooms
Concierge and private lodgings 1898/1910
Boiler house – power plant – 1929–31
Transformer station 1927–31

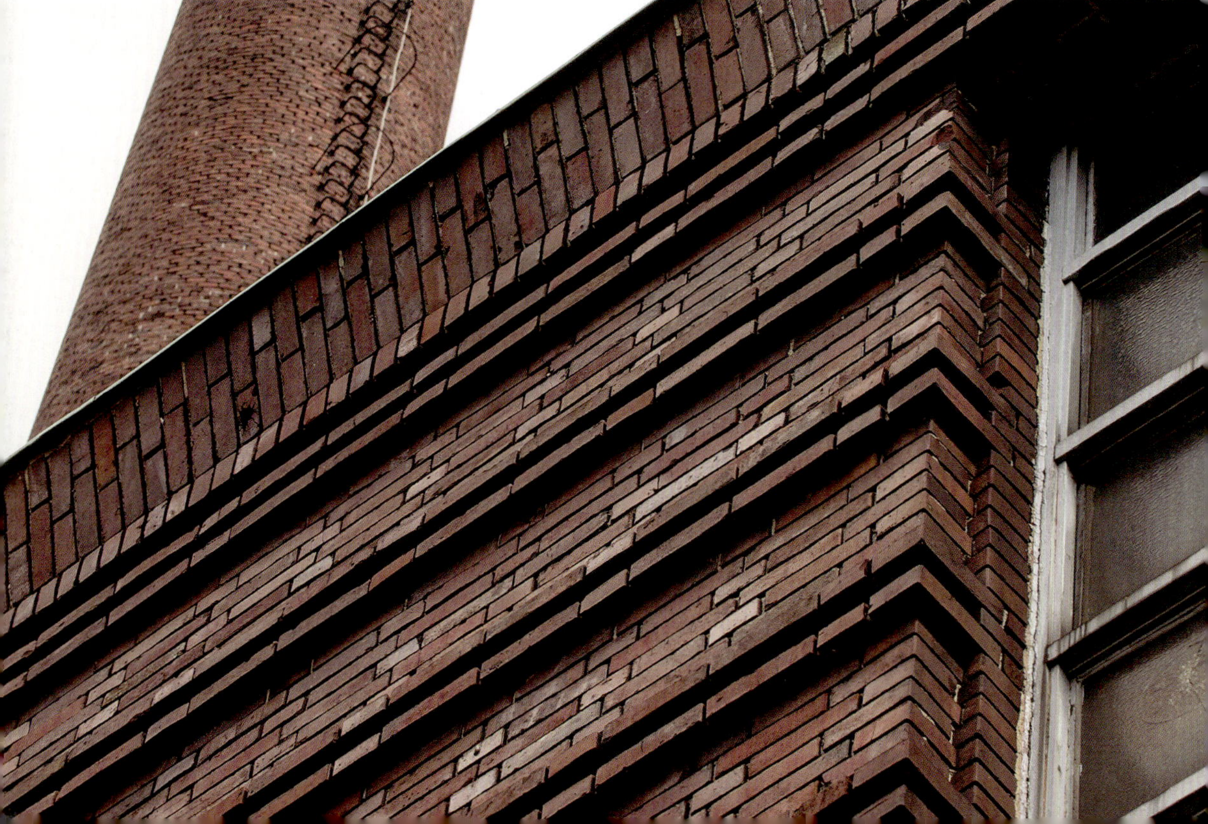

The Uferhallen are a place of transformation. Over the course of its history, the site was adapted several times to the evolving requirements of the Berlin transportation system. The term "Uferhallen," however, is comparatively recent. It came into existence in 2007, when the state of Berlin sold the grounds of the Berliner Verkehrsbetriebe (Berlin Transport Company or BVG) to the Uferhallen AG. Since then, the site has evolved into a unique cultural space, though when it comes to the future, it remains uncertain what the name "Uferhallen" will stand for. A look at the building, the site, and its history shows what's at stake.

In the 134 years from 1873 to 2007, the location played a key role in the history of Berlin's transportation system. The technological development from the horse-drawn tram to the electric railcar and subsequently to motorized road traffic can still be seen in the buildings today. In 1961, the depot became the Berlin Transport Company's main omnibus workshop.

Taking the time to tour through the various courtyards gives you an idea of the working conditions and production technology. Everything is still there: locksmith, wood workshop, sawmill, warehouse, canteen, administration. Even some of the interiors are still largely the same. In the halls, workshops, and courtyards, you can see the remains of tram rails everywhere, embedded in the paving or cement and flush with the ground.

The site's complex spatial layout is impressive. The brick buildings and the form of the roofs continually surprise visitors with their interlocking of areas both built and undeveloped, halls and courtyards, structures and open spaces. This is a place that's accessible to anyone who's interested. The monument's past is evident in the context of a living present and its respectful use by the artists and art-related businesses there.

Uferhallen: Spatial Experience and Electric Icon

Hansjörg Schneider

A place steeped in history: here is where the expansion of the rail network began. The first horse-drawn tram line ran from Gesundbrunnen to Rosenthaler Tor, the first electric tram between Gesundbrunnen and Pankow. The Große Berliner Pferde-Eisenbahn-Actien-Gesellschaft (The Great Berlin Horse Railway Corporation) established its depot in 1873 on the southern part of the Panke-Insel, a small island between two arms of the Panke River. From 1890 onwards, the area was expanded to include the plots between Uferstrasse and Gottschedstrasse, filling in the northern Panke riverbed. Since that time, Uferstrasse has divided the area in its current form. The three-story horse stable was built in 1891, the porter's building in 1898 and then expanded in 1910 (today the Café Pförtner); in 1898, Joseph Fischer-Dick built the central sawtooth-roof hall, and in 1906 the boiler house (bordering Gottschedstrasse) was added.[1]

1 See Klaus Konrad Weber: *Betriebshöfe und Werkstätten*, in: *Berlin und seine Bauten*, part X, vol. B (1), Berlin, Munich, Dusseldorf 1979, p. 238.

The extensive renovations, extensions, and new buildings erected between 1926 and 1931 clearly bear the signature of the architect Jean Krämer. On the former Panke-Insel, the architect of the tram company created an ensemble of block-like structures with paired brick layers projecting from clinker wall sections and wrapping around the building. Cornices line the roof's edge, enhancing the building's elegance and dynamism, while the reddish-brown clinker hue is both lively and austere. As Klaus Konrad Weber wrote, these buildings "represent perhaps the most beautiful of [...] what he [Krämer] created."[2]

2 Ibid., p. 239.

The building complex consisting of workshop halls, boiler house, and storage and staff buildings forms the long, half-open courtyard of today's Uferstudios, with the open space funneling in the direction of Badstrasse into a narrow, closed-in alley; the street is designed as part of the larger complex.

When one stands on the Badstrasse Bridge and looks at the long building front along the Panke Canal, the view is doubled by the water's reflecting surface. The taut arrangement of clinker layers between horizontal rows of window slits converges to a vanishing point, achieving a precisely constructed picture of perspective, formal consistency, and geometric exactitude.

The architectural energy is concentrated in a low, round tower, the converter station at the site's southern tip. The massive boiler house follows, and next to it, the 60-meter-high chimney. The horizontal bands encircle the cylindrical structure and are distributed along the boiler house's facade, interrupted only by a huge window front.

On the opposite side of the street, a wide courtyard offers a view of the entrance to the main hall. The gates here were large enough for double-decker buses to enter and exit. On both sides of the hall, the area opens onto two deep courtyards. If you turn to the right, you pass between the hall and the administration building before entering the courtyard via a narrow, angled path, whose asymmetrical course is reminiscent of natural landscape formations. Horizontal stripes of brick and pebble plaster alternate on the 1920s facades of the workshops and the administration building with its projecting flat roof. The color of the bricks here is lighter, while the design is quiet and unifies the individual buildings with all their nooks and crannies, lending them an ornamental and modern objective texture that clearly sets them apart from the expressiveness on the other side of the street. Another variant of the facade structure using cornices made of concrete building blocks is located at the former timber warehouse. The cracks in the masonry reveal where war damage was repaired or augmented until the late 1960s. The transitions document the buildings' history and testify to an intention to preserve the building complex as a whole.

Despite their diversity, the two sides of Uferstrasse represent a spatial and historical connection. On both sides of the street, the renovations Jean Krämer made gave the former Gesundbrunnen tram depot a striking, modern shape with an archetypal character that perfectly expressed the 1920s. A dominant horizontal band runs through the entire ensemble like a baseline. It was all about traffic and mobility, about the tram and electricity, which not only illuminated the nighttime streets, but also drove the entire city and set it in motion.

The writer Alfred Döblin described the era's changes: "Berlin is wonderful. The horse-drawn trams were discontinued, electrical wires were hung across the streets, and the city lay under a vibrating, charged network."[3] This referred not only to the overhead tram cables, but also to a general attitude towards life and the nervously charged social relationships among the city's populace: the collective enthusiasm for technical progress was tinged with an ambivalent, threatening undertone.

3 Alfred Döblin: *Berlin und die Künstler. Hemmt oder beeinträchtigt Berlin wirklich das künstlerische Schaffen?*, in: *Schriften zu Leben und Werk,* Olten 1986, p. 39 (translated here from the German edition).

In his article on the architecture of Berlin's tram stations, Klaus Konrad Weber complained that there was no literature on the reconstruction of Jean Krämer's Gesundbrunnen depot.[4] If you consult the leading architecture guides to Berlin, you will notice that there's no mention of the depot on Uferstrasse. In the post-war period, Jean Krämer was forgotten. The biography by Stanford Anderson, Karen Grunow, and Carsten Krohn[5]—and in particular the text by Inge Fernando,[6] Jean Krämer's daughter—provides the reasons. Unfortunately, the late biographical findings on which this book is based did not reveal any material on Jean Krämer's independent work for the Große Berliner Straßenbahn Actien-Gesellschaft. Nearly 100 years after his spectacular renovation of the Uferhallen, the question arises as to why this achievement has not, to this day, been appropriately recognized.

4 See Klaus Konrad Weber: *Betriebshöfe und Werkstätten*, in: *Berlin und seine Bauten,* part X, vol. B (1), Berlin, Munich, Dusseldorf 1979, p. 239.

5 See Stanford Anderson, Karen Grunow, Carsten Krohn: *Jean Krämer - Architekt und das Atelier von Peter Behrens,* Weimar 2015.

6 See Inge Fernando: *Erinnerungen an Jean Krämer,* in: Anderson (et. al.): *Jean Krämer - Architekt und das Atelier von Peter Behrens,* Wiesbaden 2015, p. 14-23.

The Uferhallen are a place of transformation. This is what they achieved for Berlin's traffic, and also, albeit in a different way, what they subsequently achieved as a cultural center. The artists' production facilities are workshops for interdisciplinary aesthetic processes, spaces for social exchange and discourse, and pulsating, highly productive centers at the very heart of the city.

nächste Seite / next page
Karen Winzer, *OK*, 2019

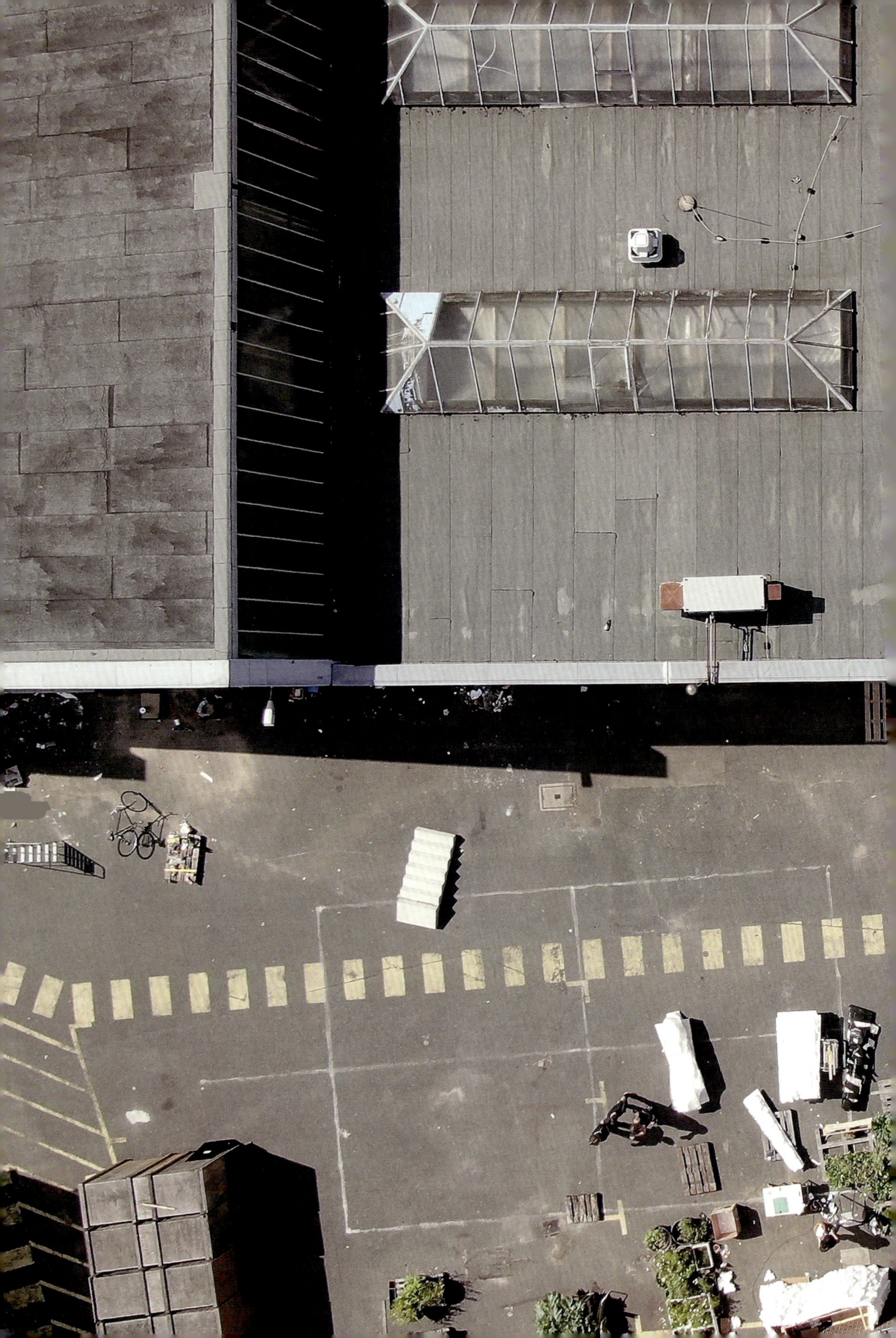

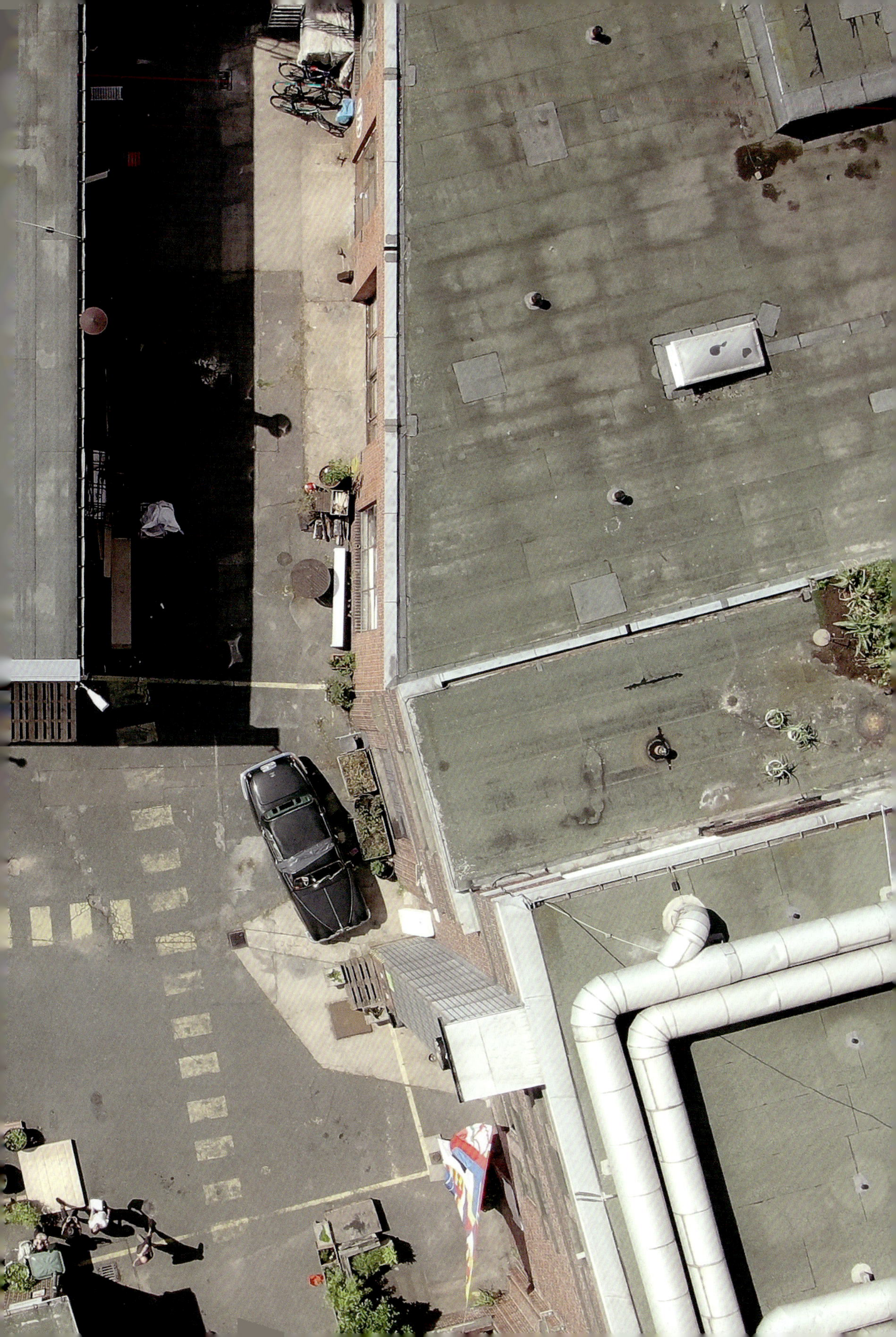

Werkverzeichnis / List of Works

Stefan Alber/Peter Dobroschke, *SOS*, 2019, 3 Hissflaggen / Hoisting flags, je / each 400 × 120 cm

Liu Anping, *Liu Anping*, 2015, Gouache auf Papier / Gouache on paper, 204 × 144 cm

Lotta Antonsson, *Amethyst Girl (1)*, 2016, Fotografie / Photograph, 100 × 85 cm

Rosa Barba, *ready ready*, 2019, Lautsprecher, Verstärker, Kabel / Speaker, amplifier, cable, ca. 40 × 40 × 50 cm

Quirin Bäumler, *o. T.*, 2018, Hartgips, Tusche / Stone plaster, ink, 42 × 34 × 15 cm

Anke Becker, *A24/23M2*, 2019, Laminat auf Goldvlies / Laminate on golden fleece, 450 × 550 cm

Ilaria Biotti, *Tempo – On Time Warps*, 2019, Video (Ton / Audio, loop), 6:25 min.

Antje Blumenstein, *lines P22*, 2017, Papier gefalzt / Paper, folded, 77 × 59,7 cm

Antje Blumenstein, *Schöne neue Welt*, 2019, Styropor auf Holz / Styrofoam on wood, ca. 200 × 480 × 110 cm

John Bock, *Beyond-PARA-Plattenspieler*, 2019, Objekt aus DVD-Player, Schublade, Vinyl-Single und -LP, leere Glasflasche, Papprolle, Textilobjekt, Sockel aus Trittleiter / Object consisting of DVD player, drawer, vinyl single and LP, empty glass bottle, cardboard roll, textile object, pedestal made of stepladder, 105 × 60 × 60 cm

Peter Böhnisch, *o. T.*, 2019, Holz, diverse Materialien / Wood, mixed media, Maße variabel / dimensions variable

Monica Bonvicini, *o. T.*, 2019, Beton, Ketten, Europaletten / Concrete, chains, europallets, 70 × 120 × 230 cm

Isaac Chong Wai, *Rehearsal of the Futures: Is the World Your Friend?*, 2018 / 2019, Performance und Installation aus Papier / Performance and installation made of paper, Maße variabel / dimensions variable

Thomas Draschan, *Phantome*, 2018, Inkjet-Druck auf Bütten / Inkjet print on laid paper, 30 × 45 cm

Sven Drühl, *DARKER V*, 2019, diverse Materialien / mixed media, 60 × 60 × 140 cm, Courtesy Alexander Ochs Private, Berlin

Elisa Duca, *Happiness 205*, 2019, 205 Dosen Zuckerwatte / 205 tins of cotton candy, Maße variabel / dimensions variable

Maria Eichhorn, *İlan Panosu / Billboard / Plakatwand*, 1995/2019, Plakate und Flyer von / Posters and flyers from Agentur für soziale Perspektiven e.V., antifaschistische Aktion, Arbeitskreis kritischer Jurist*innen, Berliner Bündnis gegen Rechts, #besetzen, Deutsche Wohnen & Co enteignen!, Interventionistische Linke, Kotti & Co, #nsuprozess, Stadt von Unten, #unteilbar, #WannWennNichtJetzt, Wem gehört Kreuzberg?, Wir bleiben alle!, Wohnraum-Verteidigungs-Liga, You can't evict a Movement – You can't evict Solidarity! u. a. / et al., ca. 440 × 626 cm, Recherche / research: Ben Mohai, Plakatierung / installation: Caroline Bayer, Pia Maier, Aria Star

Lena Marie Emrich, *Detour*, 2019, Leihräder / Rental bikes, Maße variabel / dimensions variable

Adriana Alicia Fanés Molins, *o. T.*, 2019, Acryl auf Leinwand / Acrylic on canvas, 400 × 100 cm

Valérie Favre, *Kosmos*, 2019, Tinte aus Öl und Baumwolle auf Leinwand / Ink from oil and cotton on canvas, 170 × 130 cm, Courtesy die Künstlerin und / the artist and Galerie Peter Kilchmann

Elena Alonso Fernandez, *Leben und Tod*, 2019, Öl auf Holz / Oil on wood, Diptychon je / Diptych, each 40 × 60 cm

Heiner Franzen, *Mann auf dem Dach*, 2019, Video (loop), 4:16 min.

Matthias Galvez, *Las Azafadas*, 2019, Öl auf Leinwand / Oil on canvas, 120 × 150 cm

Wolfgang Ganter, *Untitled (Rudolfstraße)*, 2010–12, Echtpigmentprint auf Holz unter gegossenem Kunststoff / Archival pigment print on wood under clear resin, 255,3 × 162 cm

Yael Graetz, *Untitled*, 2016, Seide, fluoreszierendes Material / Silk, fluorescent material, 500 × 90 cm

Lena von Goedeke, *Nennwert*, 2019, 3 Fahnen, 3 Stahlrohre / 3 flags, 3 steel tubes, je / each 147 × 82 cm, Höhe / height: 600 cm

Kerstin Gottschalk, *Mehl, Salz, Wasser zu einem Teig verarbeitet und auf einen Handlauf eines Treppengeländers angedrückt*, 2019, Salzteig / Salt dough, 7 × 1 × 3200 cm

Asta Gröting, *Not Feeling Too Cheerful*, 2019, Schwarz-Weiß-Fotografie, Keramikbrennofen / Black-and-white photograph, ceramic furnace, 272 × 180 × 220 cm, Courtesy die Künstlerin und / the artist and carlier | gebauer

Harriet Groß, *Dem Wind Durchlässig*, 2018, Metallstangen, Gummi, Tape / Metal rod, rubber, tape, 252 × 360 × 600 cm

Katharina Grosse, *o. T.*, 2019, Acryl auf Styropor / Acrylic on styrofoam, 38 × 30 × 75 cm

Sebastian Gumpinger, *Linie 222*, 2019, Acryl auf verzinktem Stahl / Acrylic on galvanized steel, 66 × 58 cm, Courtesy der Künstler und / the artist and Galerie Thomas Fuchs

Henrik Håkansson, *JUL. 12,2011 (16.26.38)*, 2012, C-print, 170 × 244 cm

Nicolai Huch, *Laudanum beware 1*, 2013, Pigmentstift, Acryl, Kohle und Folie auf Papier / Pigment liner, acrylic, carbon and foil on paper, 45 × 80 cm

IOCOSE, *Pointing at a new planet*, 2019, Video (Ton / Audio, loop), 2:17 min.

Miriam Jonas, *NEED*, 2019, 500 DIN A4-Zettel / 500 A4 papers, Courtesy die Künstlerin und / the artist and Galerie Russi Klenner

Peter Klare, *ARCOBALENO*, 2019, Porenbeton, Holz, Farbe / Autoclaved aerated concrete, wood, paint, 260 × 207 × 90 cm

Peter Klare, *Uferhallen Entwurfsskizzen*, 2018, Gouache und Bleistift auf Farblaserdruck / Gouache and pencil on color laser print, 30 × 42 cm

Fabian Knecht, *Ornament*, 2019, Performance

Peter Knoch, *Revolutionsgewisper*, 2019, Puppen und Objekte aus Modelliermasse und diverse Materialien / Dolls and objects made of modeling clay and mixed media, 40 × 60 × 200 cm

Jerry Kowalsky, *We are not idiots*, 2019, Fimo, ca. 160 × 105 × 140 cm

Kunstblock and beyond (Pantea Lachin, Ina Wudke), *o. T. (WIZ, Weddinger Illustrierte Zeitung)*, 2019, Farbplot auf Papier / Color plot on paper, 60 × 140 cm

Philipp Lachenmann, *AKM (Turkish Night)*, 2018, 4K Video, 13 min., Sound: Anders Ehlin

Ricard Larsson, *The Train*, 2012, Bronze, 280 × 34 × 34 cm

Werner Liebmann, *Wie Motten zum Licht*, 2017, Öl auf Leinwand / Oil on canvas, 250 × 370 cm

David Moses, *o. T. (Raumstudie nach Herz aus Glas, Werner Herzog, 1976)*, 2015, Graphit auf Papier / Graphite on paper, 9-teilig / Nine-part, je / each 29,7 × 21 cm

Jan Muche, *Landschaft*, 2018, Acryl und Tusche auf Leinwand / Acrylic and ink on canvas, 200 × 250 cm

Rainer Neumeier, *38YZX*, 2016, Acryl auf Leinwand / Acrylic on canvas, 180 × 200 cm

So Young Park, *Tomorrow yesterday*, 2018, Stuhlgriff, Duschschlauch / Chair handle, shower hose, Maße variabel / dimensions variable

Manfred Peckl, *Ganging Gardens*, 2019, Lack auf Holz / Lacquer on wood, mehrteilig / multi-part, ca. 300 × 1200 cm

Andrea Pichl, *delirious Dinge II*, 2019, Pflanzenkübel, Gehwegplatten, Pflanzen, Styropor / Plant pots, paving slabs, plants, styrofoam, 90 × 90 × 190 cm

Tristan Pranyko, *Future Perfect*, 1990, Edelstahl, Plexiglas, elektrolumineszierende Teile / Stainless steel, plexiglass, electroluminescent parts, 200 cm Durchmesser / diameter

Achim Riethmann, *o. T.*, 2019, diverse Materialien / Mixed media, 300 × 420 × 70 cm, Courtesy der Künstler und / the artist and Galerie Russi Klenner

Tanja Rochelmeyer, *o. T. (0419)*, 2019, Acrylfarbe auf Acrylglas / Acrylic paint on acrylic glass, 70 × 53 cm

Ulf Saupe, *Res Navalis*, 2018, Cyanotypie auf Glas / Cyanotype on glass, 50 × 40 cm
Hansjörg Schneider, *Der Rote Turm*, 2019, Tusche, Papierschnitt, Collage auf Zeichenkarton / Ink, papercut, collage on drawing cardboard, 220 × 260 cm

Kerim Seiler, *Ego Sum*, 2012, Neon, Eisen / Neon, iron, 244 × 223 cm, Courtesy der Künstler und / the artist and Grieder Contemporary

Anäis Senli, *Local warming*, 2018, 2 Videos (Ton / Audio, loop), 10:30 min., Gewächshaus, Asphalt, Zement, Plastik und Splitt / Greenhouse, asphalt, cement, plastic, and grit, ca. 400 × 250 × 150 cm

Yaqin Si, *Eliminated from*, 2019, verwitterter Stahl, mechanische Uhren / Weathered steel, mechanical clocks, 110 × 110 × 15 cm

Friedemann von Stockhausen, *o. T.*, 2019, Digitaldruck auf Affichenpapier / Digital printing on affiche paper, 240 × 117 cm

Klaus Weber, *born-died*, 2019, Kupferrohr, Edelstahl, Kältekompressor, verzinktes Eisengestell / Copper pipe, stainless steel, refrigeration compressor, galvanized iron frame, ca. 90 × 50 × 35 cm

Lois Weinberger, *Ein Ort, ...*, 2006/2019, Wandfarbe auf Fassadenplatten / Wall paint on facade panels, 17,2 × 10,4 m

Pete Wheeler, *Paradise Lost*, 2017, Ölkreide auf Leinwand / Oil chalk on canvas, 240 × 190 cm

Karen Winzer, *OK*, 2019, Drohnenflug, Video / Drone flight, video

Norbert Witzgall, *Autoportrait précaire*, 2018, Öl auf Acryl auf Holz / Oil and acrylic on wood, Diptychon je / Diptych, each 50 × 40 cm

Deniz Zagli, *Klingelstreich / The Bell Prank*, 2015, Animationsfilm / Animated film, 1:19 min., Produktion: Filmuniversität Babelsberg / Production: Film University Babelsberg

Gastkünstler*innen / Guest artists

Index

Fotonachweise / Photo Credits

Tim Anadere (S. / p. 98, 110)
Lotta Antonsson (S. / p. 108, 114)
Rosa Barba (S. / p. 102)
Rasmus Bell (S. / p. 39 links / left)
Astrid Busch (S. / p. 18, 19)
Eight Fang (S. / p. 96, 99, 100, 101, 104, 105, 106, 107, 109, 111, 112, 113, 115, 116, 117, 118, 119, 122, 123, 125, 126, 128, 129, 130, 131, 132, 133, 134, 135, 137, 138, 139, 141, 142, 143, 158)
Johannes Förster (S. / p. 92)
Lena Ganssmann (S. / p. 103)
Hans Grosse (S. / p. 124)
Matthias Kolb (S. / p. 56 links / left)
Philipp Lachenmann (S. / p. 76)
Pantea Lachin (S. / p. 72)
Daniel Lordick (S. / p. 150)
Alessandro di Martino (S. / p. 154)
Danilo Pasquali (S. / p. 127)
Martin Peterdamm (S. / p. 97, 136, 140)
Ulf Saupe (S. / p. 1, 4, 6, 11, 22, 23, 25, 26, 27, 31, 34, 37, 38, 40, 41, 43, 45, 46, 48, 50, 51, 53, 54, 57, 59, 61, 62, 64, 65, 69, 71, 74, 80, 82, 85, 86, 88, 91, 160)
Hansjörg Schneider (S. / p. 144)
Yaqin Si (S. / p. 58)
Uwe Walter (S. / p. 47)
Norbert Witzgall (S. / p. 39 rechts / right, 56 rechts / right)
Sarah Wu (S. / p. 15)
Ina Wudtke (S. / p. 73)

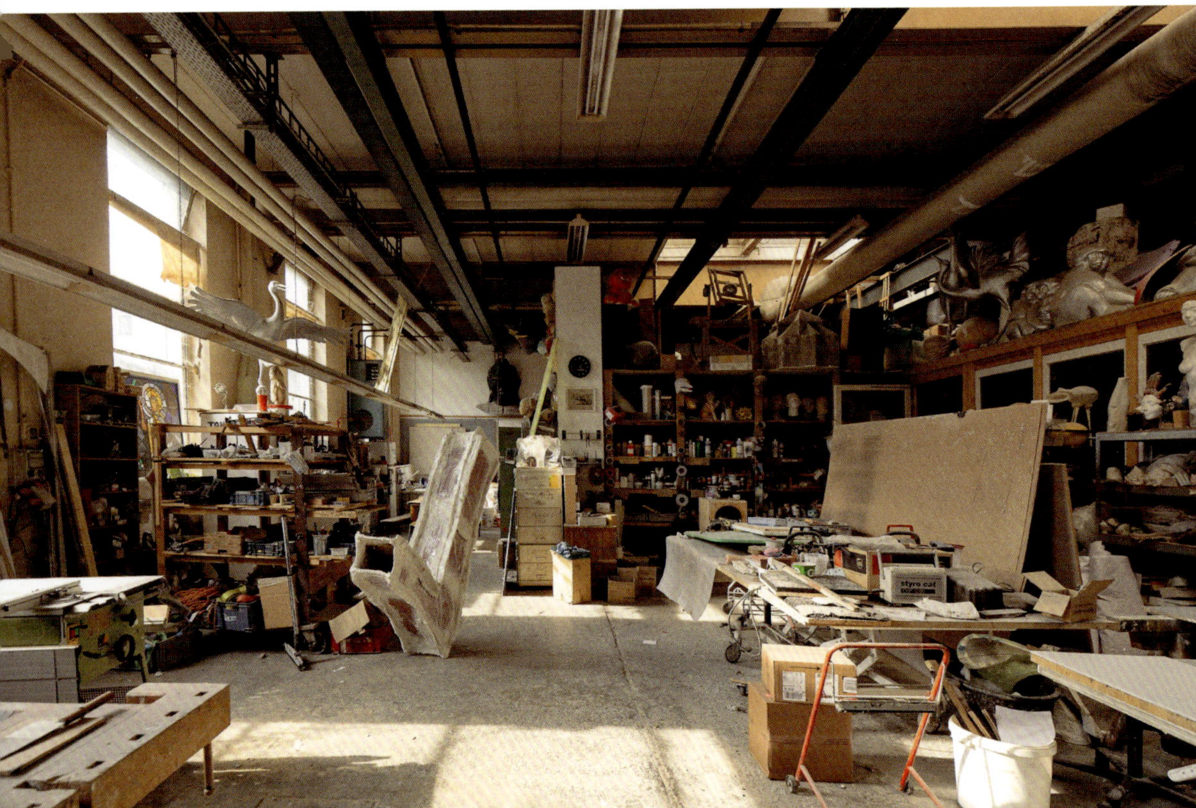

Impressum / Colophon

Dieses Buch erscheint anlässlich der Ausstellung *Eigenbedarf,* in Berlin. / This book is published on the occasion of the exhibition *Eigenbedarf* in Berlin.

25 August–1 September 2019

Ausstellung / Exhibition

Kuratorin / Curator
Isabelle Meiffert
Presse- und Öffentlichkeitsarbeit / Public Relations
Barbara Green
Mitarbeit / Assistance
Laura Baader, Eight Fang, Pia Maier, Achan Malonda, Aria Star

Logo *Eigenbedarf* und Gestaltung der Einladungen / *Eigenbedarf* Logo and Invitation Design
Deniz Zagli

Die Ausstellung wurde unterstützt von der / The Exhibition was supported by LOTTO-Stiftung Berlin.

Publikation / Publication

Herausgeberin / Editor
Isabelle Meiffert
Konzeption / Concept
Isabelle Meiffert, Detlev Pusch
Gestaltung / Art Direction
Detlev Pusch

Redaktion / Editorial Staff
Isabelle Meiffert
Redaktionsassistenz / Editorial Assistant
Cilia Jonda
Übersetzung / Translation
Andrea Scrima
Lektorat / Copy Editing
Lydia Ahrens, Michaela Richter, Patrik Schmidt (Deutsch / German)
Madeleine LaRue (Englisch / English)

Produktion / Production Management
DISTANZ Verlag

Gesamtherstellung / Printing and Binding
medialis Offsetdruck GmbH, Berlin

Erschienen im / Published by
DISTANZ Verlag
www.distanz.de

Vertrieb / Distribution
Edel Germany GmbH
www.edel.com
international-books@edel.com

Mit Unterstützung der Senatsverwaltung für Kultur und Europa / Supported by the Senate Department for Culture and Europe

ISBN 978-3-95476-337-5
Printed in Germany

Cover:
Zeichnung / Drawing Peter Klare, Uferhallen 2019

nächste Seite / next page
Stefan Alber/Peter Dobroschke, *SOS*, 2019

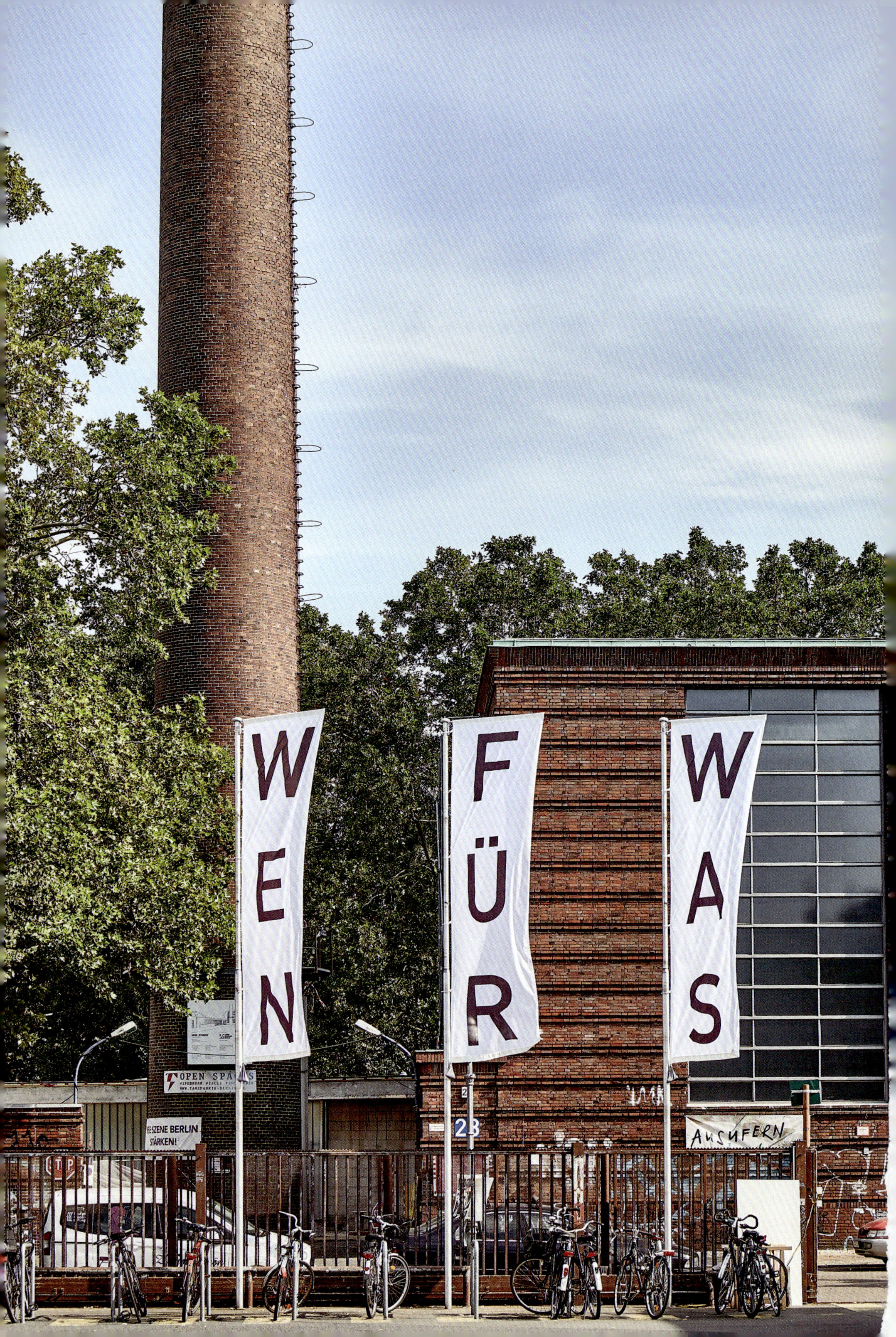
WEN
FÜR
WAS
AUSUFERN
STÄRKEN!
23